KB062598

플라톤에서 만델라까지
만남은 어떻게 역사가 되었는가

두 사람의 역사

일러두기

- 본문의 주는 옮긴이의 것이며 도판은 편집 과정에서 삽입한 것이다.

- 원문의 이탤릭체가 강조의 의미일 경우 굵은 글씨로 표기했다.

- 처음 등장하는 지명과 인명 등에는 원문을 병기했다. 외래어 표기는 국립국어연구원의 외래어 표기
  법 및 표기 용례를 따랐으나, 일부 독일어 지명과 인명의 경우 가능한 한 원음에 가깝게 표기했다.

- 인명의 경우 같은 장의 내에서 처음 등장은 전체 이름으로, 이후는 성姓만 표기하는 것을 원칙으로
  하고 있으나, 일부 가독성을 위해 성을 제외한 이름만 표기하기도 했다.

- 단행본, 잡지, 앨범명은 《 》로, 논문, 장제목, 영화, 연극, 노래는 〈 〉로 표시했다.

두 사람의 역사

플라톤에서 만델라까지
만남은 어떻게 역사가 되었는가

헬게 헤세 지음 | 마성일 · 육혜원 옮김

북캠퍼스

1929년 1월 루트비히 비트겐슈타인이 케임브리지에 도착했을 때, 존 메이너드 케인스는 부인에게 다음과 같은 편지를 쓴다. "드디어 신이 왔소. 5시 15분에 도착한 기차에서 신을 만났다오." 유명한 경제학자의 간결한 말에는 아이러니 이상의 것이 담겨 있다. 이 유별난 철학자와의 변화무쌍한 우정에는 항상 의문이 따라다녔기 때문이다. '저 사람은 어떤 일을 벌이고 있지?' 쾌활한 성격의 케인스는 실천적 방식으로 세계를 개선하려 했던 반면, 금욕적이었던 비트겐슈타인은 완벽하고 영원히 유효한 답을 추구했다. 마치 신이 내린 답처럼 말이다.

기차에서든 수도원에서든 혹은 전쟁터에서든 세계사를 움직인 인물들의 만남은 계속되었다. 이들의 만남은 열정으로 가득 찼고 좌절과 희망이 교차했다. 그리고 우리에게 많은 의미와 도덕적 질문을 던진다. 이를테면 마키아벨리와 레오나르도 다 빈치의 만남이 전하는 권력의 의미는 무엇인가? 아서 밀러와 마릴린 먼로가 추구한 완벽의 이면에 있는 현대인의 비극은 우리에게 무엇을 말하는가? 이 책은 역사적 두 인물의 만남이 던지는 문제들의 답을 모색해 본다. 기존의 책들이 다양한 시각으로 조명한 만남도 있지만, 마키아벨리와 다 빈치의 만남과 케인스와 비트겐슈타인의 만남은 거의 다뤄지지 않았다. 이 모든 만남의 이야기들이 새롭게 조명되며 긴장감 넘치는 사유의 길로 독자를 이끌 것이다. 그 사유의 길에서 우리는 역사가 인간에게 묻는 그리고 삶이 인간에게 묻는 수수께끼와 같은 질문과 마주할 것이다.

물론 이 책이 모든 질문에 궁극적 답을 내놓는 것은 아니다. 우리는 그 질문들에 결코 답할 수 없음을 안다. 하지만 수 세기 동안 사람들의 머리와 가슴을 파고든 오래된 질문들이 우리에게 긴장감을 불어넣으며 삶의 혼란을 극복하고 즐기는 경이로운 경험을 독자들은 경험하게 될 것이다.

차례

1장

플라톤과
아리스토텔레스

세계는 이데아를 모방한 것인가?

"아리스토텔레스는 망아지들이 제 어미에게 하듯이
내게 발길질을 했다."

| 플라톤 |

"누구나 자신이 열정을 쏟는 대상에 가해지는 모욕을
가장 견디기 어려워한다."

| 아리스토텔레스 |

가까운 바다에서 부드러운 바람이 나무 사이로 불어온다. 나뭇가지들이 살며시 휘며 여린 나뭇잎들이 살랑거린다. 아테네^{Athens} 변두리의 언덕에서는 낮이 기울고 있다. 햇빛이 없어도 어둡지는 않다. 맑은 하늘에 별이 드문드문 보이기 시작한다. 아직 오가는 사람들의 길을 밝혀 줄 등잔불이나 횃불은 필요 없다.

노인과 청년, 이렇게 두 사람이 나란히 길을 걸어가며 열띤 대화를 주고받는다. 노인은 플라톤^{Platon(기원전 428/427~348/347)}, 청년은 아리스토텔레스^{Aristoteles(기원전 384~322)}다. 어깨가 넓은 건장한 체구에 단출한 차림을 한 플라톤은 청년의 할아버지뻘로 보였으며 저음의 부드러운 목소리로 말한다. 고급 천으로 만든 옷을 걸친 아리스토텔레스가 상대방에게 무언가 설득하려 손짓하는 순간 손에 낀 반지가 석양빛을 받아 반짝인다. 갑자기 올리브 열매 하나가 땅에 떨어진다. 올해 처음으로 열린 올리브 열매를 찾으려고 두 사람은 걸음을 멈추고 머리를 숙인 채 열심히 바닥을 살핀다. 이리저리 몇 걸음

오가다 결국 플라톤이 올리브 열매를 발견해 손가락으로 가리킨다. 아리스토텔레스가 올리브 열매를 집어 올린다.

두 사람은 서로 다른 시각으로 올리브 열매를 인식한다. 플라톤은 모든 존재 뒤에 숨어 있는 것이 무엇인지 묻는다. 그는 올리브 열매의 **이데아**와 실제 올리브 열매가 어떤 관계인지를 탐구한다. 반면 아리스토텔레스가 궁금해하는 것은 올리브 열매의 본질과 자연에서의 위상이다. 즉 플라톤은 모든 사물의 배후를 탐색하고, 아리스토텔레스는 자신이 경험한 개별자의 본질에 주목한다.

약 2400년 전 고대 아테네 교외의 전설적인 올리브 나무 언덕에서 플라톤과 그의 제자 아리스토텔레스가 얼마나 열정적으로 논쟁을 벌였는지 그리고 그곳에서 무슨 일이 있었는지는 짐작만 할 뿐이다. 두 사람에 관한 문헌들은 넘쳐 나지만 이들이 서로에 대해 직접 쓴 기록은 실망스러울 정도로 남아 있는 게 거의 없다. 그들의 모습을 엿볼 수 있는 조각상 역시 실제 얼굴을 보여 주는 것이 얼마나 되는지 알 수 없다. 두 사람의 저작들도 보존 상태가 좋지 못하고 이 저작들의 집필 순서에 대해서도 의견이 분분하다. 우리가 이들에 대해 아는 사실도 이들의 사후 몇 세대가 지난 다음에 기록된 것이어서 대부분 추측에 근거하며 윤색되기도 했다.

기록에 따르면 플라톤은 귀족 출신의 차분하고 소박한 사람이다. 한 전기 작가는 그가 낮은 소리로 말했다고 전한다. 플라톤보다 마흔네 살 어린 그의 제자 아리스토텔레스는 마치 그리스 극작가가 연출이라도 한 것처럼 스승을 상대한다. 아리스토텔레스는 작지만 깨어 있는 눈으로 세상을 보았다. 입가에는 조롱하는 미소를 머금고 속삭이듯 말했다. 그는 체구가 작았고, 약간 구부정한 자세로 걸었다. 외모에 신경을 많이 썼는데 주로 화려한 옷과 장신구를 걸쳤다. 아리스토텔레스는 다른 학생들과 확연히 구별되었다. 내성적이었고 독서를 좋아했다.

아리스토텔레스는 영리하지만 허영심이 있는 인물이 아니었을까? 스승의 말에서 실수나 모순을 찾아 꼬투리를 잡으려 하고 끊임없이 새로운 진리를 찾는 그런 사람 말이다. 실제로 "아리스토텔레스가 망아지들이 제 어미에게 하듯이 내게 발길질을 했다"는 플라톤의 탄식이 전해지고 있다. 플라톤은 주변 사람들에게 아리스토텔레스를 주의하라고 충고하기도 했다.

아카데모스 언덕으로

플라톤과 아리스토텔레스는 나이와 개성 그리고 각자의 역할만 달랐던 게 아니다. 두 사람은 출신도 달랐다. 플라톤은 대대로 부유하고 명망 높은 가문의 귀족 출신이다. 플라톤이 존경받은 것은 그의 출신 탓이 크다. 플라톤은 가문의 관례대로 정치가가 되려고 했다. 그런데 스무 살이 되던 어느 날 그는 젊은 남자들에게 둘러싸인 한 노인을 보았다. 노인의 이름은 소크라테스^{Sokrates}. 직업은 석공이었지만 일은 거의 하지 않고 철학적 대화에 몰두해 세계와 선^善 그리고 사람이 해야 할 일과 하지 말아야 할 일에 대해 이야기했다. 당시 문학에 빠져 있던 플라톤은 바로 이 기묘한 노인에 매료되어 시詩를 팽개치고 여러 해 동안 그의 제자로 머물렀다. 플라톤은 소크라테스가 철학을 새로운 방향으로 이끄는 것을 곁에서 목격했다. 당시 '지혜에 대한 사랑'은 특히 자연의 본질과 변화에 대해 물었다. 하지만 소크라테스는 올바른 행위, 도덕, 풍습 그리고 가치에 대해 물었고 사람들을 사유 그 자체로 이끌었다. 그는 삶의 의미와 인식의 한계에 대해 물었다.

소크라테스는 아테네의 황금시대를 경험했다. 건축가 페이디아스Pheidias가 아크로폴리스에서 파르테논 신전을 만든 시대, 극작가 아이스킬로스Aeschylos가 극예술의 수준을 높인 시대, 정치가 페리클레스Pericles가 민주주의를 완성한 시대의 증인이 바로 소크라테스였다. 그러나 그는 이 황금시대가 종말을 고하는 광경도 목격해야만 했다. 아테네는 펠로폰네소스 전쟁에서 스파르타에 패했고 공포의 시기가 지난 후에야 민주주의로 복귀했다.

아테네의 분위기는 적의와 증오심으로 가득 차 있었다. 일부 시민들은 오래전부터 모든 것에 의문을 제기하는 소크라테스의 사유 방식에 반감을 가졌다. 그들은 소크라테스를 고발했고 민회는 사형을 선고했다. 소크라테스는 법을 지키기 위해 도주할 기회를 모두 흘려보내고 독배를 마셨다. 그는 죽기 전에 '내가 죽는다고 해서 진리마저 죽지 않는다'고 선언했다.

플라톤은 소크라테스의 죽음으로 큰 충격을 받았다. 플라톤이 보기에 그는 '동시대인 가운데 가장 뛰어나고 지혜로우며 정의로운 사람'이었으니까. 플라톤은 아테네를 떠나 지중해 지역을 떠돌며 철학자와 권력자들을 방문했다. 이 유랑에 관한 다수의 기록은 진실이라기보다는 전언에 가깝다. 이를테면 플라톤은 한때 폭군 디오니시오스^{Dionysios} 1세의 포로가 되어 심지어 노예 시장에서 팔릴 처지에 놓인 적이 있었다고 전해진다. 플라톤은 12년 동안 외지에서 떠돌다가 기원전 387년에 아테네로 돌아왔다. 그의 나이 마흔 무렵이었다. 그는 자신의 집에서 멀지 않은 곳에 땅을 샀는데, 영웅신 아카데모스^{Akademos}의 신역이었다. 전에는 아테네 여신을 모시는 사당이었다. 플라톤은 나무들 사이에 석조 건물을 세웠는데, 미관을 위해서라기보다는 용도상 돌이 더 적합했던 것으로 보인다. 이곳에서는 햇빛이 비치거나 비바람이 몰아쳐도 머물며 식사나 운동을 할 수 있었다.

플라톤은 이곳에서 뜻을 같이하는 사람들과 철학과 학문에 관해 이야기했다. 그들은 간단한 절차만으로도 서로 소통하기 시작했고, 대화는 금세 깊어졌다. 다음에 이야기할 주제는 공동으로 논의했고 곧 지식 추구에 점점 더 몰입했다. 참가자들 사이에 위계질서가 만들어졌고 특정 분야에 정통한 사람은 신입들의 스승이 되었다. 모두가 이 모임을 공동체로 받아들였고 출신에 따른 특혜는 없었다. 여성들도 받아들여졌다. 수장은 플라톤이었다. 그가 아카데메이아를 세웠기 때문만이 아니라 지식과 권위에서 모두를 능가했기 때문이다. 이 아카데모스 언덕에 있는 아카데메이아는 아테네를 넘

아카데메이아 학생들에 둘러싸인 플라톤 — 소크라테스의 사상을 이어받은 플라톤은 주로 대화를 통해 자신의 사상을 전개해 나갔다.

어 점차 큰 명성을 얻었다. 사상사에 미친 이 학파의 강력하고 지속적인 영향력은 2000년 이상이 지난 지금에도 '아카데미'라는 말이 쓰이고 있는 데에서도 알 수 있다.

자신이 만든 학파의 위대한 이념 제공자인 플라톤은 점점 대담하고 복잡한 철학적 사상 체계를 구축해 나갔다. 그는 스승 소크라테스의 윤리적 성찰의 틀을 만들었고, 소크라테스 이전 철학자들의 사상도 보존했다. 그리고 이 모든 것을 자신의 철학으로 보완했다. 플라톤의 제자들은 그의 사상 체계를 이미 완전한 철학의 이념에 근접하는 것으로 여겼다. 심지어 2500년이 지난 후에도 철학자들은 이와 유사하게 생각했다. 예컨대 20세기 초 영국 철학자 알프레드 화이트헤드Alfred North Whitehead는 서양 철학 전체가 '플라톤에 대한 일련의 주석'이라고 말한 바 있다. 철학은 결론을 찾는 것이 아니며 특히 포괄적이고 궁극적인 합일점에 절대 도달할 수 없다. 인간은 제한적이며 누구도 세계를 다른 사람과 똑같이 보지 않기 때문이다. 마찬가지로 어떤 사상 체계도 완전하지 않다. 따라서 플라톤의 사상에 대해서도 대립적 사유와 보완 그리고 계승이 이루어진다. 이 작업을 그의 제자 아리스토텔레스가 빠르고 광범위하며 심도 있게 해낸 것은 사상사의 위대한 족적이다.

스승의 이데아를 걷어차다

"그는 태어나서 일하다가 죽었다. 이제 그의 사상을 살펴보자." 독일 실존철학자 마르틴 하이데거Martin Heidegger는 아리스토텔레스에 관한 강의를 이런 간결한 말로 시작했다. 하이데거가 무례하다 싶을 정도로 말을 아낀 것은 그가 사상가의 전기에 관심이 없었기 때문이다. 그러나 그의 진술은 사태의 핵심을 드러낸다. 즉 우리는 아리스토텔레스에 관해 몇 가지 외에는 아는 게 거의 없다. 그도 플라톤처럼 부유한 집안 출신이지만 그 외에는 공통점이 없다. 아리스토텔레스는 귀족도 아니었고 아테네에서 정치적 권리가 없는 이주민, 이른바 피보호 이방인으로 완전한 시민권을 누리지도 못했다. 그는 칼키디키Khalkidhiki 반도의 동부에 위치한 스타게이라Stageira에서 태어났다. 그의 아버지는 마케도니아 왕 아민타스Amyntas 3세의 시의侍醫였다.

　젊은 아리스토텔레스는 아테네로 가길 원했다. 지식에 대한 갈망과 공명심이 강한 그리스인들에게 아테네는 세계의 배꼽이었다. 그의 아버지는 아들이 뜻한 바를 이루도록 심적·물적 지원을 아끼지 않았다. 아리스토텔레스는 델피의 신탁에 따라 아테네에서 철학 공부를 시작한다. 아리스토텔레스는 열일곱 살에 아카데모스 언덕에 있는 학교에 들어간다. 이 학교는 플라톤이 세운 지 20년이 흐른 뒤로 그사이 유명해져 있었다. 불협화음과 내부 갈등에도 플라톤과 아리스토텔레스는 끈끈한 유대 관계를 유지했음이 틀림없다. 아리스토텔레스가 플라톤의 아카데메이아에 머문 20년의 세월이 이를 증명한다. 두 사람 사이에서 언제 알력이 생겼는지는 알 수 없다. 확실한 점은 아리스토텔레스가 스승에게 여러 번 이의를 제기한 시점이 플라톤이 한참 나이든 뒤였다는 것이다. 플라톤이 기원전 347년 무렵 여든의 나이로 세상을 떠나자 아카데메이아를 계승한 사람은 아리스토텔레스가 아니라 플라톤의 조카 스페우시포스Speusippos였다. 플라톤의 결정이었다고 전해진다. 스페우시포스는 무능하지는 않았지만, 정신적인 탁월함에 있어서 아리스토텔레스의 상대가 될 수 없었다. 플라톤의 이런 결정은 스승인 소크라테스의 유산뿐만 아니라 자신의 업적도 보존되기를 원해서였겠지만, 무엇보다 아리스토텔레스가 그 뜻을 이어 가리라고는 기대할 수 없었기 때문으로 짐작된다. 만약 이 짐작이 사실이라면, 플라톤의 판단은 옳기도 하고 틀리기도 했다.

소크라테스, 플라톤, 아리스토텔레스는 고대 그리스 문화의 등대다. 이들은 시대를 초월하는 열정, 불안, 사상의 문제들을 다뤄 그 영향력을 잃지 않았다. 신화, 비극, 희극 심지어 경연장에서도 고대 그리스인들은 현대인과 동일한 고난과 희망을 놓고 씨름했다. 거의 모든 극작술, 인간 유형, 연기, 무대장치가 이미 고대 그리스에서 등장했다. 테제These(정립定立)와 안티테제Antithese(반정립反定立), 자아와 대상도 고대 그리스의 사유 방식이었다. 이러한 사유 방식은 시대와 무관하게 항상 통용된다. '그건 이렇다'라는 생각에는 언제든 반론이 제기될 수 있다. 플라톤과 그의 학설에도 마찬가지다. 다만 그 역할을 그의 가장 뛰어난 제자 아리스토텔레스가 맡은 것이다. 아리스토텔레스는 스승 플라톤의 핵심 이론인 이데아론을 공격했다.

플라톤에 따르면, 지각된 세계는 이데아의 모방이다. 이데아는 '형상' 또는 '형태'를 뜻하는 그리스어 ιδέα 또는 idéa에서 유래한다. 이를테면 플라톤은 '선 그 자체' 또는 '미 그 자체'의 이데아처럼 윤리적인 표상에도 이데이기 존재한다고 여겼다. 이는 동물, 식물처럼 모든 질료적인 사물, 예를 들어 올리브 열매도 마찬가지이다. 플라톤은 '완전한' 올리브 열매의 이데아는 원형原形으로 사람들이 인식할 수 없으며 단지 이들이 현실에서 나타나는 모습, 즉 아리스토텔레스가 땅에서 주운 '완전하지 않은' 올리브 열매를 통해 예감할 수 있을 뿐이라고 생각했다.

플라톤은 자신의 생각을 구체화하기 위해 대화편인 《국가 _Politeía_》에서 스승 소크라테스의 입을 빌려 유명한 동굴의 비유를 말한다. 동굴에 죄수들이 앉아 있다. 이들은 태어날 때부터 사슬에 묶여 있어 벽에 비친 그림자만 볼 수 있을 뿐이다. 그림자는 그들 가운데 뒤에 있는 자가 횃불 앞에서 움직이면 나타나는 형상이다. 누군가 말하면 죄수들은 그림자가 말을 한다고 믿을 정도다. 소크라테스는 다음과 같은 질문을 던진다. "죄수 중 한 명을 묶인 사슬에서 풀어주어 뒤를 돌아보게 한다면 어떤 일이 생길 것인가?" 그는 횃불과 동굴의 출구, 태양 그리고 벽과 횃불 사이에서 인형극을 하듯 움직이는 사람들을 본다. 이 사슬에서 풀려난 죄수를 동굴 밖으로 데리고 간다면, 이 죄수는 바깥세상을 보게 될 것이다. 그는 태양도 보게 된다. 그가 다시 동굴로 돌아와 자신이 본 것들을 죄수들에게 얘기한다면 아무도 그의 말을 믿지 않을 것이다.

플라톤은 여기에 해석을 덧붙인다. 동굴과 그림자는 우리가 감각으로 파악하는 세계다. 동굴 밖으로 나가 태양을 보는 것은 정신과 영혼으로 파악 가능한 세계를 상징한다. 이 세계에서 최상은 '선 그 자체', 곧 이데아라는 것이다. 이데아는 태양으로 구현된다. 플라톤은 동굴의 비유를 통해 인간이 지각한 뒤에 숨어 있는 상위의 것, 즉 이데아를 환기시킨다. 플라톤은 모든 존재의 핵심에 도달하기 위해 지성을 감각에서 분리하려는 것이다. 사유는 감각의 기만을 극복하도록 돕는다.

아리스토텔레스는 플라톤의 동굴 비유에 공감했다. 현재는 전하지 않는 한 저서에서 아리스토텔레스는 이와 유사한 사유를 펼쳤다고 전해진다. 사람들이 동굴에서 바깥으로 나와 자신들이 상상했던 것 이상을 보고 알게 된다. 따라서 그들은 신이 있을 수밖에 없다고 결론 내린다. 플라톤은 신이 최고의 존재이며 이데아보다 상위에 있고 모든 것을 포괄한다고 생각했다. 반면 아리스토텔레스는 신을 원동자原動者[1]라 부르며, 자신은 움직이지도 변화하지도 않으면서 세계를 움직여 변화시키지만 그다음에는 더 이상 개입하지 않는 존재로 여긴다.

아리스토텔레스가 플라톤의 이론 중 가장 격렬하게 반기를 든 것은 이데아론이었다. 아리스토텔레스에 따르면, 이데아의 세계가 사물의 세계와 분리되어 존재하며 불완전한 모방의 세계를 만든다는 관념은 사람들의 사고를 불필요하게 확대할 뿐이다. 아리스토텔레스가 보기에 이데아의 세계와 사물의 세계, 이 두 영역은 논리적으로 결합할 수 없다. 그는 이데아의 보편성도 지금 여기를 설명하는 데 별 도움이 되지 않는다고 여긴다. 결국 아리스토텔레스에게 이데아는 실재와는 무관한 환상일 뿐이다. 그 대신 아리스토텔레스

---

1 ― der erste Beweger the prime mover, 제1원인the first cause, 부동의 동자unmoved mover 혹은 일자the one 라고 한다.

는 이데아가 아니라 사물 자체를 관찰할 것을 제안한다. 우리가 관찰하고, 연구하며 정리할 때야 비로소 맥락을 인식하고 의미에 대한 질문에 답을 기대할 수 있다는 것이다.

아리스토텔레스는 이러한 초기 과학적 접근 방식을 《형이상학 *Metaphysik*》 등과 같은 저서에서 밝히며 스승 플라톤과 경계를 그었는데, 이는 플라톤과 아리스토텔레스의 철학을 구분 지을 뿐만 아니라 철학사적 분기점이 된다. 플라톤적 사유는 이상과 완전성을 추구하지만, 아리스토텔레스의 사유는 존재의 인식을 추구한다. 따라서 플라톤 철학의 중심은 지각이지만, 아리스토텔레스의 철학은 현실 인식이 중심이었다. 아리스토텔레스의 생각은 그도 미처 깨닫지 못한 혁명적 발걸음이었다. 그 역시 세계와 그 속에서 체험하는 모든 것이 신적인 것에 의해 지배받고 있다고 생각하는 고대인들과 동시대인이기 때문이다. 아리스토텔레스가 해 질 녘 황혼을 향해 손을 펼쳐 손가락 사이로 햇빛이 스며드는 것을 본다면, 그 순간의 감동, 그가 느끼는 고조되는 행복감은 자연 현상만으로는 설명할 수 없다는 사실에 대해 조금도 의심하지 않았을 것이다.

아리스토텔레스는 세계를 항상 통일체로 인지하지만 세계를 해체하고 또 그럼으로써 존재하는 것과 존재할 수도 있는 것으로 분리한다. '존재 위에 있는 것은 무엇인가?'라는 스승 플라톤의 질문에 아리스토텔레스는 '존재란 무엇인가?'라는 질문으로 대응한다. 이를 형상화한 작품이 르네상스 시대 화가 라파엘로 산치오 Raffaello Sanzio가 그린 유명한 벽화 〈아테네 학당 School of Athens〉이다. 라파엘로

라파엘로의 〈아테네 학당〉(1510~1511) — 그리스 철학자들이 학당에 모여 학문과 진리를 추구하는 모습을 표현한 그림이다. 화면 중앙에 서 있는 두 사람이 플라톤과 아리스토텔레스인데, 오른손으로 하늘을 가리키는 사람이 플라톤, 그 옆에서 땅을 가리키는 사람이 아리스토텔레스다.

는 플라톤과 아리스토텔레스가 고대 철학자들의 무리를 이끌며 이야기 나누는 장면을 묘사했다. 플라톤은 하늘을 가리키며 이데아를 말하고, 아리스토텔레스는 땅을 가리키며 현실을 이야기한다.

두 사상가의 관점 차이는 그들의 저서에서도 확인할 수 있다. 플라톤의 대화편은 문학적 재능으로 정신세계를 파고들며 탐색하고 성찰한다. 이와 반대로 아리스토텔레스의 저서들은 냉정하고 엄격하며 논리정연하고 이분법적으로 구분한다. 플라톤은 제자들을 매료시키는 사람이다. 제자들은 그의 저서들을 연구하며 정신 영역으로 빠져 신비주의에 이르기까지 한다. 이와 반대로 아리스토텔레스는 학자들에게 도구를 손에 쥐어 준 스승이다. 그는 정의하고 판단한다. 아리스토텔레스는 논리학의 창시자가 되어 과학적 연구 방법의 기초를 세운다. 2000년 후 아리스토텔레스의 방법론적 발자취를 좇은 알렉산더 폰 훔볼트가 '제2의 아리스토텔레스'라고 불린 것은 놀라운 일이 아니다.

플라톤이 죽은 후 아리스토텔레스는 아테네를 떠났다. 물론 다른 제자들도 떠났다. 아리스토텔레스가 떠난 이유를 스승의 후계자가 되지 못한 데서 찾는 사람들이 많다. 하지만 아리스토텔레스가 안전한 곳으로 피신하려 했다는 추측도 가능하다. 당시 정치 사건들을 놓고 보면 타당성 있는 추측이다. 마케도니아의 왕 필리포스Philippos 2세는 그리스의 일부 도시들을 정복하고 파괴했는데, 그중에는 아리스토텔레스의 고향인 스타게이라도 포함되었다. 자부심이 넘쳤던 아테네도 위협받았다. 예로부터 마케도니아 궁정과 좋은 관계를 유지해 왔던 집안 때문에 아리스토텔레스는 아테네 시민들의 의심을 받는다. 그래서 그는 소아시아에 있는 아타르네우스Atarneus의 통치자 헤르미아스Hermias의 초대에 응했다. 헤르미아스는 젊은 시절 플라톤의 아카데메이아에서 아리스토텔레스와 함께 수학했다. 아리스토텔레스는 헤르미아스의 도움을 받으며 2년을 보낸다. 그 후 3, 4년간 마케도니아 왕의 궁정에서 당시 열네 살이던 필리포스 2세의 아들 알렉산드로스Alexandros의 스승이 된다. 이 시절에 관해서는 알려진 바가 거의 없다. 알렉산드로스는 필리포스 2세가 죽은 뒤 왕위를 물려받고 원정길에 나선다. 그는 기원전 335년에 마케도니아의 지배에 저항하는 그리스 도시들의 반란을 진압하고 아테네를 장악했다. 그리고 얼마 지나지 않아 '대왕'으로 불리게 된다.

아리스토텔레스는 아테네로 돌아와 리케이온Lykeion이라는 학교를 열어 학생들을 가르치고 끊임없이 책을 쓰기 시작했다. 부유했

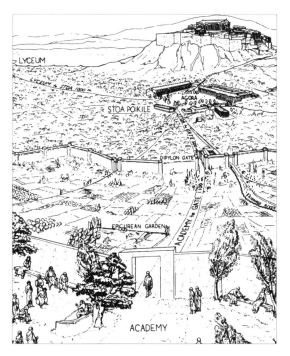

아테네의 학당들 — 플라톤의 아카데메이아(아카데미)와 달리 아테네 동부 넓은 곳에 자리한 리케이온(리시움)은 태양신이자 학문과 음악의 신 아폴로 리케이우스Apollo Lykeius를 기리는 신전이 있던 곳이다. 아고라Agora 옆에 보이는 스토아 포이킬레Stoa Poikile는 기원전 3세기 제논Zenon이 학생들을 가르치던 곳으로 여기에서 유래해 그 일파를 '스토아학파'로 부른다.

던 아리스토텔레스는 계속해서 자신의 도서관을 확장했다. 수많은 그의 연구원이 지중해 연안 전 지역에서 학문에 몰두했다. 알렉산드로스도 옛 스승의 학구열을 지원했다. 아리스토텔레스는 알렉산드로스가 정복 전쟁에서 획득해 보내 준 이국적 동물들로 자신의 동물원을 확장해 나갔다. 알렉산드로스가 기원전 323년에 사망하자, 아테네에 대한 마케도니아의 지배도 와해되었다. 또다시 아리스토텔레스의 입지가 곤란해졌다. 그는 아테네를 떠나며 아테네인들에게 소크라테스의 운명을 상기시켰다. 아테네인들이 또다시 철학에 죄를 짓는 일이 없기를 바란 것이다. 그는 에우보이아Euboea섬 칼키스Chalkis로 갔다.

'존재'라는 오래된 질문의 미래

세계가 이데아의 모방인지 혹은 인간이 자신들의 세계에서 이데아를 발전시키는 것인지의 문제는 플라톤과 아리스토텔레스 이래로 줄곧 사람들의 뇌리를 떠나지 않았다. 사상가들은 두 사람의 해석 사이를 오갔다. 스콜라 철학에서는 아리스토텔레스가 압도했고, 르네상스 시대에서는 플라톤이 다시 상승세를 탔다. 계몽주의 시대에 와서는 철학과 과학이 지성과 이성의 편에 서게 되었다. 이 때부터는 특히 무엇을 인식하는지가 중요했다. 아리스토텔레스의 입장에서 인간은 관념의 창조자이자 명령자로 간주되었고 현실이 지식의 기준이 되었다.

하지만 역설적으로 자연과 기술 발전의 연관성에 관한 새로운 인식으로 인해 사물의 배후에 있는 규정할 수 없는 것으로서의 이데아가 오래전부터 새롭게 중심적 위치를 차지했다. 특히 인간이 우주에 대해 점점 더 확장되는 시가으로 물질의 아주 세세한 부분까지 파고들게 되면서 새로운 답을 얻게 되었을 뿐만 아니라 새로운 질문도 제기되었다. 인류에게 왜 무엇인가가 존재하는지에 관한 비밀이 문제가 될 때면 플라톤이 다시 주목받았다. 아마도 인간은 이 비밀을 결코 풀지 못할 것이다. 플라톤이 동굴의 비유에서 예언했듯이 인간은 그 비밀을 속속들이 파악할 수 없기 때문이다.

이데아는 모든 사람에게서 살아 숨 쉰다. 완전성의 이데아도 마찬가지이다. 인간은 이데아를 좇기 위해 다양한 활동 영역을 섭렵한다. 이 때문에 인간은 준최적의 세계와 준최적의 주체인 자신의 자칭 최적화자가 된다. 인간은 끊임없이 세계와 자기 자신의 몸과 능력을 갈고닦는다. 항상 새로운 기록을 깨고 심지어 존재의 한계를 뛰어넘으려 한다. 인간은 나이와 죽음이라는 운명까지도 이겨내려고 한다. 아이러니하게도 이러한 목표를 향해 나아가는 도중에 결국 스스로 '완전의 제물'이 된다. 즉 자신이 구축한 완전한 기술적 세계에서 더 이상 요구 조건을 충족시키지 못해 스스로 제거되고 마는 것이다. 플라톤과 아리스토텔레스는 이러한 과정의 정신적 선구자일지도 모른다. 인간은 플라톤이 말한 완전성의 이데아를 추구함으로써 아리스토텔레스가 토대를 마련한 논리학과 과학의 도움으로 이미 모든 면에서 인간을 뛰어넘을 수 있는 기술과 기계를 만들기 때문이다. 이는 인공지능이 내장된 드론, 로봇 또는 각종 감시 시스템 등으로 구현되고 있다.

인간은 언젠가는 결국 '완전한' 세계를 만들어 플라톤이 말한 이데아의 제물이 될지도 모른다. 문제는 플라톤의 이데아가 얼마나 완전할 수 있는가다. 이데아는 궁극적으로는 절대 완전하지 않은 인간에 의해 정의될 수밖에 없기 때문이다. 다시 말해, 플라톤적 이데아를 중요하게 여기는 자는 바로 완전하지 않은 인간이다. 플라톤에 따르면 인간은 이데아를 서술은 고사하고 완벽하게 인식할 수도 없다. 바로 이 점이 무엇보다도 아리스토텔레스의 반감을 샀다. 즉 플라톤적 이데아는 정의상 모든 이해의 가능성을 벗어난다. 이데아는 기본적으로 인간이 궁극적 인식과 진리 그리고 목표에 병확히 도달할 수 있다는 희망을 영원히 차단한다.

지각된 세계와 이데아의 실재성이 문제로 남는다. 지각된 세계는 대체로 구체화할 수 있지만, 이데아는 관념적으로만 파악할 수 있다. 이데아는 말로나 이미지로 겨우 전달할 수 있지만 실체가 없다. 그런데도 우리는 이데아가 얼마나 실재적일 수 있는지를 안다. 경우에 따라서는 해리 포터와 같은 가상의 인물이 현실에서 존재하는 사람보다 더 실재적으로 보이기도 하는 것이다. 우리는 각종 매체에서 스타들이 구현하는 이데아나 이상적인 이미지를 그들의 실제보다 훨씬 더 실재적으로 여기기도 한다. 플라톤과 아리스토텔레스 역시 실제 존재했으나 어떤 의미에서는 이데아일지도 모른다. 이들은 자신들의 적과 추종자들의 이데아가 된 것이다.

　이데아의 근원에 대해서는 다음과 같이 말할 수 있을 것이다. 아리스토텔레스가 말한 '위대한 동자動者'를 찾는 모든 시도 끝에 결국 인간 스스로가 위대한 동자가 된다면, 그것은 정말 어처구니없는 아이러니가 아닐 수 없다. 그렇게 된다면 인간은 이마도 모든 생각을 데이터 저장 매체에 담을 수 있는 기술적 전제를 갖춘 셈이 된다. 이런 방식으로 인간은 흡사 '무한한 영혼' 또는 '무한한 정신'을 스스로 만들어 낼 수 있을 것이다. 상상의 나래를 펼쳐 보자. 아마도 인간은 자신이 복제 인간이 아닌가 하는 생각을 가질 수도 있다. 존재한다는 가정도 이미 주어져 있고 스스로가 그 일부인 정교한 시뮬레이션, 즉 방대한 컴퓨터 프로그램에 의해 생겨나는 것일지도 모른다. 이미 우리는 SF영화 〈블레이드 러너Blade Runner〉에 나오는 블레이드 러너와 같은 처지인지도 모른다. 블레이드 러너와 그의 연인처럼 자신들이 기억과 자의식이 이식된 로봇인지조차도 모르고 있는 것과 마찬가지로 말이다. 이들은 단지 설계자의 이데아가 나은 산물일 뿐이다.

　창조신을 믿는 자는 신이 컴퓨터 프로그램의 배후에서 작용하고 있다고 추측할지도 모른다. 하지만 창조신을 만든 것은 누구인가? 무엇이 빅뱅을 일으켰는가? 요컨대 존재는 종교적으로든 과학적으로든 설명할 수 없다. 플라톤의 이데아든 아리스토텔레스의 인식에 대한 방대한 탐구든 상위자와 모든 것의 시초에 대한 결정적인 질문에 대답을 주지 못한다.

우리는 다음과 같은 사실을 알 뿐이다. 우리가 신에 대한 것이든 빅뱅에 대한 것이든 이데아를 가지고 있다면, 이데아는 존재한다. 단지 이데아로서 뿐이겠지만 말이다. 세계는 이데아를 모방한 것인가? 아니면 존재하는 것이 모든 것인가? 플라톤과 아리스토텔레스도 답할 수 없는 문제들이다. 두 사상가는 이 문제를 서로 다른 관점으로 보았고 합의에 이를 수 없었다. 두 사상가는 각자 타당하다고 생각했으나 모두 완전한 진리는 아니었다. 어쩌면 둘 다 옳았을지도 모른다. 이것 역시 하나의 관념에 불과하다.

2장

피에르 아벨라르와
엘로이즈

이성이 마음보다 중요한가?

"우리는 마음을 마음대로 다룰 수 없습니다.
우리는 마음에 명령을 내리기보다 오히려 마음의 명령에 복종해야 합니다."

| 피에르 아벨라르 |

"사랑하는 이여, 당신은 알고 있습니다.
그리고 온 세상이 다 알고 있습니다.
당신이 잃은 것을, 그리고 그 때문에 내가 모든 것을 다 잃었다는 사실을.
비열하고도 감출 길 없는 배신행위가 무서운 일격을 가해
나에게서 당신을 빼앗아 갔고
나 자신까지도 뿌리째 뽑아 버렸습니다."

| 아벨라르에게 보낸 엘로이즈의 편지에서 |

1118년 어느 이른 아침, 사람들이 파리 골목길을 내달리고 있었다. 이들은 간밤에 비명이 울려 퍼진 집으로 몰려가 앞마당에 모인 사람들의 무리에 합류했다. 누군가 잔인한 일에 관해 들은 것을 이야기하자 듣는 이들의 얼굴에는 공포가 깊숙이 배어들었다. 피에르 아벨라르^{Pierre Abélard(1079~1142)}가 자신의 잘못으로 끔찍한 운명을 맞은 것은 아닌지 묻는 사람도 있었다. 아벨라르는 거세된 채 방에 누워 충격으로 몸서리치고 있었다. 육체적 고통보다 주변 사람들의 동정심이 오히려 그를 더 심하게 괴롭혔다. 그는 길에서 들려오는 목소리에서 그리고 자신의 침대 곁에 있는 사람들의 눈에서 자신에게로 향하는 동정심을 감지할 수 있었다. 게다가 그는 자신의 비극이 파리 곳곳으로 퍼져 나가리라는 것을 알았다.

아벨라르는 적을 많이 만들었다. 이제 적지 않은 적들이 만족감을 느꼈을 터다. 그는 자신의 명석함을 시기한 자들이 적이 되었다고 생각했지만, 그것은 자신이 얼마나 많은 이들에게 상처와 모욕을 주었는지를 간과한 오산이었다. 아벨라르는 강한 정신력과 오만함으로 사람들을 무시했다. 심지어 신이 된 것처럼 군다고 많은 이들이 그를 비난했다. 이러한 비난이 전혀 근거가 없는 것은 아니었다.

아벨라르는 학생 시절부터 매우 명석했다. 그는 흔들리지 않는 자의식을 지녔고 기회가 있을 때마다 날카롭고 단호한 논리로 사람들에게 굴욕감을 안겨 주었다. 그의 아버지는 브르타뉴Bretagne의 기사였다. 장남으로 태어난 아벨라르는 논리학이나 철학과는 무관한 일을 할 생각이었다. 그는 집안의 영지를 관리하는 책무를 위해 전술을 익히고 교육을 받았다. 그러나 아들의 특별한 재능을 발견한 아버지는 아벨라르를 가업에서 해방시켜 뛰어난 스승들 밑에서 배우게 한다. 이는 곧 반항적 정신의 소유자인 아벨라르가 로마교회의 도그마에 억눌리게 됨을 의미했다. 당시 로마교회는 수 세기에 걸쳐 전 유럽에 영향력을 행사하며 어느 때보다도 강력하게 성당, 수도원, 신학교를 통해 교세를 떨쳤다. 대규모 장원으로 부를 축적하는 것은 물론, 하부기관과 연결해 권력을 장악했으며 세금과 교회록 그리고 공과금으로 신자들의 충성을 확보했다. 로마교회는 오래전부터 왕과 제후들에 맞서 주도권을 장악하려 했다. 로마교회가 사람들의 의식을 지배하기 위해 동원한 강력한 수단은 성서였다. 교회는 성서에 과거와 현재 그리고 미래의 모든 것이 쓰여 있다고 말했다.

성서의 해석에서 교회의 권위자들은 서로 다른 결론에 도달했다. 논리와 신비주의가 충돌했고, 성서에 쓰인 것을 어떻게 이해해야 할지에 관한 합의가 이루어지지 않아 알력이 생겼다. 이른바 보편논쟁이 벌어진 것이다. 이데아의 본질에 관해 플라톤과 아리스토텔레스의 철학적 갈등이 여전히 이어지고 있었다. 보편개념이 실재론자들의 주장처럼 실제로 존재하는 신적 이데아의 모방인지, 아니면 유명론자들의 주장처럼 세계의 질서를 잡기 위해 사람들이 만든 정신적 고안물인지가 관건이었다.[2]

아벨라르는 이 두 진영의 뛰어난 대표자들에게서 논리학과 변증법을 수학했다. 처음에는 유명론자인 콩피에뉴의 로슬랭Roscelin von Compiègne(로스켈리누스)에게 배웠는데, 그는 파악 가능한 사물만이 실재하며 보편개념은 만들어 낸 말에 불과하다고 여겼다. 그 다음으로 아벨라르는 실재론자 샹포의 기욤Guillaume de Champeaux의 강의를 들었다. 그는 보편개념이 신의 정신에 이미 포함되어 있다고 여겼다. 아벨라르는 이 두 사람의 이론에 반기를 들며 논리적이고 지적으로 논증을 펼쳤다. 그는 보편개념을 인간이 만들어 낸 말에 불과한 것으로도 신의 이데아로도 여기지 않았다. 아벨라르의 견해에 따르면,

---

2 — 실재론Realismus은 보편자에 대해 개별자보다 더 높은 실재성을 부여한다. 이와 반대로 유명론 Nominalismus은 개별자만이 실재한다고 주장한다. 유명론에 따르면, 보편개념은 현실이 아닌 오직 우리의 지성에서만 존재하므로 단지 이름에 불과하다. 유명론은 '이름'을 뜻하는 라틴어 'nomen'에서 유래한 명칭이다. 여기서 중세철학의 실재론을 오늘날의 리얼리즘과 혼동하면 안 된다. 오늘날 '실재론자 realist'는 우리를 둘러싼 시공간의 현실을 믿는 사람을 가리키고, '관념론자idealist'는 이 세계를 한갓 '현상'으로 여기고 그 배후의 참된 현실, 즉 이데아를 추구하는 사람을 뜻한다. 따라서 중세철학의 실재론은 오늘날의 '관념론'이라 말할 수 있다.

오히려 보편개념의 존재는 인간이 무한한 것과 개별자에서 보편적으로 통하는 것을 인지할 수 있는 능력이 있다는 사실을 드러낸다. 예를 들어 지구상에 장미가 더 이상 존재하지 않는다고 가정할지라도, 장미라는 이름은 우리의 관념 속에 여전히 그 의미가 남아 있을 것이다. 아벨라르에 의해 각인된 이러한 이미지는 약 900년 후 움베르토 에코Umberto Eco의 유명한 소설 제목이 되었다. 아벨라르는 이후 자신의 주장과 관련된 모든 공개적 논쟁에서 대중의 호응을 얻으며 승리했다. 그는 오만한 승리자였다. 아리스토텔레스는 플라톤을 공격해도 자신의 스승을 여전히 신과 같은 존재로 여겼지만, 아벨라르는 스승들의 지적 열등함을 조롱했다. 그의 자신감과 정신적인 독립성은 수 세기 후 중세를 되돌아보는 사람들에게 신선하게 다가온다. 중세 사람들은 신분과 종교의 엄격한 규칙에 얽매여 자유로운 활동을 거의 할 수 없어 대개 기존 관행을 그대로 답습했기 때문이다. 하지만 아벨라르는 어떤 시대건 탁월한 인물이 나서면 규칙을 깨뜨릴 수 있다는 사실을 입증했다.

아벨라르의 동시대인들도 그의 탁월함을 알아보았다. 점점 많은 학생이 몰려들어 그에게 부와 명성을 안겨 주었다. 아벨라르는 자신의 학교를 세우기도 했다. 그는 자신을 너무 혹사한 나머지 병에 걸려 브르타뉴 집으로 귀향해 휴식을 취했다. 아벨라르는 건강을 회복하자 저명한 랑의 안셀름Anselm von Laon(안셀무스)에게 신학을 수학했다. 안셀름은 성서의 텍스트를 엄격하게 해석하는 데 특별한 가치를 부여했고, 텍스트를 넘어서는 사고는 허락하지 않았다. 아벨라르

아벨라르의 강연 — 재능이 출중했던 아벨라르는 당대 유명 변증론자들에게 수학했지만 곧 스승들의 가르침을 반박했을 뿐만 아니라 자신의 학교를 설립하기에 이른다. 싹트기 시작한 시민들의 자의식을 인식하고 교회의 견해와 입장, 가치들의 근거와 정당성을 묻는 그의 강연은 늘 성황을 이루었다.

는 이에 만족하지 않았다. 그가 자신의 불만을 행동으로 옮기기까지 그리 오랜 시간이 걸리지 않았다. 그는 안셀름에게 공개적으로 항변했다. 아벨라르는 안셀름보다 더 많은 학생을 모아 강의에서 스승을 노골적으로 비판했다. 결국 대학에서 추방당한 아벨라르는 파리로 돌아갔다.

우리는 마음에 따라 행동했다

아벨라르가 1114년에 도착한 파리는 인구가 3천 명, 많아야 4천 명 정도에 불과했다. 주민들의 대부분은 센Seine강의 중앙에 있는 시테Cité섬[3]의 좁은 골목길 주변에 밀집해 살고 있다. 시테섬은 사구로 둘러싸여 있고 9헥타르(9만 제곱미터)가 채 되지 않는 넓이로 센강의 물결이 흘러든다. 이 섬을 연결하는 다리를 직통하는 대로가 섬의 권력을 둘로 나눈다. 하나는 서쪽에 위치한 궁전으로 대표되는 왕권이고, 또 다른 하나는 동쪽에 위치한 노트르담 대성당으로 대표되는 교회 권력이다. 노트르담 대성당은 이보다 약 40년 후에 건설되기 시작한 생트샤펠Sainte Chapelle 성당만큼 규모가 크지 않고 인상적이지도 않다. 이 생트샤펠 성당은 최고 재판소와 관청 그리고 성직자들의 사택이 있는 골목길로 둘러싸여 있다. 성당에는 학교가 없어 수업은 주로 미로와 같이 퍼져 있는 성직자들의 거주지에서 진행된다. 이곳에서 학생들은 아벨라르의 논리학 강의를 듣게 될 것이다.

아벨라르는 이제 자기 일을 하면서 명성이 커가는 것을 지켜보기만 하면 되는 상황이었다. 그런데 갑자기 신비로운 열정이 일었다. 운명의 해인 1116년 어느 날, 아벨라르는 생트샤펠 성당 주변에서 꽃다운 나이의 엘로이즈Héloïse(1100?~1164)를 보게 되었다. 아마 강

---

3 ― 파리의 발상지자 중심지며 법원과 경찰청 그리고 유명한 노트르담 대성당이 있다. 우리나라의 여의도를 연상하게 하는 곳이다.

의실 앞이거나 도서관 또는 강의하러 가는 도중이었을 것이다. 엘로이즈는 아름답고 우아했다. 그는 단번에 매혹되어 주저 없이 자신의 감정에 따르기로 했다. 아벨라르는 이후 자서전《내 고통의 역사*Historia Calamitatum*》에서 다음과 같이 말했다. "사람을 유혹할 수 있는 온갖 것으로 치장한 그녀가 호의를 보여 나는 그녀를 내 여자로 만들어야겠다는 생각을 했다." 그는 엘로이즈를 처음 본 순간부터 많은 나이 차이와 연애 경험이 없음에도 그녀를 차지할 수 있다는 강한 확신을 갖고 있었다. 그는 서른일곱 살이 되도록 여성과 잠자리에 든 적이 없었다. 아벨라르는 공부에만 매진했고 명성을 얻으려는 야심을 품고 있었다. 그는 불안해하지 않았으며 심지어 쉽게 그녀를 상대할 수 있으리라고 확신했다. "당시 나는 명성이 자자했고 젊었으며 풍채도 출중해서 어떤 여자든 사랑을 고백하면 거절당할 염려가 없었기 때문이다."

아벨라르는 노루를 사냥하기 위해 덫을 설치하고 추적하는 사냥꾼처럼 행동했다. 우선 그는 그녀의 신상을 수소문했다. 엘로이즈는 이제 막 스무 살이 되었다고도 하고 열여섯 살이라는 말도 들렸다. 그녀는 귀족 출신의 부인이 낳은 딸이라는 소문도 있었다. 엘로이즈의 어머니 샹파뉴의 에르신디스Hersendis(혹은 에르생트Hersin) von Champagne는 수도원장이자 수도원 창설자라고 추측하는 최근의 연구도 있다. 엘로이즈는 아르장퇴유Argenteuil의 수녀원 학교에 다닐 무렵부터 강한 학구열과 높은 이해력으로 주목받았다. 그리고 삼촌 퓔베르Fulbert가 그녀를 파리로 불러들였다. 퓔베르는 엘로이즈의 후견인이 되어 당시 여성들에게 허용된 것보다 훨씬 더 폭넓은 세상사를 그녀에게 가르치려고 했다. 읽기와 쓰기뿐만 아니라 책과 학문의 세계도 전수하려고 한 것이다.

퓔베르는 성당 참사회원이었다. 그는 사제는 아니었지만, 참사회원으로서 비교적 높은 지위를 얻어 교회 일과 종교 의식을 담당했다. 그는 수도사와는 달리 엄격한 서원에 얽매여 있지는 않았다. 참사회원은 교회로부터 성직록을 받았지만 세금을 내지는 않았고 어느 정도 주교와 독립적으로 살았다. 퓔베르는 세속 참사회원으로 서원하지 않은 성직자 계급에 속했다. 교수직에 있었던 아벨라르와 마찬가지로 퓔베르도 독신으로 살아야 할 의무는 없었다. 이러한 점도 그들이 누리는 특권과 더불어 당시 귀족들이 세속 참사회원이 되려는 열망을 품게 한 요소였다.

아벨라르는 자신이 연정을 품은 상대의 후견인이 누군지 재빠르게 파악했다. 그는 계획을 세웠다. 그는 지인들을 통해 퓔베르에게 연구하느라 생계유지가 힘든 자신에게 숙식을 제공해 줄 수 있는지 물었다. 이러한 아벨라르의 돌출 행동은 설득력이 있었다. 퓔베르의 집은 성크리스토프Sainte-Christophe 성당과 빈민병원 근처에 있어 아벨라르가 강의하는 성직자 거주지와 가까웠다. 자신에게 이득이 되는 거래에 혈안이 되어 있었던 퓔베르는 유명한 교수인 아벨라르를 큰 비용을 들이지 않고서도 고용할 수 있다는 점에 마음이 끌렸다. 아벨라르가 엘로이즈의 좋은 교사가 될 수도 있다는 기대는 당연한 논리적 귀결이었다. 퓔베르는 아벨라르가 여자 문제가 없고 창녀도 찾지 않았다는 평판을 듣고서, 엘로이즈의 가정교사로 가능한 한 많은 시간을 그녀와 함께 지내 달라고 부탁했다. 퓔베르는 필요하다면 엘로이즈에게 어떤 벌을 주어도 좋다는 허락까지 했다. 아벨라르는 다음과 같이 말하며 환호성을 질렀다. "마치 그가 순진한 양을 굶주린 늑대에게 맡긴 것 같았다." 아벨라르는 자신에게 주어진 행동의 자유를 "내가 그녀를 감언이설로 달랠 수 없다면 위협하거나 체벌을 가해서라도 내 말을 듣게 할 수 있다"는 백지위임장으로 받아들였다.

아벨라르는 자신의 손에 들어온 사냥감을 위협하거나 강요할 필요가 없었다. 수학을 공부하거나 교회 성인들과 그리스·로마 사상가들의 저서를 공부할 때 그는 이 젊은 여인을 맘대로 유혹했다. 그들은 책을 보는 대신 서로의 눈을 보았다. 곧 그들은 말을 주고받기보다는 키스를 더 많이 했다. 아벨라르의 손은 책장보다는 엘로이즈의 가슴에 더 자주 머물렀다. 그들은 기회가 될 때마다 잠자리를 함께했다. 아벨라르는 주변의 의심을 피하고자 엘로이즈에게 매질을 가하기까지 했다. 그것은 "분노의 매질이 아닌 사랑의 매질이었으며, 미움의 매질이 아닌 애정의 매질"이었다. 그들은 "사랑의 길을 남김없이 다 걸었으며 사랑의 이름으로 할 수 있는 모든 행위를 다했다."

아벨라르는 사랑의 열정에 사로잡혔다. "우리는 사랑의 기쁨을 끝까지 맛보았고 탐닉하고 즐겼으며, 전혀 싫증을 내지 않았다. 우리는 마음에 명령을 내리기보다는 마음에 따라 행동했다." 아벨라

아벨라르와 엘로이즈의 애정 행각을 목격하는 퓔베르.

르는 강의에 소홀해지기 시작했다. 그는 사랑의 노래를 지어 학생들에게 배포했다. 퓔베르는 이런 사실을 눈치채지 못했다. 둘이 수상하다는 주변 사람들의 귀띔에도 그는 고개를 저었다. 퓔베르는 조카딸을 세상 그 무엇보다도 끔찍하게 아꼈고, 엘로이즈의 가정교사 아벨라르를 철석같이 믿었다. 아벨라르는 나중에 퓔베르의 이런 순진한 태도를 조롱했다.

어느 날 두 사람이 애정 행각을 벌이는 것을 퓔베르가 목격하게 되자 사태는 돌변했다. 그는 극도로 분노해 아벨라르를 집에서 내쫓았다. 두 연인은 좌절했다. 두 사람은 서로의 고통을 먼저 생각했다. 그러던 중 엘로이즈는 임신한 것을 알게 되었다. 그녀는 행복에 겨워 아벨라르에게 이 소식을 전했는데, 아벨라르가 어떤 기분이었는지는 알려지지 않았다. 아마도 아벨라르는 고민하다가 엘로이즈와 상의해, 그녀를 퓔베르의 집에서 몰래 나오게 하려고 했던 것 같다. 아벨라르는 사람들을 고용해 엘로이즈를 브르타뉴의 고향 집으로 데리고 가게 했다. 1118년 엘로이즈는 이곳에서 아들을 낳고 아들의 이름을 아스트랄라브

Astralabius라고 지었다. '별을 찾는 사람'이라는 뜻이다. 아벨라르의 여동생이 아이를 맡아 키웠다.

한편, 아벨라르는 파리에 머물며 격분한 퓔베르를 진정시키려고 애썼다. 그는 엘로이즈와 결혼을 원하며, 자신의 평판에 오점이 되지 않도록 비밀리에 결혼식을 올리자고 제안했다. 그는 마음보다는 이성의 판단을 따랐다. 결혼하지 않은 상태로, 게다가 아이까지 두고 관계를 유지하는 일은 자신의 경력에 해가 될 수 있다고 우려했다. 퓔베르는 생각을 바꾸었다. 아마도 엘로이즈의 명예를 구하기 위해서였을 것이다. 아벨라르가 퓔베르에게 돈까지 주었다는 말도 전해진다. 아벨라르는 이렇게 퓔베르와 합의한 후 가벼워진 마음으로 브르타뉴로 향했다. 그런데 이곳에서 재회한 엘로이즈는 아벨라르와 퓔베르의 거래에 반기를 들고 나섰다. 그녀는 아벨라르와의 결혼을 단호히 거절했다. 그녀가 내세운 이유는 주목할 만하다. 퓔베르가 아벨라르를 용서하지 않을 것이기 때문에 아벨라르가 위험하다는 것이었다. 또 그녀는 아벨라르와 결혼한다고 해서 자신의 명예를 되찾을 수도 없고, 이 결혼은 심지어 세상과 학문으로부터 위대한 사상가를 빼앗는 결과를 초래하게 될 것이라고 말했다.

아벨라르는 엘로이즈의 사심 없는 태도에 놀랐다. 아벨라르는 엘로이즈가 그의 행복을 위해 당혹스러울 정도로 일관되게 행동하고 있다는 사실을 깨닫지 못했다. 그녀는 그를 사랑할 뿐, 자신을 위해서는 아무것도 요구하지 않았다. 대신 그녀는 아벨라르의 삶의 의미와도 같은 철학에 그가 헌신할 수 있도록 해 주었다. 엘로이즈는 연인에게 결혼과 가족에 얽매여 어려움을 겪어서는 안 된다고 강조했다. 그녀가 실제로 그렇게 느꼈는지는 또 다른 문제이다. 어쩌면 엘로이즈는 그의 사랑이 자신의 사랑에는 미치지 못한다고 느꼈을지도 모른다.

신의 정벌

두 연인은 파리로 돌아갔다. 엘로이즈의 반대에도 두 사람은 결혼했다. 아벨라르가 결혼을 원했다. 그는 퓔베르에게 화해의 일환으로 결혼을 약속했기 때문이다. 두 사람의 연애와 혼전 출산은 아벨라르의 명성에 해가 되었지만 법적으로는 문제 될 게 없었다. 하지만 엘로이즈를 납치했다고 퓔베르가 고발하면 아벨라르는 직위를 잃고 벌을 받을 수도 있었다. 결혼에 대한 이와 같은 냉정한 계산은 엘로이즈의 마음에 깊은 상처를 줄 수밖에 없었다. 그녀는 작은 예배당에서 비밀리에 거행된 결혼식을 담담하고 진지한 표정으로 받아들였다. 어쩌면 그녀는 이 결혼이 사랑하는 사람의 행복에 기여한다면 참아내야 한다고 생각했을지도 모른다. 퓔베르와 두 연인의 몇몇 친척이 이 결혼식에 참석했다.

비밀을 유지하기로 한 약속과는 다르게 퓔베르는 얼마 지나지 않아 두 사람이 결혼한 사실을 퍼트리고 다녔다. 아벨라르가 주기로 한 돈을 치르지 않아서인지도 모른다. 엘로이즈는 결혼을 부인하며 소문을 진정시키려 했다. 상황은 이전에 그녀가 결혼에 반대했을 때와 유사하다. 그녀는 불합리하지만 감동적인 태도를 보였다. 그녀는 아벨라르와 헤어짐으로써 그를 보호하려 한 것이다. 아벨라르와는 반대로 그녀가 얼마나 자신의 명예에 아랑곳하지 않는지가 드러난다. 퓔베르는 엘로이즈의 행동에 분노해 그녀를 때리기조차 했다는 얘기도 있다. 아벨라르는 이 소식을 듣자 또다시 엘로이즈를 빼내 그녀가 어린 시절을 보낸 아르장퇴유의 베네딕트 수녀원으로 보냈다. 이런 조치가 엘로이즈를 보호하기 위해서인지 아니면 아벨라르 자신의 명성을 지키기 위해서인지는 확실치 않다. 엘로이즈는 수녀원에서 수녀복을 입긴 했지만 서약의 표시인 베일은 머리에 두르지 않았다.

아벨라르는 궁핍해졌다. 그간 불성실한 강의로 학생이 줄어 수입의 대부분을 잃었다. 엘로이즈를 수녀원으로 보내기 위해 조력자들을 고용하는 데도 큰 비용이 들었다. 브르타뉴의 르팔레^{Le Pallet} 근교에 머물고 있던 아이를 위해서도 돈을 보내야 했다. 게다가 '보상'을 요구하는 퓔베르도 있었다. 아벨라르는 성직자 거주지에 허름한 방을 구했다. 그는 퓔베르의 복수를 두려워했다. 실제로 퓔베르는 복수를 계획했다. 퓔베르에게 이유는 차고도 넘쳤다. 조카를 유린한 행위, 소문으로 인한 명예 실추 그리고 엘로이즈를 또다시 납치한 일 등으로 인해 퓔베르의 분노는 극에 달했다. 게다가 이번 납치는 엘로이즈의 수녀원 생활을 초래했다. 퓔베르는 자신의 조카가 이런 운명을 겪는 걸 절대로 원치 않았다.

퓔베르가 계획을 실행에 옮기기까지는 시간이 조금 더 걸렸다. 퓔베르는 친척들과 함께 잔인한 복수극을 펼치기 위해 치밀하게 준비했다. 범죄에 동원된 하수인들은 아벨라르에게 실행할 처벌을 시골에서 동물들을 상대로 많이 해 본 자들이었다. 거사 당일 밤 매수된 아벨라르의 하인이 하수인들을 집으로 안내했다. 이들은 방으로 들어가 놀라 잠에서 깬 아벨라르를 붙잡아 거세했다.

하수인 중 몇몇은 얼마 후 체포되었다. 이들은 마찬가지로 거세되었고 눈알을 뽑히는 벌을 받았다. 퓔베르는 법정에서 재산을 몰수당했다. 아벨라르는 상처가 치유되자마자 파리 북쪽의 생드니^{Saint-Denis} 수도원에 들어갔다. 엘로이즈가 있는 아르장퇴유 수녀원과 가까운 곳이었다. 이제 아무것도 남은 게 없는 그는 자신의 거세를 신의 징벌로 받아들였다. 생드니 수도원에서 그는 수도승 서원을 하고 사제 서품을 받아 신학 연구에 몰두했다. 다시 강의도 시작했다.

그동안 벌어진 사건들은 엘로이즈에게 큰 충격을 주었다. 아벨라르와 주고받은 편지에서 엘로이즈는 다음과 같이 썼다. "사랑하는 이여, 당신은 알고 있습니다. 그리고 온 세상이 다 알고 있습니다. 당신이 잃은 것을, 그리고 그 때문에 내가 모든 것을 다 잃었다는 사실을. 비열하고도 감출 길 없는 배신행위가 무서운 일격을 가해 나에게서 당신을 빼앗아 갔고 나 자신까지도 뿌리째 뽑아 버렸습니다." 아벨라르가 엘로이즈에게 세속적 삶과 연을 끊으라고 말하자, 그녀는 '영원한 서원'을 했다. 온전히 열정에만 내맡겼던 사랑은 이제 슬픈 이성에 따랐다. 깊은 상처를 입은 그녀의 마음에는 수녀원의 단조로운 일상이 고통으로 느껴졌다. 엘로이즈는 수녀원에서 높은 지위에 올라도, 복도를 지나거나 조용히 기도할 때에도 아벨라르를 그리워하는 마음이 가득했다. 아벨라르를 생각하며 아침 닭 우는 소리와 함께 일어나고 그를 그리워하며 불을 끄고 잠자리에 들었다. 엘로이즈는 편지에서 그의 팔에 안겨 누워 있는 것이 신에게 봉사하는 일보다 중요하다고 고백했다. 언제나 그녀는 자신의 마음이 누구를 갈망하는지 알고 있었다. 그녀는 번민하며 고통스러운 나날을 보냈다.

엘로이즈의 희망이 수녀원의 장벽 속에서 사라지자, 아벨라르는 다시 자신의 이성이 지시하는 대로 행동했다. 그는 생드니 수도원에 입회하고 얼마 후 동료 수도사들의 방탕한 생활 태도에 분노했다. 그는 수도원 규칙을 강화하려고 시도해 수도사들의 미움을 받는다. 수도사들이 완강하게 저항하자 그는 이들을 피해 수도원의 암자로 물러났다. 신학과 관련해서도 아벨라르의 적대자들은 여전히 비판의 목소리를 높이고 있었다. 옛 스승 로슬랭은 아벨라르의 이론을 공격하는 서한을 썼다. 다른 적대자들은 아벨라르에게 강의 금지령을 내려 달라는 청원서를 제출했다. 1121년 아벨라르는 수아송^Soisson 공의회로 소환되었다. 이 공의회에서 교회 고위 성직자들은 아벨라르에게 신의 일체성과 삼위일체를 다룬《최고선의 신학 *Theologia Summi Boni*》을 직접 불태우라고 강요했다. 심지어 아벨라르는 수아송에 있는 수도원에서 감금까지 당했다. 아벨라르는 금고형에서 풀려나 생드니 수도원으로 돌아와 자신의 대표작《긍정과 부정

Sic et Non》을 집필하기 시작했다. 그가 교부들의 신학적 진술에서 모순점들을 발견함으로써 또다시 갈등의 불씨가 생겼다. 아벨라르는 명확하게 드러난 이 모순들을 그냥 넘길 수 없었다. 신앙을 위해서라면 성서를 지적으로 파악하고 해석해야 한다고 생각했다. 교부들의 말을 자구 그대로 받아들이는 것은 도그마가 인식을 찾는 데 아무런 도움도 되지 않는다고 말하며《긍정과 부정》의 서문에 다음과 같이 썼다. "우리는 의심함으로써 연구하게 되고 연구를 통해 진리를 파악한다."

세계를 합리적으로 파악하기 위한 아벨라르의 가차 없는 투쟁과 진리를 찾기 위한 끊임없는 모색은 또다시 생드니의 동료 수도사들과의 다툼으로 이어졌다. 아벨라르는 수도원의 봉헌자이자 수호성인의 말에서 오류를 발견하고 이를 동료 수도사늘에게 주지시켰다. 그러자 이들은 아벨라르의 모난 처신을 더 이상 참지 못하고 분노했다. 1122년 아벨라르는 샹파뉴로 피신했다. 그는 이곳의 강가 숲속에 작은 예배실이 있는 은둔지를 만들고 이 예배실을 '위로자'인 성령 '파라클레Paraclet'에게 봉헌했다. 아벨라르는 이곳에서 받은 위로를 기념하고 싶었다고 말했다. 그는 생계를 위해 다시 강단에 섰다. 강의는 입소문을 타 학생들을 끌어들였다. 갈대와 밀짚으로 만든 예배실 옆에 나무와 돌로 지은 예배실과 오두막이 추가로 들어섰다. 아벨라르는《긍정과 부정》을 개정하고 논문도 여러 편 썼다. 하지만 샹파뉴에서 그의 삶은 안정을 찾지 못했다. 정치적 동요와 늘어나는 정적들에 직면한 아벨라르는 5년 후인 1127년 파라클레를 떠났다. 스승이 떠나자 실망한 학생들도 사방으로 흩어져 파라클레는 황폐해졌다. 아벨라르는 대서양에 인접한 반도 뤼^{Rhuys}에 약 600년 전에 세워진 생길다$^{Saint-Gilda}$ 수도원의 부름을 받아 수도원장으로 취임했다. 생길다 수도원에서도 아벨라르는 수도사들과 좋은 관계를 유지하지 못했다. 그는 수도원 규칙을 세우고 수도사들의 타락한 생활을 비판하자 살해 위협을 받기도 했다.

이성으로의 도피

엘로이즈는 아르장퇴유 수녀원에서 부원장이 되었다. 수녀원에서 두 번째로 높은 지위였다. 그런데 생드니 수도원장인 쉬제르^{Suger}가 엘로이즈와 동료 수녀들을 내쫓는 사태가 발생했다. 아벨라르는 곤경에 처한 엘로이즈에게 수녀들과 함께 비어 있는 파라클레를 인수해 그곳에 수녀원을 세우도록 제안했다. 엘로이즈는 이 제안을 받아들이고 파라클레로 향했다. 아벨라르는 뤼에서부터 교황 인노켄티우스$^{Innocentius(인노첸시오)}$ 2세를 여러 차례 방문해 교황의 승인하에 파라클레를 엘로이즈에게 양도하려는 수고를 아끼지 않았다. 1131년 말 엘로이즈는 교황에 의해 파라클레의 수녀원장으로 임명되었다. 아벨라르는 파라클레의 수녀들을 위해 찬가와 강론 그리고 수녀원의 공동체 규칙을 만들었다. 그는 걷거나 말을 타고 친숙한 길을 따라 옛 연인을 방문했다.

두 사람은 말없이 수녀원의 정원을 거닐 수도 있었고, 상대방에게 자신의 고통을 전달하는 시선을 교환할 수도 있었을 것이다. 하지만 아벨라르와 엘로이즈가 다시 사랑을 나눈다는 소문이 돌자, 그는 급히 파라클레를 떠났다. 브르타뉴로 돌아온 그는 수도사들의 살해 시도를 가까스로 피했다. 심지어 그가 미사 때 사용하는 성배에 독을 타는 일도 벌어졌다. 아벨라르는 1133년에 자신의 고난사인 《내 고통의 역사》를 쓰기 시작했다. 그는 여전히 자의식이 강하고 당당했다. 아벨라르는 자신의 운명을 기탄없이 그리고 몇몇 부분은 직설적으로 서술했는데, 이는 엘로이즈와의 관계에 대해서도 예외가 아니었다. 그 참혹한 사건이 일어난 지 15년이 지났을 무렵부터 두 사람의 유명한 서신 왕래가 시작되었다. 아마도 나중에 두 사람은 이 편지들을 함께 수정했을 것이다.

결국 아벨라르는 생길다 수도원의 원장직을 내려놓고 수도원을 떠났다. 그는 파리로 가서 다시 강의를 했다. 많은 학생들이 그의 강의에 매료되었다. 그의 제자들 가운데 프라이징의 오토Otto von Freising 와 솔즈베리의 요하네스Johann von Salisbury는 연대기 작가와 국가 이론가로 영향력 있는 인물이 되었다. 그렇지만 아벨라르는 파리에서도 적들과 투쟁해야 했다. 그는 처음에는 시토Citeaux 교단의 대표적 인물 클레르보의 베르나르Bernhard von Clairvaux(베르나르두스)와 좋은 관계를 유지했지만 이후 적이 되었다. 베르나르는 아벨라르의 신학을 공개적으로 공격했다. 베르나르는 그의 이론을 '오만한 사유'라 일컬으며 이단으로 내몰았고, "오만한 사유가 아니라 참 신앙이 인식으로 이

끌어야 한다"고 주장했다. 베르나르는 1141년 5월 말 상스^{Sens} 공의회에서 아벨라르의 이론과 저서가 이단 판결을 받도록 주도했다. 교황 인노켄티우스 2세는 아벨라르에게 함구령과 체포 명령까지 내렸다. 로마에서 자신의 저서들이 불타자 아벨라르는 클뤼니^{Cluny} 수도원으로 도피했다. 클뤼니 대수도원장인 가경자可敬者^{4} 페트루스 ^{Petrus}는 형식적으로 아벨라르를 체포했다. 그를 사실상 손님으로 받아들여 보호하며 교황과의 화해를 중재했다. 아벨라르는 몸이 쇠약해져 병이 들었다. 가경자 페트루스는 그를 요양 차 샬롱쉬르손 $^{Chalon-sur-Saône}$ 근처에 위치한 생마르셀$^{Saint-Marcel}$ 수도원으로 보냈다. 아벨라르는 이곳에서 더 이상 회복하지 못하고 1142년 4월 21일에 세상을 떠났다.

가경자 페트루스는 아벨라르를 파라클레에 매장하게 해달라는 엘로이즈의 부탁을 들어주었다. 그는 직접 아벨라르의 시신을 엘로이즈에게 건넸다. 그로부터 22년 뒤 엘로이즈는 수녀원장으로 생을 마감한다. 그녀는 유언에 따라 옛 연인에 곁에 묻힌다. 아벨라르와 엘로이즈의 서신 왕래는 그녀가《내 고통의 역사》에 대한 응답으로 그에게 편지를 쓰면서 시작되었다. 그녀는 편지에서 세상을 등질 때 어떻게 이성을 지킬 수 있었는지 밝혔다. 그녀에게 남은 것은 이성밖에 없었으며 마음의 고통은 그것으로 달랠 밖에 방법이 없었

---

4 — 가톨릭교회에서 복자 전 단계의 시복 후보자로 신자들에게 모범이 되는 사람.

아벨라르와 엘로이즈의 묘 — 엘로이즈의 유언에 따라 사람들은 파라클레의 예배당 안에 있는 아벨라르의 무덤 속에 엘로이즈의 시신을 합장한다. 하지만 두 사람은 사후에도 안식을 찾지 못하고 옮겨 다니다가 1817년 11월 6일 페르 라 셰즈^{Père Lachaise} 공동묘지로 이장되어 안식을 찾는다.

다. "내 마음은 더 이상 내 것이 아니라, 당신에게 가 있습니다. 그리고 지금 더 이상 당신에게 가 있지 않다면 어느 곳에도 있을 자리가 없습니다. 당신 없이는 어디에도 존재할 수 없기 때문입니다."

엘로이즈의 편지는 절대적 사랑의 증거물일 뿐만 아니라 스스로가 얼마나 상처받기 쉬운 존재인지를 아는 그녀의 탁월한 지성을 입증한다. "내가 당신 이외에 다른 어떤 것도 바라지 않는다는 사실은 하느님만이 아십니다." 그녀는 수녀원장이 된 후에도 아벨라르에게 자신의 감정을 서슴없이 드러냈다. "내가 원한 건 오로지 당신뿐이었습니다. 당신이 지닌 그 어떤 것도 아니었습니다. 나는 결혼 후 어떠한 재물도 생각지 않았으며, 내 기쁨이나 욕망 따위는 생각조차 하지 않았습니다. 생각이라곤 당신을 위한 생각 그것뿐이었으며, 당신도 잘 알다시피, 나는 당신에게 바치고자 하는 마음 그것뿐이었습니다. 아내라는 칭호가 더 신성하고 더 건전하게 보이지만, 나에게는 언제고 애인이란 명칭이 더 감미로웠습니다. 당신만 괜찮다면 정부든 창부든 다 상관없었던 것입니다. 당신을 위해 나 자신을 낮춤으로써 그만큼 더 당신의 총애를 차지할 것이며, 당신의 영예로운 명망도 덜 손상시킬 거라 생각했습니다."

두 사람의 관계에서 마음과 이성은 처음부터 사랑과 관련해 어떤 태도를 보일지 결정해야 했다. 마음이 중요한가 아니면 이성이 중요한가라는 의문은 제기되지 않았다. 하지만 이러한 의문이 제기되면 답은 항상 새롭게 찾아야 했다. 답은 그 의문을 제기한 사람이 직접 내려야 했다. 아벨라르와 엘로이즈는 자신들의 신앙과 교회 그리고 시대 상황과 혼신의 힘을 다해 투쟁했다. 남은 건 부서진 두 마음뿐이었다. 아벨라르와 엘로이즈는 둘 다 지성의 세계로 도피했다.

엘로이즈는 여성으로서 선택의 여지가 없었다. 하지만 그녀는 선택했다. 아벨라르의 명령에 따라 수녀원 생활을 선택했을 때 엘로이즈는 마음의 명령을 따랐다. 아벨라르를 사랑하는 그녀의 마음은 그를 위해 희생을 요구했다. 연인이 그녀에게 어떤 명령을 하더라도 그녀는 따랐을 것이다. 그녀에게는 마음이 더 중요했다. 그러한 마음은 참담한 패배를 맛본다. 그러나 엘로이즈가 이성에 따라 행동한 방식은 그녀의 마음이 얼마나 불굴의 의지를 지녔는지를 입증한다. 심지어 아벨라르에게 자신의 길을 가도록 용기를 북돋아 줌으로써 엘로이즈는 여성에게 아무런 권리를 부여하지 않았던 외부적 상황에 대해 완전한 도덕적 승리를 거두었다.

자신의 운명을 개척한 엘로이즈는 현실에서는 비록 약자였지만 마음의 세계에서는 강한 자로 성장했다. 비극적인 사건이 있은 지 15년 후 엘로이즈가 아벨라르에게 쓴 첫 편지는 그녀가 무엇을 잃었는지를 여실히 증명한다. "당신이 몸 바쳐 받들고 있는 하느님의 이름으로 비옵니다. 될 수 있는 한 더 자주 내게 와 주세요. 그리고 무엇이고 나에게 위로가 될 수 있는 편지를 써 보내 주세요. 그렇게 하여 나를 더 활발하게 만들어 주시고, 내가 더 큰 열성으로 하느님께 봉사하게 해 주세요. 예전에 당신이 나를 속세의 환락으로 이끌던 때에는 수없이 편지를 써 보내며 당신의 노래로 끊임없이 엘로이즈를 읊었고, 그래서 만인의 입에 그 이름을 오르내리게 했죠. 어디에서든 내 이름이 메아리쳤습니다. 지금 당신이 나를 하느님의 사랑으로 이끌어 주는 일은, 과거에 나를 환락으로 이끌던 일보다 훨씬 더 값있는 일이 아닙니까! 다시 한번 당신께 간청합니다. 당신이 하셔야 할 일을 생각해 주십시오. 그리고 내가 당신께 소망하는 일을 깊이 생각해 주세요. 이 긴 편지를 다음 한마디로 마감하겠습니다. 안녕, 나의 전부이신 분이여."

3장

니콜로 마키아벨리와
레오나르도 다 빈치

권력이란 무엇인가?

"명령하는 법을 배우기보다는
복종하는 법을 배우기가 더 쉽다."

| 니콜로 마키아벨리 |

"권력, 지혜
그리고 의지는 정의를 이루는 요소이다."

| 레오나르도 다 빈치 |

그는 더 기다리지 못했다. 곧 마차에서 내려 말을 타고 남은 거리를 달렸다. 피렌체^{Florenz} 베키오 다리^{Ponte Vecchio} 근처에 사는 그는 집에 있는 아내와 이제 막 태어난 딸을 생각할 겨를이 없었다. 지난해 만난 한 사람과의 재회를 앞두고 니콜로 마키아벨리 Niccolò Machiavelli(1469~1527)는 기대에 가득 차 길을 재촉하고 있었다.

고향 피렌체의 외교 업무를 맡은 제2 서기장인 마키아벨리는 지난 4년간 공무로 자주 여행을 했다. 협상, 기만, 배반은 예삿일이었다. 업무는 고되었고 결과는 형편없기도 했다. 마키아벨리는 이를 감내할 수 있었지만 그 과정에서 젊은이가 품기 마련인 환상을 모두 잃어버렸다. 그는 몇 달 전 우르비노^{Urbino}에서 공무를 처리하던 중 체사레 보르자^{Cesare Borgia}를 만났다. 그는 젊고 잘생겼으며 교양과 강한 실행력을 갖췄다. 그는 자신에게 이익이 된다면 양심 없는 행동도 주저하지 않았다. 보르자는 수행원들과 함께 이몰라^{Imola}에서 정무를 보고 있었다. 마키아벨리는 재차 그와 협상해야 했다. 하지만 그는 보르자와 단순히 흥정하러 이곳에 온 것이 아니었다. 그건 의례적으로 하는 일이었다. 그는 이 군주에게서 타협안에 동의하는 것 이상을 원했다. 마키아벨리는 보르자 곁에서 관찰하고 배우고 싶었다. 그래서 단숨에 80킬로미터를 내달린 것이다. 1502년 10월 8일 마키아벨리는 도착하자마자 옷에서 먼지가 채 가시기도 전에 보르자에게 알현을 청했다.

마키아벨리는 이몰라의 궁정에서 또 다른 출중한 인물을 만난다. 이 인물에게는 인간적인 힘의 다양한 면모들이 결집해 있었다. 그것은 왕성한 호기심과 앎에 대한 욕구였고, 무엇보다도 덧없이 사라지기 마련인 아름다움의 찰나를 포착하는 능력이었다. 레오나르도 다 빈치^{Leonardo da Vinci(1452~1519)}는 그런 힘을 지니고 있었다.

마키아벨리와 다 빈치는 르네상스라 불리는 시대의 전환기를 살았다. 이 시기에 이탈리아인들은 더 이상 현세를 피안으로 가기 전에 거쳐야 할 시험기이자 기다리는 시기로 여기지 않았다. 그들은 지금 여기와 자기 자신에게로 고개를 돌렸다. 자신의 육체와 정신을 돌보며 열정을 추구했다. 그들은 어떻게 자신의 삶을 꾸려 나가야 하는지 인식하고 개인이 중시되었던 고대의 황금기를 기억했다.

인간 정신은 확장되어 갔지만, 세계는 무질서했다. 각 나라는 평화를 찾지 못했고 통일도 이루지 못했다. 마키아벨리와 다 빈치의 조국은 분열되어 있었다. 강력한 가문들과 자부심이 강한 도시들, 자기도취에 빠진 군주들 그리고 로마교황은 용병을 고용해 각지에 파견했고, 각국의 왕들도 권력 확장의 기회를 호시탐탐 노렸다. 어느 나라에서건 내일 자신의 궁정이 침략으로 초토화될지, 아니면 바로 옆 도시를 공격하다가 자신이 강탈당하거나 살해당할지 앞날을 장담할 수 없었으므로 모두들 자신만을 믿으며 협상을 신뢰하지 않았다. 이러한 상황은 어느 신분에 속하건 마찬가지였다. 누구도 자신이 속한 공동체의 평안에 대해 생각할 겨를이 없었다. 설령 그런 생각을 품을지라도 실행에 옮기기에는 너무도 무기력했다. 강력한 대가문이 등장해 권력투쟁의 악순환을 깨뜨릴 수도 있었다. 하지만 유력한 가문인 메디치Medici, 소더리니Soderini, 스포르차Sforza, 보르자Borgia, 몬테펠트로Montefeltro, 에스테Este, 오르시니Orsini, 파르네세Farnese, 비스콘티Visconti 등은 오히려 로마에서 자신들에게 이익이 되는 교회직을 얻는 데 혈안이 되어 있었다. 종교가 가문의 이해관계의 노리갯감으로 전락한 것이다. 이 가문들은 조그마한 땅덩어리라도 더 손에 넣으려고 탐욕스럽게 싸웠다. 따라서 도시와 요새는 끊임없이 주인이 교체되었다. 이탈리아반도에는 항상 급격한 변화의 바람만 몰아칠 뿐이었다.

젊은 군주에 사로잡히다

마키아벨리의 고향 피렌체도 큰 변화를 겪었다. 그가 제2 서기장으로 취임하기 4년 전인 1494년 프랑스 왕 샤를Charles 8세는 군대를 이끌고 이탈리아를 침입했다. 피렌체의 지도자인 피에로 데 메디치[Piero de' Medici]는 공황 상태에 빠졌다. 그는 샤를 8세를 무마시키기 위해 부유한 항구도시인 피사[Pisa]와 여러 요새를 이양했다. 이에 굴욕을 느끼고 분노한 피렌체 시민들은 피에로 데 메디치와 그의 가족을 추방했다. 이로써 대대로 이어진 메디치가의 지배는 종말을 고했다.

이 권력의 공백기에 도미니크[Dominican] 수도회의 수도사 지롤라모 사보나롤라[Girolamo Savonarola]가 주도권을 잡았다. 그는 여전히 현세의 삶을 내세를 위한 준비와 검증의 무대로 여겼다. 그는 자신의 모습을 보기 위해 몰려든 군중에게 광신적 설교로 지옥이 당도한다고 예언했다. 신의 권능에 완전히 복종하지 않으면 비참과 불행이 닥칠 것이며 하늘에서 유황이 쏟아질 것이라고 엄포를 놓았다. 사보나롤라는 지옥을 설파하면서도 탈출구를 마련했다. 지상에 신의 왕국을 건설하겠다고 공언한 것이다. 그는 그 토대를 피렌체가 만들 것이지만, 사전에 집과 거리에서 모든 죄가 제거되어야 한다고 주장했다. 사보나롤라의 설교에 세뇌된 광적인 청년들이 무리를 지어 시내를 행진했다. 이들은 사보나롤라가 신의 뜻에 어긋난다고 지목한 모든 것, 즉 그림, 보석, 악기, 놀이 카드, 값비싼 가구들을 장작더미 위에 쌓아 불태웠다. 산드로 보티첼리[Sandro Botticelli]조차도 이 광기에 휩쓸려 자신의 그림을 불태울 정도였다. 급기야 사보나롤라와 적대 관계에 있던 교황 알렉산데르[Alexander] 6세가 나서게 되었다. 결국 사보나롤라는 체포되어 처형당했다.

이것이 1498년 5월 무렵 피렌체의 상황이었다. 이후 아직 영향력이 있었던 피렌체의 유력 가문들이 다시 질서를 잡고 도시의 권력을 회복하려 했다. 이때 이 가문들을 도운 인물이 바로 마키아벨리였다. 그는 사보나롤라가 처형당한 지 불과 3주 후에 스물아홉 살의 나이로 최고 행정기관인 시뇨리아signoria의 제2 서기장에 선출되었다. 이 직위는 피렌체에서 매우 중요한 관직이었다. 마키아벨리의 집안은 이 부유한 도시에서 중요한 가문에 속하지 않았지만 그렇다고 부끄러워할 정도는 아니었다. 마키아벨리의 아버지는 법학자와 공증인으로서 존경받았고 어머니는 피렌체의 명망 있는 집안 출신이었다. 마키아벨리는 날렵하고 세련된 풍모를 지녔으며 재치와 인내, 임기응변에 능했다. 그는 적어도 공적인 태도에서만큼은 권력의 권모술수에 대해 내적 거리를 유지한다는 인상을 보여 줄 수 있었다. 이는 아마도 입가에 맴도는 조롱 섞인 미소 덕분일 것이다.

마키아벨리가 이몰라에 도착했을 때는 제2 서기장이 된 지 4년이 지난 무렵이었다. 원래 내정에만 관여했지만, 얼마 지나지 않아 시뇨리아는 그에게 외교 업무도 맡겼다. 이제 그는 동맹 관계를 맺을 뿐만 아니라 잠재적인 적과 거리를 유지하며 파렴치한 용병대장들도 무마시켜야 했다. 이 모든 일에는 끈기와 약속이 필요했다. 시의회 의원들이 돈을 지출하려고 하지 않았기 때문이다. 마키아벨리 자신도 책임은 막중했으나 지위가 불안정했다. 보수는 많지 않으며 매년 선출 과정을 거쳐야 했다.

마키아벨리는 공무 차 여행하던 중인 1502년 여름에 드디어 보르자를 만났다. 그는 전임자들이 보여 주지 못한 역량을 모두 지닌 듯했다. 마키아벨리는 보르자의 카리스마와 권력을 주무르는 탁월한 수완 그리고 무엇보다도 결단력에 깊은 인상을 받았다. 그의 아버지 로드리고 보르자Rodrigo Borgia는 이제 교황 알렉산데르 6세가 되어 이탈리아에 자신의 가문이 통치하는 제국을 만들려고 했다. 보르자는 아버지의 꿈을 실현하는 데 도움이 되려 했다. 그는 아버지의 영향력 행사로 겨우 일곱 살에 고위 성직자로 임명되었다. 1492년 교황이 된 아버지를 대신해 그는 열일곱 살의 나이로 발렌시아의 대주교가 되었으며 이듬해에는 추기경으로 승진했다. 이 모든 것은 사제 서품을 받지 않고 이루어졌다. 하지만 보르자는 사제직을 반납했다. 황소의 목을 한 번에 벨 수 있다고 알려진 그는 투쟁의 길을 택한 것이다. 1499년 말 그는 로마냐 원정에 나섰고 점차 여러 도시를 정복해 나갔다. 그가 이렇게 성공을 거둔 것은 속임수와 배반을 일삼은 덕분이었다. 물론 군사적 전략도 뛰어났지만 말이다. 보르자는 두 번째 원정에 나설 때 아버지가 수여한 로마냐 공작의 작위를 얻었다. 그가 세 번째 원정에서 우르비노시를 점령하고 몬테펠트로Montefeltro 궁을 숙영지로 정했을 때, 마키아벨리가 그를 알현했다. 보르자가 마키아벨리를 홀대했지만, 마키아벨리는 개의치 않았고 오히려 그에게서 깊은 감명을 받았다. 마키아벨리는 피렌체 의회에 보내는 보고서에 다음과 같이 썼다. "이 군주는 놀라울 정도로 위대하고 당당합니다."

검은 벨벳 옷을 주로 입는 보르자는 주변 사람들을 매료시키는 법을 알고 있었다. 그는 5개 국어를 유창하게 구사했고 말편자를 맨

손으로 부러뜨렸으며 우르비노 주변의 숲에서 표범 사냥을 했다. 그는 방탕한 사생활로 매독에 걸린 흔적이 얼굴에 남아 때때로 가면을 쓰고 다녔다. 마키아벨리는 보르자의 결단력에 사로잡혔다. 피렌체를 다스린 군주들과는 달리 그는 아이디어가 떠오르면 곧바로 실행에 옮겼다. 마키아벨리는 피렌체 의회에 다음과 같이 보고했다. "그가 길을 떠났다는 사실을 사람들이 알기도 전에 그는 이미 다른 곳에 도착해 있습니다." 마키아벨리는 보르자가 자신의 고향 피렌체를 공개적으로 위협하며 현 정부를 해체하고 메디치가가 통치하도록 하겠다고 말하는 것을 참아 냈다. 보르자는 정복을 승인하라고 강요하며 엄청난 액수의 돈을 요구했다. 그리고 그는 마키아벨리에게 친구가 아니면 적이 될 수밖에 없으며 그 중간은 없다고 선언했다. 그는 4일 내로 결정하라는 최후통첩을 보냈다. 피렌체 의회 의원들은 보르자의 위협을 무시하기로 했다. 그들은 프랑스의 새로운 왕 루이Louis 12세의 지원을 받을 수 있다고 판단했고 결국 올바른 선택이었음이 입증되었다. 보르자의 위협은 허사가 되었다.

군주가 사랑한 천재

이몰라에서 보르자와 만났을 때 마키아벨리는 몇 달 동안 그의 숙영지에서 머물렀다. 그곳에서 크리스마스를 보내고 새해도 맞이했다. 마키아벨리는 이 젊은 군주를 정치가의 이상형을 구현한 인

보르자(왼쪽)와 이야기를 나누고 있는 마키아벨리. 마키아벨리는 1502~1503년 사이 피렌체 외교 사절로 보르자를 직접 지켜보면서, 이탈리아의 통일을 꿈꾼 스물일곱 살의 그를 '이상적인 군주의 전형'으로 꼽았다.

물로 경탄했는데 이는 이후에도 계속된다. 그는 몇 년 후 권력에 관한 책《군주론*Il Principe*》을 집필할 때 보르자를 그대로 묘사했다.《군주론》은 정치철학에서 가장 큰 영향력과 논란을 동시에 불러일으켰다. 이 책은 마키아벨리를 보는 시각을 강하게 왜곡시켰다. 역사가들은 이몰라에서 마키아벨리가 당대 가장 위대한 천재 다 빈치와 만난 사실에 대해 전혀 주목하지 않았다. 이 두 사람의 만남은 마키아벨리와 보르자의 만남만큼이나 흥미롭고 이 만남들은 서로 긴밀하게 연관되어 있다. 그러나 마키아벨리와 다 빈치의 만남은 그 실체를 파악하기가 무척 어렵다.

다 빈치는 쉰 살이었고 마키아벨리보다는 열일곱 살이 더 많았다. 다 빈치와 마키아벨리는 마치 극락조와 참새처럼 대조를 이룬다. 다 빈치는 물결처럼 흐르는 긴 머리카락을 가슴까지 길게 늘어뜨렸고, 호리호리한 몸에 무릎까지 내려오는 분홍색 튜닉을 즐겨 입었다. 규칙은 다 빈치가 깨뜨리기 위해 존재하는 것 같았다. 그는 규칙을 깨뜨릴 때에도 고유의 부드러운 방식을 취했다. 그는 자신의 탁월한 재능으로 권력의 음모와 굴곡을 헤쳐 나아갔다. 이때에도 삶의 모든 역경 위를 떠다니는 것 같은 평정심이 도움이 되었다.

권력자들은 다 빈치의 재능과 창의성이 필요했다. 그의 역량은 의뢰인의 어떤 주문도 대담하기 이를 데 없는 아이디어로 실현해 기대 이상을 보여 주었기 때문이다. 교회든 도시든 혹은 군주든 새로운 그림과 조각을 위해 그를 끌어들였다. 어떤 프로젝트든 기존의 것을 능가해야 했고 다 빈치는 대부분 훌륭하게 해 보였다. 그의 걸작은 수 세기 후에도 사람들을 매료시켰다. 그는 넘치는 호기심과 창작욕으로 끊임없이 다양한 영역에서 활동을 시도했다. 자연히 화가나 조각가로서의 작업은 간헐적일 수밖에 없었는데, 이를 고려해 봐도 그의 미술사적 업적은 놀라울 따름이다. 다 빈치는 건물을 설계하고 요새를 고안했으며 지도를 그렸다. 잠수함과 비행기구를 발명했는데, 이는 시대를 크게 앞선 업적이었다. 그는 인간의 신체를 탐구했고 물레방아, 기중기, 무기를 연구했으며 기술자와 고문으로 활동했다. 예술 분야에서도 한계를 모르고 재능을 발휘했다. 그는 음악에 몰두해 악기를 만들고 작곡을 하는 음악가로도 활동했다. 다 빈치가 하면 무엇이든 최고의 업적으로 남았다.

다 빈치는 산촌인 빈치^{Vinci} 근처 토스카나^{Toscana}의 작은 마을 안치아노^{Anchiano}에 있는 포도밭과 올리브 나무숲으로 둘러싸인 한 농가에서 태어났다. 빈치는 도시 공화국 피렌체에 속해 있었다. 그의 아버지는 공증인이었고 아버지의 하녀였던 어머니는 세례받은 노예였다. 다 빈치는 자식으로 인정받아 아버지 곁에서 자랐는데, 아버지는 일찍부터 그의 비범한 재능에 주목했다. 아버지는 다 빈치의 그림을 화가 안드레아 델 베로키오^{Andrea del Verrocchio}에게 보였고, 다 빈치는 곧바로 그의 문하생이 되었다. 다 빈치는 도제 시절 당시 관례대로 스승 그림의 일부분을 그렸다. 그는 도제 생활을 끝낸 후 피렌체의 화가 길드에 가입했고 강력한 메디치가의 후원을 받아 명성을 누렸다. 하지만 회화 분야에만 몰두하기에는 그는 너무도 다재다능했다. 다 빈치는 1482년 시뇨리아의 위임을 받아 밀라노^{Milano}로 떠났을 때, 자신이 직접 쓴 추천서로 루도비코 스포르차^{Ludovico Sforza} 공작의 관심을 끌어 밀라노 궁정에서 일자리를 얻으려고 했다. 그는 추천서에 자신의 수많은 재능을 열거했다. 그중에는 특히 무기와 전쟁 도구를 만드는 기술도 포함되어 있었다. 추천서 끝에는 대수롭지 않은 듯 화가와 조각가로도 일할 수 있다고 덧붙였다. 다 빈치는 원하던 일자리를 얻었고 17년간 여러 분야에서 스포르차를 위해 일했다. 그는 축제를 기획했고 음악을 직접 연주하기도 했다. 거대한 기마상을 설계했고, 〈담비를 안고 있는 여인〉과 같은 그림을 그렸으며 밀라노 산타 마리아 델레 그라치에^{Santa Maria delle Grazie} 성당에 〈최후의 만찬〉을 그렸다.

1499년 스포르차가 밀라노에서 쫓겨나자 다 빈치도 이 도시를 떠났다. 그는 먼저 도시 국가인 베네치아에서 일자리를 찾으려 했지만 실패했다. 그는 피렌체로 돌아가 주문을 받으려 동분서주했다. 그는 미술보다 기술적인 일에 몰두하고 싶었다. 피렌체 최고 행정관 피에로 소데리니^{Piero Soderini}의 조각상 의뢰도 거절했다. 이 일은 미켈란젤로^{Michelangelo}가 맡아 유명한 〈다비드〉를 탄생시켰다. 1501년 가을 혹은 1502년 초부터 다 빈치는 보르자 밑에서 일하기 시작했다. 그는 보르자가 정복한 중부 이탈리아 각지를 탐방해 지도를 만들었고 1502년 5월에는 토스카나 해안에 있는 피옴비노^{Piombino} 늪지대를 매립하는 계획에 착수했다.

권력과 함께 추는 춤

마키아벨리와 다 빈치의 만남에 관한 기록물은 남아 있지 않다. 추측건대 두 사람은 마키아벨리와 보르자가 처음으로 만난 우르비노에서 알게 되었을 것이다. 이몰라에서의 만남은 거의 확실하다. 마키아벨리가 10월 초 이몰라 보르자의 궁에 도착했을 때 다 빈치가 겨울 숙영지로 사용할 작은 요새를 건축하고 있었기 때문이다. 이 일로 보르자가 다 빈치를 고용했다. 이 사실은 다 빈치가 그린 요새의 스케치와 친필 측량도가 그의 노트에 남아 있어 확인 가능하

다 빈치가 그린 이몰라 도시 계획도(1502) — 다 빈치는 대략 1502년 초부터 1503년 1월 말까지 보르자를 위해 일했다. 보르자 밑에서 일하는 동안 그는 원정에 사용될 지도와 우르비노, 체세나, 이몰라 등의 도시 계획을 세웠다.

다. 다 빈치는 보르자를 위해 몇 주간 여러 지역을 여행했다. 그는 국경 지역과 로마냐를 탐방하며 요새 개량과 이몰라 지역 등의 지도 제작에 몰두했다. 그는 보르자의 공인 증서를 지니고 다녔는데, 여기에는 '경애하는 친구이자 탁월한 건축가이며 기술자인 레오나르도 다 빈치'의 작업에 지원을 아끼지 말라는 내용의 지침이 있었다.

1502년 말 이몰라에서 마키아벨리와 다 빈치가 만났을 때 보르자는 적과 공모한 용병대장들과 일전을 벌여야 했다. 이 과정에서 보르자가 보인 실행력과 자신감은 마키아벨리에게 재차 깊은 인상

보르자가 다 빈치에게 준 공인 증서 — 이 증서는 "그에게 우리 국가들의 성채와 요새에 대한 조사를 의뢰하고 그의 필요와 판단에 따라 그것들을 보수할 것이다"라고 다 빈치의 업무를 밝히며, "이런 취지에서 그에게 사람들을 징발해 주고, 그가 요구하는 모든 도움, 원조, 호의를 제공하라"라는 아낌없는 지원을 명하고 있다.

을 남겼다. 마키아벨리는 피렌체 의회에 편지를 보내 보르자를 지원해 주도록 요청했다. 시뇨리아는 연대감을 표시했지만 사태를 관망하며 시간을 보냈다. 12월에도 마키아벨리는 여전히 이몰라에 머물렀다. 보르자는 행동에 나섰다. 12월 10일 폭설이 내리는 가운데 그는 군대를 이끌고 출정했다. 적을 제압하는 그의 방식을 두고 마키아벨리는 탁월한 솜씨라고 평가했다. 보르자는 치밀하고 잔인하게 행동해 배신자들을 불안에 떨게 했다. 결국 용병대장들은 화해를 제안했다. 보르자는 화해를 받아들이는 척하면서 이들을 유인해 체포하고 살해했다.

다 빈치도 마키아벨리와 마찬가지로 이 사건을 잘 알고 있었을 것이다. 마키아벨리는 1503년 1월 초 피렌체로 되돌아가 시의회에 보낼 보고서를 작성했다. 이는 《군주론》의 밑그림이기도 했다. 같은 해 2월 다 빈치는 보르자와 고용 관계를 청산하고 피렌체에 도착했다. 마키아벨리가 다 빈치에게 일을 제안했을 수도 있다. 확실한 것은 이후 몇 달간 다 빈치는 시의회를 위해 피렌체 지도를 제작했고 요새 시설과 무기 제작을 기획했다는 사실이다.

다 빈치는 7월 아르노^Arno^강의 수로 변경을 계획했다. 대담하고 환상적인 이 계획은 정치적 의도를 지닌 권력과 관계된 것이다. 메디치가 샤를 8세에게 양도한 피사를 그의 후계자 루이 12세가 반환하려 하자 피사 사람들이 거부했다. 수차례의 전투에도 불구하고 피렌체군은 피사를 탈환할 수 없었다. 그래서 결국 피렌체 정부는 피렌체를 거쳐 피사로 흐르는 아르노강의 수로를 피사 앞의 평지에서 남쪽으로 바꾸는 대담한 아이디어를 냈다. 이렇게 하면 피사의 식수를 차단해 항복을 강요할 수 있을 뿐만 아니라 피렌체에서 바다로 이어지는 뱃길을 만들 수 있었다. 이 계획이 성사되면 피렌체는 단번에 항구도시가 되어 막대한 교역량과 함께 강력한 해상 세력으로 성장할 수 있었다.

다 빈치는 물의 흐름에 관한 한 전문가였다. 이미 그는 베네치아에서 수로에 관해 자문해 준 경험도 있었다. 물론 이때에는 그 목적이 다르긴 했지만 말이다. 그래서 아르노강의 수로 변경 아이디어는 다 빈치에게서 나왔을 가능성이 있다. 아니면 마키아벨리의 발상이거나 혹은 이몰라에서 두 사람이 대화하면서 생긴 아이디어였을지도 모른다. 다 빈치는 피렌체에서 바다로 이어지는 운하를 건설하려 했다. 수로의 단순 변경을 포함하는 전략적 대안이 논의되었다. 어쨌거나 피렌체 정부는 관심을 표명했고 최고 행정관 소데리니는 다 빈치에게 수로 변경이 가능한지 연구하도록 지시했다. 긍정적인 결과가 나오면 다 빈치가 군사 기술자로서 이 계획을 실행할 예정이었다. 소데리니와 제2 서기장인 마키아벨리가 그와의 계약에 서명할 준비를 했다. 공사를 이끌고 감독하는 일은 마키아벨리의 몫이었다. 곧바로 다 빈치는 여섯 대의 마차와 함께 피사 근처의 지형을 탐사했고, 실행 가능하다는 결론을 내리게 되었다.

아르노강 계획은 크게 부담되는 일은 아니었던 것 같다. 시 정부가 다 빈치에게 기념비적인 대벽화 작업을 의뢰했기 때문이다. 베키오 궁전^{Palazzo Vecchio} 홀의 세로 50미터, 가로 20미터가 넘는 벽에 앙기아리^{Anghiari} 전투를 기념하며 피렌체의 권력을 온 세상에 알리는 벽화를 제작하는 것이었다. 아이러니하게도 이 홀을 만들도록 지시한 사람은 한때 예술품을 파괴했던 수도사 사보나롤라였다. 1503년 10월 다 빈치에게 한 수도원의 넓은 공간이 제공되었고 그는 이곳에서 〈앙기아리 전투〉의 작업에 착수했다. 그러나 이 작업도 다 빈치의 많은 작품들과 마찬가지로 미완성으로 남았다. 그는 아이디어가 너무 많았다. 새로운 아이디어가 떠오르면 거기에 온통 관심을 쏟았다. 〈앙기아리 전투〉는 스케치와 모사도만 남아 있다. 미켈란

다 빈치의 〈앙기아리 전투 말 습작〉(1503~1504) — 앙기아리 전투는 1440년 6월 29일 피렌체 공화국이 이끄는 이탈리아 동맹군과 밀라노 공국군 사이에 벌어진 것으로 이탈리아 중부에 대한 지배권을 사수해 내며 피렌체의 승리로 끝이 났다.

젤로에게 의뢰한 홀의 다른 벽화도 초기 단계를 넘어서지 못했다.

그 사이 다 빈치는 완전히 새로운 그림을 그리기 시작했다. 1503년 그는 세로 77센티미터, 가로 53센티미터 크기의 포플러 나무로 만든 화판에 초상화를 그리기 시작했다. 이 유채油彩 패널화는 '모나리자'라는 제목으로 전 세계에서 가장 유명한 그림으로 꼽히게 된다. 작은 크기의 화판은 가방에 넣고 다니기에 적합했다. 이 초상화는 그 규모나 섬세하고 잔잔한 주제 면에서 미완성인 채로 피렌체에 남겨 둔 방대한 전투 그림에 비한다면 초라해 보일 정도다.

하지만 다 빈치는 그림 속 인물의 태도와 시선을 어둡고 모호하게 처리해[5] 전달하고자 하는 인상을 더욱 깊고 풍부하게 표현했다.

다 빈치가 〈모나리자〉와 〈앙기아리 전투〉를 작업할 무렵인 1503년 보르자의 운명은 바뀌었다. 8월에 아버지 알렉산데르 6세와 그는 거의 동시에 병에 걸렸다. 아마 누군가에 의해 중독되었을 수도 있고 말라리아와 같은 전염병에 걸렸을 수도 있다. 보르자는 곧 회복했지만 아버지는 숨을 거두었다. 오래전부터 아들의 잔혹한 처신에 치를 떨면서도 강력한 지원을 아끼지 않았던 알렉산데르 6세의 사망은 보르자의 급속한 붕괴로 이어졌다. 교황 피우스Pius 3세가 그 자리에 오른 지 26일 만에 숨을 거두자 교황 율리우스Julius 2세가 등극했다. 평소 보르자 가문을 증오해 온 교황 율리우스 2세는 당연히 보르자에게 위협적인 인물이 될 수밖에 없었다. 먼저 새 교황은 보르자의 권력을 뒤흔들었다. 그동안 수많은 사람을 속여 왔던 보르자가 덫에 걸렸다. 교황 율리우스 2세는 그를 감금했고 그의 영토를 점령하며 도시들에 대한 권력을 빼앗고 공작 칭호를 박탈했다. 마키아벨리는 이제 새 교황의 무자비한 책략에 감탄했다.

한때 그렇게 막강했던 전쟁 군주 보르자 생의 마지막 몇 년은 비극의 연속이었다. 그는 여러 번 투옥되어 고문을 당했지만 그때마다 극적으로 탈옥에 성공했다. 그러나 1507년 3월 보르자는 함

---

5 ― 그림에서 어느 부분을 어둡게 처리해 의미를 모호하게 만드는 기법을 스푸마토sfumato(어둠 혹은 안개 속에 가리기)라 한다.

정에 빠진다. 사전에 이 함정을 눈치챘지만 기력이 쇠진한 보르자는 더 이상 도주하지 않고 상대의 창에 찔려 숨을 거둔다. 교황 율리우스 2세는 몇 년에 걸쳐 성 베드로 대성당Basilica of St. Peter을 재건축하기 위한 주춧돌을 놓는다. 공사 책임자로 천재 건축가 브라만테Bramante를 임명하고 독창적인 미켈란젤로를 고용해 자신의 무덤 장식과 시스티나Sistine 성당의 천장화를 맡긴다. 또 라파엘로Raffaello에게는 바티칸Vatikan 궁전 내부에 있는 서명실署名室의 벽화를 그리게 했다.

피렌체에서는 다 빈치의 다양한 외도에도 불구하고 아르노강 계획이 착수되었다. 1504년 8월에 대략 2천 명의 인부가 운하를 준설하기 시작했다. 천 명의 군인이 피사 사람들의 공격으로부터 인부들을 보호하기 위해 대기했다. 그러나 10월 말 이 계획은 포기할 수밖에 없었다. 폭풍우가 몰아쳐 그간 진행된 수로와 시설물을 파괴했기 때문이다. 다 빈치는 그동안 스케치만 해 두었던 전투화에 온전히 몰두할 수 있게 되었다. 1505년 6월 6일 그는 이 그림을 본격적으로 그리기 시작했다는 메모를 남겼다. 하지만 이번에는 밀라노를 통치하던 프랑스 총독의 의뢰가 그를 유혹했다. 피렌체에서 완성을 기다리고 있는 그림은 아이러니하게도 피렌체가 한때 밀라노에 대항해 싸워 이긴 전투를 기리는 것이었다. 이 두 도시가 다 빈치를 고용하기 위해 오랫동안 실랑이를 벌였고 그는 결국 1506년 다시 밀라노로 떠났다. 그 후로도 다 빈치는 계속 두 도시를 오가며 활동했지만, 〈앙기아리 전투〉는 미완성으로 남고 말았다.

권력, 그 근원적이고 보편적인 존재에 대하여

이 시기에 다 빈치와 마키아벨리는 만날 수 없었다. 마키아벨리는 피렌체에서 군대 개혁의 책임자가 되었다. 그는 피렌체와 피사의 갈등을 해결하려 했다. 그는 용병으로 군대를 유지하던 당시의 관례에 많은 문제점을 느끼고 병역 의무가 있는 시민들로 구성된 시민군을 모집했다. 1509년 실제로 피렌체는 마키아벨리의 시민군으로 피사를 정복하는 데 성공했다. 그 후 시 정부는 교황 율리우스 2세와 프랑스 왕 루이 12세 사이의 권력투쟁에 휘말렸다. 피렌체 공화정이 붕괴하자 메디치가가 교황 편에 선 연합군을 등에 업고 1512년에 피렌체로 돌아와 권력을 잡았다. 마키아벨리는 직위를 잃었다. 메디치가에 대한 반란 모의가 발각되자 마키아벨리는 반란에 가담했다는 의심을 받고 수감되어 고문을 당했다. 여섯 번이나 포박당한 채 매달렸지만 자백하지 않았다. 1513년 3월 조반니 데 메디치Giovanni de' Medici가 새 교황 레오Leo 10세로 선출되자 마키아벨리는 사면을 받는다. 그는 아내와 여섯 명의 자녀와 함께 피렌체 근교에 있는 장원에 은거하며《군주론》을 썼다.

다 빈치는 가을에 로마로 가서 새 교황의 동생인 줄리아노 데 메디치Giuliano de' Medici의 저택에서 생활했다. 메디치가와의 관계는 다 빈치가 피렌체에서 활동한 이래로 끊긴 적이 없었다. 레오 10세는 그를 그리 높이 평가하지 않았지만, 줄리아노는 그의 후원자가 되었다. 줄리아노가 1516년 3월에 죽자 다 빈치는 다음과 같이 썼다.

"메디치가는 오늘날의 나를 만들었다. 그리고 나를 파괴했다." 그는 제자 살라이^{Salaï}와 멜치^{Melzi}와 함께 프랑수아^{François} 1세의 초청으로 프랑스에서 궁정화가로 지내다가 3년 후 앙부아즈^{Amboise}성에서 세상을 떠났다. 다 빈치는 멜치에게 모든 출판물과 필사본 원고를, 살라이에게는 포도밭과 〈모나리자〉를 상속한다. 살라이는 〈모나리자〉를 프랑수아 1세에게 팔았다.

마키아벨리는 다 빈치가 죽은 지 8년 후인 1527년 6월 위병으로 세상을 떠났다. 그가 죽기 몇 주 전에 신성로마제국 황제의 용병들이 악명 높은 '로마의 약탈$^{Sacco\ di\ Roma}$'[6]을 감행했다. 마키아벨리 생의 마지막 14년은 피렌체를 지배한 메디치가에 대한 공격과 비판 그리고 관리로 나서려는 시도 사이에서 동요한 시기였다. 그는 《군주론》을 피렌체의 통치자이자 다 빈치의 후원자인 줄리아노에게 헌정하려고 했다. 그러나 줄리아노가 교황이 된 형 조반니를 따라 신성로마제국의 행정관이 되어 로마로 가자 로렌초 데 메디치$^{Lorenzo\ II\ de'\ Medici}$에게 헌정했다. 사실 이런 결정은 아무런 소용이 없는 것이었다. 마키아벨리가 무엇을 하든 더는 그를 필요로 하는 사람이 없었다. 이제 이전과 같은 중요한 일을 맡기지도 않았지만, 그는 일을 맡으면 조소하고 트집을 잡아 호감을 잃었다.

---

6 ― 신성로마제국 황제 카를^{Charles} 5세와 프랑스 왕 프랑수아 1세에 의한 '이탈리아 전쟁'의 와중에 교황 클레멘스^{Clemens} 7세는 1526년 프랑스와 동맹을 맺고, 카를 5세의 용병군을 막으려 했다. 그러자 독일과 스페인에서 소집된 용병군은 1527년 5월에 로마를 급습했다. 로마는 파괴되었고 르네상스 미술의 걸작들이 많이 소실되었다. 이 사건은 이탈리아 르네상스의 종말을 가져온 사건으로 기록되었다.

《군주론》은 마키아벨리가 죽은 지 5년이 지나서야 출간되었다. 책 내용은 출간되기 전에 알려지기 시작해 마키아벨리가 살아 있을 때부터 이미 악평을 받아 왔다. 그리고 이런 평은 수 세기 동안 지속되었다. 마키아벨리는 이 책에서 역량, 행운, 야심, 필연성, 기회 등을 인간 행위의 이상으로 일컬었다. 하지만 이러한 이상을 선한 일에 사용하는 경우는 드물었고, 군주들은 무엇보다도 권력을 획득해 확장하며 공고히 하는 데 사용했다. 마키아벨리는 냉정하고 분명하며 가치중립적으로 권력의 수단과 메커니즘을 서술하며 회의와 원칙은 성공으로 가는 길에서 방해가 될 뿐이라고 밝혔다. 이런 내용들이 사람들을 당혹하게 만들었다. 생전에 여러 편의 희극을 써서 유명해지기도 했지만 그의 이름은 《군주론》이 전하는 잔인한 메시지와 동일시되었다. 마키아벨리는 곧 부도덕한 권력과 동의어로 통했다.

마키아벨리가 자신의 《군주론》을 얼마나 옹호했는지는 끊임없는 논란의 대상이 되었다. 《군주론》은 마키아벨리가 국가, 정치, 권력 문제에 대해 다룬 여러 저서 중의 하나에 불과하다. 그는 《군주론》 외에도 여러 저서와 논문을 발표했다. 그중에는 군주정보다 공화정이 위대한 국가로 나아갈 수 있는 정치체제라고 주장하며 공화주의자로서의 신념을 명백히 드러낸 《로마사 논고*Discorsi sopra la prima deca di Tito Livio*》도 있다. 이 책에서 마키아벨리는 "교회가 우리나라를 분열시켰고 지금도 여전히 분열시키고 있다"고 비판했다. 교회의 권력추구를 이탈리아 몰락의 원인으로 본 것이다. 그리고 마키아벨리는 인간 존재는 나아질 수 있다고 믿지 않았다. 인간의 나쁜 측면은 제대로 기능하는 국가에 의해서만 통제될 수 있다고 여겼다. 공화정이야말로 국민의 복지를 가장 잘 보장하므로 이를 통치 체제 중 가장 적합한 것이라고 했다. 그런데 공화정도 권력 추구의 소용돌이에 빠질 수 있으며 이 경우 냉정한 전략으로 또 필요하다면 한시적으로 윤리와 도덕을 무시하더라도 지켜나가야 한다고 마키아벨리는 주장했다. 그에 따르면 이는 가치 있는 노력이다. "공화국은 국민이 군주인 국가이기 때문이다." 그렇다면 마키아벨리의 《군주론》은 정치권력에 대한 진단과 경고로, 《로마사 논고》는 그 처방과 지침으로 읽을 수도 있을 것이다.

어쩌면 마키아벨리와 다 빈치는 권력이 무엇인지에 대해 서로 이야기를 나눈 적은 없어도 눈빛으로 의사를 주고받은 적은 있지 않을까? 마키아벨리는 권력의 본질과 양상에 대해 자신의 의견을 피력했고, 다 빈치는 다양한 형태로 권력을 체험하고 형상화했다. 권력은 그의 작품에서 사회·정치적인 현상으로서뿐만 아니라 삶의 포괄적이고 통제할 수 없는 힘으로 나타난다. 우리는 여기서 권력을 근원적이고 보편적인 존재로 예감할 수 있다. 즉 온갖 긍정 혹은 부정의 방식으로 우리를 억누르려 하지만 이에 저항해 운명을 스스로 개척해 나아가게 하는 모든 힘으로 말이다.

4장

요하네스 케플러와
알브레히트 폰 발렌슈타인

신앙은 어디에서 시작되고 또 어디에서 끝나는가?

"그는 과학을 발전시켜 명성을 얻으려 하며
종교에 차등을 두지 않는다."

| 발렌슈타인에 관한 요하네스 케플러의 언급 |

"대부분의 나라가 잿더미로 변한 상태에서는
평화를 만들어 나갈 수밖에 없다."

| 알브레히트 폰 발렌슈타인 |

1608년 스물다섯 살의 보헤미아 귀족 알브레히트 폰 발렌슈타인 Albrecht Eusebius Wenzel von Wallenstein(1583~1634)은 앞으로 세계사의 무대에 등장하기까지 10년은 더 기다려야 했다. 아직 그의 초상은 동판에 새겨지지 않았다. 지휘봉을 잡고 빛나는 갑옷을 입은 채 공포감을 불러일으키는 그의 기마도도 그려지지 않았고 또 뾰족한 턱수염을 하고 날카롭게 쳐다보는 초상화도 인쇄되기 전이었다.

발렌슈타인이 보인 위대한 활약은 아직 아무런 조짐도 보이지 않았다. 대수롭지 않은 군대 경력만 있을 뿐이다. 그는 이제 막 군대를 떠나 마티아스Matthias 대공의 시종이 되었다. 마티아스 대공은 그의 형인 신성로마제국 황제 루돌프Rudolf 2세처럼 권력욕이 강했고 게을렀다. 마티아스 대공은 자신을 일상적 통치 업무에서 벗어나게 해 주는 사람이라면 누구든 환영했다. 그의 일을 대신하는 젊은 발렌슈타인 역시 지령을 전하고 각종 수치를 정리해 문건을 작성한 뒤 봉인을 찍는 일 등에는 매력을 느끼지 못했다. 그는 완전히 다른 삶을 원했다. 그의 처남 카를 폰 치어로틴Karl von Zierotin이 대공에 전하는 추천서에는 '그는 무기 공장에 큰 관심이 있다'라고 적혀 있었다.

발렌슈타인은 몇 년 전에 가톨릭으로 개종했다. 그는 프로테스탄트로 세례를 받고 성장했으나, 한 후작의 급사로 일할 때 성의 창문에서 떨어졌다가 살아난 후 성모 마리아가 장래에 큰일을 하라고 자신의 목숨을 구해 주었다고 확신했다. 그는 자신의 미래가 궁금했다. 발렌슈타인은 수학자이자 천문학자인 요하네스 케플러Johannes Kepler(1571~1630)에 관한 소문을 들었다. 케플러는 프라하Prague에 있는 황제의 궁전에서 일하고 있었다. 그보다 더 별자리 계산을 잘할 수 있는 사람은 없다고 소문이 나 있었다. 발렌슈타인은 케플러에게 별점을 보고 싶었다. 별점은 태어날 때 별의 위치를 근거로 사람의 본성과 운명을 점치는 것이었다. 심지어 이를 통해 암시된 운명을 읽어 낼 수 있다고 믿는 사람도 있었다.

별점에 큰 관심을 보인 발렌슈타인이 유별난 것은 아니었다. 당시 별점으로 운명에 대한 궁금증을 풀려 한 것은 흔한 일이었다. 미신뿐만 아니라 별점 역시 타파하고자 했던 종교는 마르틴 루터Martin Luther 이래로 분열되었다. 신앙이 분열되고 이성이 점점 더 영향력을 확대해 나가는 혼란스러운 상황에서 별자리와 비술에 기대는 사람이 많아졌다. 이들은 불가해한 불행이 닥치면 마력과 마녀가 작용한 탓으로 돌렸다.

과학도 혼란스러웠다. 연금술사들은 과학과 비술을, 엄밀한 합리성과 허황한 마술을 뒤섞었다. 이들은 만병통치약을 찾을 수 있다고 믿었고, 금을 만들기 위한 현자의 돌을 찾으려 했다. 이와 동시에 과학은 자체적으로 세계를 설명하기 시작했다. 따라서 발렌슈타인과 케플러의 동시대인 프랜시스 베이컨Francis Bacon은 '아는 것이 힘이다'라는 말로 인류가 과학에서 얼마나 큰 효용을 얻을 수 있는지를 강조했다. 새로운 지식욕은 더 이상 성서에서 답을 기대하지 않았다. 대신 명석한 두뇌들은 점점 더 명확하고 논리적인 방식으로 인식을 얻으려 했다. 발렌슈타인처럼 30년 전쟁에 참전한 르네 데카르트René Descartes는 과학적으로 사유하는 사람들을 위한 정신 체계를 만들고 그들에게 '나는 생각한다. 고로 나는 존재한다!'는 모토를 전했다. 점차 관찰과 논리가 스콜라 철학의 열성적 성서 변론을 대체해 나갔다. 스콜라 철학은 앞에서 살펴본 대로 아벨라르와 같은 이전 시대의 독자적 사상가들에게 고역을 안겨 주었다. 특히 케플러는 과학의 해방을 위해 크게 기여했는데, 이는 독실한 신자였던 자신이 원했던 것보다 지나칠 정도였다. 바로 케플러는 자신이 인식의 원천이 되고 과학은 그의 도구가 된 전형을 보여 주었다.

미숙한 시대에 태어나다

케플러와 발렌슈타인의 만남과 인생행로에는 '신앙 대 인간' 그리고 '신앙 대 이성'의 투쟁이 다양한 양상으로 나타난다. 두 사람의 만남은 짧고 신중했다. 이들은 두 번 만났다. 첫 만남은 일종의 믿음이 관건이었다. 별과 관련된 믿음, 즉 별점으로 인한 만남이 있었다. 그 당시에도 많은 이들이 별점을 미신으로 여겼다. 두 번째 만남은 얼핏 별점과 관계된 듯하지만 더 많은 요소가 개입되었다. 두 사람이 겪은 변화와 걸어온 길이 그 요소들이다. 삶은 그때까지 특히 케플러에게 혹독했다.

케플러는 1571년 슈바벤Schwäbischen 지방의 바일Weil 시에서 칠삭둥이로 태어났다. 그는 가족의 12궁도에 '32주 224일 10시간 만에 출생'이라고 정확하게 적었다. 케플러는 미숙아로 태어났다. 시대가 그를 감당하기에 미숙했듯 그의 신체 역시 그를 감당하기에 미숙했다. 그는 항상 건강 문제로 고통을 겪었다. 피골이 상접한 작은 몸집과 앞으로 툭 튀어나온 눈은 그를 더욱 병약해 보이게 만들었다. 특히 어린 시절 천연두를 앓은 후로 시력이 나빠졌고, 종양과 피부 질환은 평생 그를 괴롭혔다.

케플러는 신체적인 약점에도 불구하고 일찍부터 뛰어난 재능을 발산하는데, 이는 잘난 체하는 치기나 부모로부터 물려받은 것으로 넘겨 버릴 수 없는 수준이었다. 싸움질을 일삼으며 떠돌이 생활을 했던 아버지는 가족을 먹여 살릴 수 없었고 외국 용병이 되어 집을 자주 비웠다. 어머니는 유별나고 모난 성격에다 시기심도 많아 호감 가는 사람은 아니었다. 그녀는 약초의 치유력과 물약 제조에 관심이 많았는데, 이는 나중에 마녀재판장에 서게 되는 계기가 되었다. 케플러가 일찍부터 천문학에 관심을 갖게 된 데는 어머니의 공이 컸다. 이를테면 어머니는 잠자리에 든 아들을 깨워 1577년 세상을 떠들썩하게 한 혜성을 보게 했다. 이 혜성의 이동은 이후 케플러에게 큰 영향을 끼치는 튀코 브라헤^{Tycho Brahe}도 관측하던 것이었다.

케플러가 막 일곱 살이 되었을 무렵 그의 부모님은 엘멘딩엔^{Ellmendingen}에서 '태양'이라는 여관을 운영했다. 이 여관에서 그는 계산 실력을 선보여 손님들을 놀라게 했다. 집안은 가난했지만 그는 튀빙엔 신학교^{Tübinger Stift}에 진학해 신학을 공부한다. 처음에는 성직자가 되려고 했지만 수학과 천문학에 대한 관심이 불타올랐다. 스승 미하엘 매스틀린^{Michael Mästlin}은 케플러에게 니콜라우스 코페르니쿠스^{Nicolaus Copernicus}의 태양 중심의 세계상을 알려 주었다. 지구가 아닌 태양이 행성의 중심이라는 이 세계관은 학자들의 관심을 끌기에 충분했다. 젊은 케플러도 코페르니쿠스가 옳다고 확신했다. 그는 졸업 시험을 치기도 전에 오스트리아 그라츠^{Graz}의 신학교의 수학 교사직을 제안받고 수락했다. 그러자 튀빙엔에서는 교리 문제로 자기 주장을 고집하며 논란을 불러일으킨 케플러가 타지로 떠난다는 소식에 많은 이들이 안도의 한숨을 쉬었다.

그라츠에서 케플러는 고대 수학자 유클리드^{Euclid}와 코페르니쿠스의 저서들을 정독했다. 그는 스물네 살이 채 되기도 전인 1595년 7월 19일 앞으로 자신의 삶을 좌우할 결정적인 생각을 하게 된다. 즉 신의 업적은 과학을 통해 설명할 수 있는데, 이는 별들이 어떻게 상호작용하는지를 밝혀냄으로써 가능하다는 것이다. 그는 흥분해서 매스틀린에게 다음과 같은 편지를 썼다. "저는 신학자가 되려고 했고 잠시 번민에 빠진 적도 있었습니다. 그러나 이제 보십시오. 제가 연구한 천문학을 통해 신의 영광이 드러날 겁니다." 구체적으로 케플러는 유클리드 기하학이 우주 행성들의 상호작용과 어떻게 연결되는지에 대해 탐구했다. 그는 행성들의 수와 크기 그리고 운동에서 이치를 찾아낼 수 있다고 생각했다.

케플러는 1596년에 발표한 저서 《우주의 신비*Mysterium Cosmographicum*》에서 연구 결과를 설명하고 여전히 공격받고 있던 코페르니쿠스의 체계를 옹호했다. 그는 "모든 우주 현상과 코페르니쿠스의 견해는 멋진 일치를 보인다"고 찬사를 보내며 다음과 같이 덧붙였다. "더 대단한 것은 다른 사람들은 경탄하도록 가르치기만 하는데 코페르니쿠스만이 명확하게 해명하고 경탄의 원인, 즉 원인의 무지를 제거한다는 사실이다."

《우수의 신비》는 논란을 불러일으켰지만 천문학의 대가들은 케플러를 주목했다. 파도바*Padua* 대학의 갈릴레오 갈릴레이*Galileo Galilei*는 케플러를 '진리의 친구'라고 칭했다. 황제 루돌프 2세가 1583년에 신성로마제국의 수도를 프라하로 옮기자 프라하는 유럽의 정신적 요체로 발전했다. 덴마크 출신의 천문학자 브라헤는 프라하에서 케플러의 수학자적 능력에 깊은 인상을 받았다. 브라헤는 수년 전부터 관측한 천체의 운동 주기를 바탕으로 행성 체계를 확립하려 했고 자신을 도와줄 누군가가 필요했다. 그는 케플러와 만나 엄밀한 관찰을 통해 더 탄탄한 이론을 만들자고 제안했다. 케플러는 1600년 2월 4일에 베나테크*Benatek*성에서 브라헤와 만났다.

두 사람의 관계는 미묘한 양면성을 지녔다. 브라헤의 불같은 성

브라헤가 사분의를 통해 하늘을 측정하는 모습 — 덴마크 벤^{Hven} 섬에 있었던 브라헤의 관측소 우라니보르^{Uraniborg}에 거대한 사분의가 있었던 방의 벽화다. 브라헤가 그림 왼쪽 상단의 작은 창을 통해 별을 관측하고, 왼쪽 밑에서 사람이 시간을 기입하고 있다. 1570년 그는 천문 관측 장비 사분의를 개량해 엄청난 크기의 기기를 만들었고, 그 뒤에는 직경 12미터짜리 육분의를 제작했다. 그는 망원경을 사용하지 않고 육안으로 관찰한 최고이자 최후의 천문학자였다.

격과 독선적인 태도는 자기주장을 내세우며 갈등도 마다하지 않는 케플러조차도 무색하게 만들었다. 다혈질인 브라헤는 학창 시절 싸움으로 코의 일부를 잃어 합금으로 가짜 코를 만들어 붙이고 다녔다. 브라헤는 매일 새 조수 케플러와 함께 작업하면서 그의 탁월한 수학적 재능을 알아차렸다. 그래서 자신이 케플러에게 이용당해 연구 성과를 빼앗길까 봐 두려워했다. 케플러는 나쁜 시력 탓에 브라헤가 축적해 놓은 정확하고 방대한 데이터에 의존해야만 했다. 초기 불협화음이 있고 난 뒤 브라헤는 편지로 "조급한 태도로 결례를 범했다"고 사과한 젊은 조수를 받아들였다. 케플러는 그라츠에서 결혼한 바르바라^{Barbara}와 의붓딸을 데리고 프라하로 돌아왔다.

브라헤와 케플러의 협력은 오래 지속되지 않았다. 브라헤가 갑자기 세상을 떠났기 때문이다. 케플러가 브라헤를 독살했다는 소문이 있었지만 이는 개연성이 떨어진다. 브라헤는 루돌프 2세가 초대한 연회에서 방광이 터지도록 소변을 참으며 자리를 지켰는데, 이 여파로 소변을 볼 때마다 심한 통증을 느끼고 몸에는 노폐물이 쌓여 갔다. 결국 브라헤는 사망했다. 그의 묘비명은 케플러가 썼다. "남은 건 권력도 부도 아니고, 오로지 과학의 지배뿐이다." 케플러는 루돌프 2세의 궁전에 남아 브라헤의 후계자로서 궁정 수학자가 되었다. 그는 이 직위를 마티아스 1세와 페르디난트^{Ferdinand} 2세 때에도 계속 유지했다. 케플러는 황제를 위해 천문학표를 만들고 점성술사로 일했다. 루돌프 2세는 미신을 신봉했는데, 암살당할 수도 있다고 브라헤가 예언한 후 점성술에 더욱더 기댔다.

케플러는 브라헤의 후임자가 된 1601년에 점성술 저서인《더욱 믿을 만한 점성술의 기초*De Fundamentis Astrologiae Certioribus*》를 발표했다. 그는 이 책을 통해 점성술의 과학적 토대를 마련하려고 했다. 케플러는 행성의 특정한 배치가 인간과 세계에 영향을 미칠 수 있다고 확신했다. 그는 수학적 맥락의 이해 부족과 기만으로 야기되는 점성술의 위험도 간파했고, 인간의 의지와 행동으로 행성의 배치를 바꿀 수 있다고 믿었다. 케플러는 "행성은 강요하지 않고 귀를 기울이게 할 뿐이다"라고 강조했다. 특히 발렌슈타인에게 미래의 문제에 대한 답은 점성술로부터 기대할 수 없다고 단호하게 말하려 했다. 발렌슈타인은 자신에게 닥칠 일들과 케플러라는 인물에 대해 너무나도 알고 싶어 했다.

고귀한 신사의 운명

점성술은 제기되는 모든 비판에도 불구하고 과학적 역량을 요구했다. 이를테면 타고난 운명을 알고 싶으면 출생 시 행성의 위치를 알기 위해 수학적 계산이 필요했다. 이를 위한 일종의 틀을 제시하는 이들이 바로 수학자와 천문학자다. 이들은 케플러처럼 점성술로 괜찮은 수입을 얻었다. 케플러는 점성술에 대한 신뢰가 제한적이었지만 자신의 운세표를 만들기도 했다. 그는 다음과 같이 말한 적이 있다. "점성술은 어리석은 딸과 같다. 하지만 그 어머니인 고도로 이성적인 천문학이 이 어리석은 딸이 없었다면 도대체 어떻게 되었겠는가?"

지구는 계속해서 태양의 주위를 돈다. 계절은 바뀌고 점성술은 도처에서 행해진다. 케플러는 1605년 신학자이자 천문학자인 데이비드 파브리치우스David Fabricius에게 다음과 같이 말했다. "이제 나는 결과를 얻었네. 행성의 궤도는 완전한 타원이라네." 그는 케플러 법칙 중 하나를 발견했다. 파브리치우스도 천문학 연구와 점성술을 병행했다. 그는 1607년 어느 날 자신의 삶에 닥칠 큰 위험을 예측했다. 파브리치우스는 집에 머물다가 저녁이 되자 위험이 사라졌다고 여겨 안심하고 산책하러 나갔는데, 그에게서 비방당했다고 생각한 한 농부가 산책하는 그를 삽으로 가격해 사망에 이른다. 이는 점성술의 비극이다. 누군가는 운명을 소름 끼칠 정도로 정확하게 예측하지만, 또 다른 누군가는 끔찍하게 빗나간다. 갈릴레이는 1609년 초 이탈리아에서 그의 명성이 손상될 정도로 예측에 완전히 실패한다. 그는 병든 페르디난도 데 메디치Ferdinando de' Medici를 위해 별점을 봐 줬는데, 이 공작에게 앞으로 몇 년간 행복한 시절이 이어질 것이라고 예언했다. 그러나 불과 3주 후 공작은 세상을 떠났다.

케플러가 발렌슈타인에게 봐 준 별점은 거의 정확했다. 1608년 발렌슈타인은 사람을 보내 케플러에게 자신의 별점을 부탁했다. 그때까지 두 사람이 직접 만난 적은 없었다. 케플러는 이 요청을 받아들여 별점을 친다. 그리고 별점으로 예언된 발렌슈타인의 운명은 이후 많은 사람의 입에 오르내리게 된다. 자신의 별점을 발렌슈타인이 어떻게 받아들였는지 노심초사하며 기다리던 케플러는 다음과 같이 말했다. "하늘은 인간의 기대를 관장하는 아버지일 뿐이며 인간의 영혼이 그 어머니다." 케플러는 이 낯선 '고귀한 신사'의 별점을 다음과 같이 풀었다. 발렌슈타인은 '새로운 것에 목말라하고' '불안한 정서'를 지녔으며 명예욕이 있다. "누구도 신경 쓰지 않으며 오로지 자신과 자신의 욕망에만 심취한다." 또 이 '고귀한 신사'는 남을 불신하고 미신을 믿으며 호전적이다. 말수는 적은 편이지만 실행력이 있다. 그는 행성들이 특별한 위치에 있을 때 태어났는데, 이는 영국 엘리자베스^{Elizabeth} 1세의 별자리 배치와 비슷하다. 요컨대 이 사람은 특별한 성격과 많은 모순을 지니고 있다는 말이다. 미모는 빼어나지 않지만 토지가 많은 부유한 과부와 결혼할 것이라고 예언하기도 했다. 발렌슈타인의 별점을 보고 난 뒤 케플러는 다시 천문학 연구에 몰두했다. 그리고 몇 년 후 이 별점이 주목받는다.

케플러는 발렌슈타인의 별점을 본 지 1년 후인 1609년 《신新천문학Astronomia Nova》을 발표했다. 이 책에는 케플러의 제1 법칙과 제2 법칙이 담겼다. 제1 법칙은 행성들이 태양을 중심으로 원운동을 하는 것이 아니라 태양을 한 초점으로 타원 궤도를 그린다고 말한다. 제2 법칙은 행성들이 항상 같은 속도로 움직이는 것이 아니라고 말한다. 케플러는 자신이 세운 행성 운동 법칙들에 대한 반응을 오랫동안 기다려야 했다. 그의 업적은 생전에 주목받지 못했다. 그의 스승 매스틀린과 친구 파브리치우스는 행성들이 타원 궤도를 그린다는 케플러의 생각에 동의할 수 없었다.

같은 해 네덜란드에서는 안경 제작자인 한스 리퍼세이Hans Lipperhey가 망원경을 발명했는데, 이는 지식과 추론 사이의 경계를 확정하는 데 도움이 되었다. 지금까지는 행성들과 그 운동을 육안으로만 볼 수 있었는데, 이제 망원경이 새로운 가능성을 연 것이다. 갈릴레이는 이탈리아에서 이 새로운 도구에 관해 듣고 리퍼세이의 발명을 발전시켜 밤하늘에서 새로운 것들을 발견했다. 1610년 3월 케플러는 갈릴레이가 4개의 새로운 행성을 발견했다는 소식을 들었다. 마차를 타고 가다가 한 친구가 케플러에게 이 소식을 전했는데, 그는 갑자기 실소를 터뜨리며 길을 잃은 듯 어쩔 줄 몰라 했다. 그는 "내가 지금까지 연구해 온 것들이 모두 엉터리였단 말인가"라고 탄식했다.[7] 그렇다면 그는 무엇을 보았던 것인가? 케플러는 한동안 연락이 뜸했던 갈릴레이에게 궁금한 내용에 관해 편지를 썼지만 충분한 답변을 받지 못했다. 케플러는 갈릴레이의 새로운 발견을 연구하면서 광학을 과학의 반열에 올리는 선구자적 역할을 했다.

그 사이에 발렌슈타인은 케플러의 예언대로 부유한 과부와 결혼했다. 케플러는 발렌슈타인이 서른세 살에 결혼한다고 했지만, 1609년에 루크레치아 네케쉬 폰 란데크Lukrezia Nekesch von Landek와 결혼

---

7 — 케플러는 자신의 다면체 이론을 통해 6개의 행성만 존재한다고 입증했다. 그러므로 갈릴레이가 발견한 행성이 정말 행성인지 위성인지가 그에게 중요했다. 케플러는 이후 갈릴레이의 보고서 《별 메신저Sidereus Nuncius》를 통해 그 행성들이 목성을 따라 공전하는 4개의 위성이라는 사실을 확인하고 안도의 한숨을 쉬기도 했다. 갈릴레이의 발견 역시 지구 중심의 세계관이 잘못되었다는 한 증거였다.(키티 퍼거슨, 《티코와 케플러》, 이충 옮김, 오상, 2004 참조)

했을 때 발렌슈타인의 나이는 스물여섯 살이었다. 이 무렵 발렌슈타인은 케플러가 작성한 별점 결과를 아직 읽지 못했다. 그에게 전해지기 전이었고 그가 읽기까지는 몇 년이 더 걸렸다. 아마도 발렌슈타인이 늦게 대가를 지급했기 때문일 것이다. 이렇게 지급이 늦어지는 일은 케플러에게 다반사였다. 그는 일을 해 주고도 죽을 때까지 돈을 받으러 쫓아다녀야 하는 일이 많았다.

발렌슈타인은 물질적 어려움은 없어졌지만 정치에서 두각을 나타내지 못했다. 그는 명성과 권력을 꿈꾸기만 했지 머릿속엔 온통 허튼 생각뿐이어서 무엇을 어떻게 해야 할지 몰랐다. 그는 아마도 자신의 꿈을 실현할 수 있는 길은 전쟁이라고 예감했을 것이다. 하지만 전쟁은 아직 먼 얘기였다. 두 형제 루돌프 2세와 마티아스 대공 사이의 갈등이 점점 심각해졌다. 루돌프 2세는 가톨릭 신자로서 다수가 프로테스탄트인 국민을 지배해 왔다. 마티아스는 오스트리아와 헝가리 그리고 모라비아의 프로테스탄트 의회와 동맹을 맺었다. 그러자 루돌프 2세는 이에 맞서 보헤미아를 자신의 편에 끌어들이기 위해 이른바 칙허장에 서명함으로써 보헤미아의 프로테스탄트 시민들에게 종교의 자유를 보장했다. 프로테스탄트인 케플러는 이 조치에 감격했다. 루돌프 2세는 이 굴욕적인 조치 이후에 두문불출하면서 점점 신비주의와 심령술에 빠졌다. 그의 권력도 점점 와해되어 갔다. 케플러는 루돌프 2세의 우유부단함과 지나치게 별점에 의존하는 성향을 일찍부터 간파했다. 결국 그는 루돌프 2세가 죽기 몇 달 전인 1611년 10월에 황제 측근에게 황제가 점성술을 "멀리하도록 조치해야 합니다"라고 편지를 써서 경고했다. 케플러는 루돌프 2세의 라이벌인 마티아스가 별점을 봐 달라고 하자 의도적으로 엉터리 운세를 말해 주었다. 케플러는 불길한 운세를 보았지만 마티아스가 장수할 운명이라고 말했다.

케플러는 연속해서 역경을 겪었다. 1611년 사랑하는 아들이 여섯 살의 나이로 죽고 얼마 지나지 않아 부인도 죽었다. 이제 그는 세 아이를 돌보고 집안을 꾸려 나갈 새 아내를 찾아야 했다. 루돌프 2세가 1612년 초에 죽자 케플러는 린츠Linz로 가서 오스트리아 북부에 위치한 오버외스터라이히Oberösterreich주의 의회와 계약을 맺고 수학자로 일했다. 그는 2년 동안 열한 명의 신붓감 후보들을 놓고 고르다가 1613년 가을에 젊은 과부인 수잔네 로이팅어Susanne Reuttinger와 결혼했다. 케플러는 부지런하고 상냥한 태도가 마음에 들어 그녀를 선택했고 거기에는 의무감도 작용했다. 이후 그는 수잔네와 자녀를 여럿 낳았지만 살아남은 건 세 명뿐이었다.

발렌슈타인의 부인은 1614년에 죽었다. 아마 발렌슈타인은 이 해나 다음 해에 케플러가 작성한 별점 결과를 보았을 것이다. 전달자가 케플러에게 자신의 의뢰인이 별점 결과를 '얼마 전에야' 전달받았다고 편지를 썼기 때문이다. 발렌슈타인은 케플러의 예언에 감동했다. 자신의 성격을 정확하게 맞추었다고 생각했으며 그 별점에 메모까지 써넣었다. 이제 자신의 미래를 확신한 발렌슈타인은 그 예언이 실현되기만을 마냥 기다릴 필요가 없었다. 그는 권력과 명성을 건 승부에 뛰어들 기회를 잡았을 때 아마도 케플러가 자신과

케플러가 예언한 발렌슈타인의 별점 — 왼쪽 여백에 발렌슈타인이 직접 써넣은 메모를 볼 수 있다.

엘리자베스 1세의 별자리 배치를 비교한 말을 염두에 두었을 것이다. 이후 황제 페르디난트 2세는 베네치아와의 갈등에서 발렌슈타인에게 도움을 요청했다. 발렌슈타인은 그의 편이 되어 군대를 파견해 준 유일한 인물이다. 이때부터 그가 장차 위대한 일을 이루겠다는 신념을 가지기까지는 그리 오래 걸리지 않았다.

한편 케플러는 가족의 생계와 연구를 위해 애썼을 뿐만 아니라 미신에 맞서 생사를 건 투쟁을 해야만 했다. 발렌슈타인이 처음으로 군대를 징집한 1615년에 케플러의 어머니 카타리나^{Katharina}가 마녀로 의심받아 투옥되었다. 그녀만이 이런 운명에 처한 것은 아니었다. 바일시에서는 몇 년 사이에 여러 여성이 마녀로 심판받아 화형을 당했는데, 1615년 겨울에는 여섯 명이나 마녀재판을 받아 처형되었다. 케플러는 마녀재판에 선 어머니를 변호했다. 어머니는 무죄로 석방되어 케플러와 함께 린츠로 옮겨갔다. 6년 후 카타리나는 고향으로 돌아와 또다시 감옥에 투옥되었다. 일흔세 살이 된 그녀는 14개월이나 감옥에서 지냈다. 심문을 담당한 집행관들이 고문 기구를 보이며 자백을 강요했지만, 어머니는 끝까지 버티며 무죄를 주장했다. 또다시 케플러는 어머니를 도와 석방시켰다. 그리고 몇 달 후 어머니는 세상을 떠났다. 투옥과 재판으로 기력이 쇠진한 탓일 것이나.

케플러는 여전히 돈 문제로 어려움을 겪었고 밤낮으로 끊임없이 고민에 휩싸였다. 황제에게 경의를 표하기 위해 '루돌프표'라 이름 붙인 행성표 작업이 그에게 고통만 안겨 주었다. 행성들의 위치와 일식을 포함한 방대한 천문학 연구 결과를 집대성하려는 시도가 계속해서 실패를 거듭했던 것이다. 케플러는 이 작업에 브라헤의 관측 자료를 이용했는데 브라헤의 유족들이 자신들의 몫을 주장하고 나서기도 했다. 《루돌프표$^{Rudolfinische \ Tafeln}$》는 항해에도 큰 도움이 되기 때문에 돈을 벌 가능성이 많았다. 하지만 브라헤의 유족들은 케플러가 생각하는 것보다 훨씬 더 많은 금액을 요구했다.

시대의 격랑 속에서

발렌슈타인의 명운을 좌우할 전쟁이 발발했다. 1618년 보헤미아^{Bohemia}에서는 프로테스탄트 의회가 형을 계승해 새로운 황제가 된 마티아스에 반기를 들었다. 프로테스탄트 의회 대표단은 5월 23일에 프라하성으로 들어와 황제의 행정관리들을 창밖으로 내던졌다. 이 프라하 투척 사건[8] 이후 처음에는 소규모였던 전쟁이 30년 전쟁으로 발전하리라고는 아무도 예상하지 못했다. 30년 전쟁은 독일과 보헤미아를 수 세대가 지난 후에도 회복하기 어려울 정도로 황폐화시켰다.

케플러는 확산되는 전쟁에 경악했다. 반면 발렌슈타인에게 전쟁은 절호의 기회였다. 그는 황제의 사촌인 페르디난트 대공의 편에 섰는데, 이는 곧 가톨릭교도들의 진영에 가담하는 것을 의미했다. 그는 자비로 병사들을 징집하겠다는 제안을 했고 이는 흔쾌히 받아들여졌다. 발렌슈타인은 곧 총사령관이 되어 전쟁으로 부를 늘리는 기회도 잡았다. 1620년 바이센베르크^{Weißenberg} 전투에서 황제군이 승리를 거둔 후 점령한 반란군 귀족들의 영지를 황제 편에 가담한 자들에게 나누어 줄 때 발렌슈타인은 수혜자가 되었다. 게다가 황제가 전쟁으로 진 거액의 빚을 영지로 상환하자, 발렌슈타인

---

8 — 정확하게는 프라하 창문 밖 투척 사건을 말한다. 대화 과정에서 아무런 성과를 거두지 못하면 상대방을 창밖으로 던지는 행위로 보헤미아의 오랜 관습이었다.

의 지배 지역은 크게 확대되었다. 그는 계속해서 영지를 매입해 거대한 영토를 확보했다. 이 과정에서 그가 황제를 위해 화폐를 주조하는 연합체에 가입한 것도 큰 이익이 되었다. 발렌슈타인은 은 함유량이 적은 동전을 주조해 사용함으로써 이익을 크게 남겼다.

발렌슈타인은 기존의 용병과는 다른 면모를 보였다. 전쟁을 치르며 약탈을 통해 빠르게 돈을 버는 것은 그의 관심 밖이었다. 그는 불가항력에 가까운 자신의 대규모 군대를 통해 명성을 키워 나갔다. 그는 자신의 본성과 개성을 숨기려 했고 이러한 태도는 전쟁에서 장점으로 작용했다. 그는 서신의 말 한마디 한마디에 신경 썼고, 지침을 내리거나 협의할 때에는 단순하고 무미건조한 용어를 선택했다. 그래서 발렌슈타인이 한 말 중에는 인용할 만한 문장이라고는 찾을 수 없었다. 이는 그에게 중요하지 않았다. 그의 욕심은 다른 데 있었다. 발렌슈타인은 자신의 제국을 만들려고 했고 점점 더 높은 군주의 반열에 오르려 했다. 그는 제스처가 컸고 화려함을 좋아했으며 황제와 경쟁이라도 하듯 자신의 궁전을 빛나게 하는 데 전력을 다했다. 그는 자간^{Sagan}에 있는 자신의 성을 세계적인 규모로 확장하려 했다. 발렌슈타인은 프라하의 집무실에서 재산을 늘리는 방안을 구상했다. 그리고 예수회 대학을 지으려 했으며 심지어 프라하를 주교좌시로 만들려고 했다. 그는 재혼한 부인의 인맥을 통해 황제의 측근과 통할 수 있는 루트를 만들었다. 상황이 그에게 유리하게 전개되고 있었던 것이다. 그럼에도 발렌슈타인은 늘 노심초사했다. 그는 자기 의심을 떨칠 수 없었다. 그는 불안, 분노, 피해의

식에 사로 잡혔다. 많은 주변 사람들이 그의 변덕과 통제력을 잃은 행동들을 목격했다.

케플러가 봐 준 별점은 1625년으로 끝나기 때문에 발렌슈타인은 1624년 중개인을 통해 재차 그와 접촉했다. 다시 별점을 봐 달라고 요청한 것이다. 발렌슈타인은 자신이 계속 전쟁에 관여해야 하는지, 누가 자신의 편인지, 자신이 어디서 어떻게 죽는지를 알고 싶었다. 케플러는 새롭게 전달한 별점에서 발렌슈타인이 '전쟁에서 이익을 얻을 것'이라고 말하며 발렌슈타인의 별자리를 아는 지배자가 그를 '외국의 적에 맞서' 출전시킨다고 예언했다. 그 외는 분명한 말을 하지 않고 발렌슈타인의 질문에 대해서도 답하지 않았다. 다만 케플러는 1634년에 흉조가 있다는 경고를 했다. 발렌슈타인이 죽는다는 말은 하지 않았다. 그의 죽음에 관해서는 이미 첫 별점에서 일흔 살에 죽을 수도 있다고 말한 바 있다. 그러나 발렌슈타인은 케플러가 '흉조'가 있다고 말한 1634년에 쉰한 살의 나이로 살해당한다.

1625년에 발렌슈타인은 프리틀란트^{Friedland} 공작 작위를 받았다. 그는 자신이 다스리는 지역을 확장해 행정기관 설치, 계량법 통일, 군대 보급품 조달을 위한 계획경제 등을 실시해 모범적 국가 형태로 만들었다. 그는 1626년 데사우^{Dessauer} 다리 전투에서 프로테스탄트군 지도자인 만스펠트^{Mansfeld} 백작과 맞서 큰 승리를 거두었다. 한편, 린츠에서는 농민들의 봉기가 일어나 케플러의 인쇄소가 불에 탔다. 다행히도 '루돌프표'의 원고는 무사했다. 케플러는 원고와 인쇄에 필요한 활자들을 싣고 울름Ulm으로 가서 1627년 드디어《루돌프표》를 완성해 페르디난트 2세에게 헌정했다. 발렌슈타인은 몇 년 전 페르디난트 2세의 편에 서서 자신이 모집한 군대로 이후에 전개한 사업을 실천에 옮긴 바 있었다. 페르디난트 2세는 사촌 마티아스의 뒤를 이어 신성로마제국 황제가 되었다.《루돌프표》가 완성되자 케플러는 이제 새로운 일자리를 찾아야 했다. 페르디난트 2세가 그에게 좋은 제안을 했지만, 가톨릭으로 개종해야 한다는 조건을 붙였다. 케플러는 단호히 거절했다. 그래서 그는 황폐해진 나라를 떠돌며 자문했다. "어떤 자리를 찾아야 한단 말인가? 이미 파괴된 자리? 아니면 파괴될 자리?"

신앙과 미신의 경계를 걷다

1627년에 케플러는 프라하로 가서 발렌슈타인을 만났다. 아마 이때가 두 사람이 처음으로 직접 만난 시점일 것이다. 별점과 관련해 중개인을 통해 접촉한 지 거의 20년이 지나서였다. 케플러는 발렌슈타인이 별점이 아닌 다른 중요한 일을 자신에게 맡길 것으로 기대했을 것이다. 발렌슈타인은 실제로 자신이 다스리는 지역을 위해 탁월한 인재들을 열심히 찾고 있었다. 그는 케플러의 종교에 개의치 않았다. 다른 프로테스탄들도 가톨릭교회가 주도권을 쥐고 있는 그의 관할 지역에서 자리를 차지하고 있었다. 발렌슈타인에게 중요한 것은 사람의 능력이었다. 그는 케플러에게 독자적 인쇄소를 제공하고 흡족한 보수를 약속했다. 페르디난트 2세도 발렌슈타인에게 자신의 미지급금 11,817굴덴을 '상환하도록' 지시했다.

1628년에 발렌슈타인은 공작령인 자간도 손에 넣었다. 그는 북독일을 지배했고 메클렌부르크^{Mecklenburg}와 귀스트로^{Güstrow}의 공작이 되었다. 이제 그는 발트^{Baltic}해를 지배했고 '대서양과 발트해의 총사령관'이라는 칭호를 얻었다. 케플러는 가족과 함께 자간으로 옮겨 천문학 연구에 몰두했다. 그가 설명하는 연구 목표는 마치 발렌슈타인의 말처럼 들린다. "나는 신의 도움으로 이 일을 완성할 것이다. 마치 전쟁을 치르듯이 당당하고 대담무쌍하게 명령을 내릴 것이며 내 죽음에 대한 근심은 내일에 맡길 것이다." 1629년 가을 케플러는 인쇄기와 활자를 구하기 위해 1년 반 동안 동분서주한 후 자간에 인쇄소를 차렸다. 발렌슈타인은 약속한 급여를 지급하긴 했지만, 자신의 빚을 갚으라는 황제의 지시는 이행하지 않았다. 그는 별점에 대해서 더 이상 케플러에게 묻지 않았다. 이 일은 새 궁정 천문학자 조반니 바티스타 세니^{Giovanni Battista Seni}에게 맡겼다. 세니는 발렌슈타인이 듣고 싶어 하는 말이 무엇인지 간파하고 그의 구미에 맞게 예언했다. 그는 발렌슈타인의 총아로 부상했다. 이후 세니가 돈을 받고 발렌슈타인의 계획을 적에게 누설했다는 소문이 돌았다.

케플러는 여러 일로 괴로웠다. 발렌슈타인이 다스리는 지역에서 프로테스탄트들에 대한 억압이 점점 심해졌다. 케플러는 자간의 총독에게 항의했다가 나중에는 프리틀란트 수도 기쉰^{Gitschin}(오늘날 이친

Jičín)에서 발렌슈타인에게 직접 항의가 들어갔다. 케플러가 쓴 마지막 편지에는 다음과 같은 구절이 있다. "나를 후원해 주는 분을 3주 동안이나 기다려야 했습니다. 이는 우리 두 사람 모두에게 상당한 시간 손실이었습니다." 발렌슈타인은 이미 자신의 권력과 독선으로 황제 진영의 군주들에게 반감을 샀다. 군주들은 발렌슈타인을 해임하도록 페르디난트 2세에게 촉구했다. 페르디난트 2세는 1630년에 레겐스부르크Regensburg에서 열린 선제후 회의에서 발렌슈타인의 해임을 수락했다. 황제와 선제후들이 회의하는 동안, 프로테스탄트 진영의 구스타브 아돌프Gustav Adolf가 이끄는 스웨덴군이 북독일을 침입했다. 케플러가 돈 문제를 해결하기 위해 1630년 가을에 린츠를 향해 떠났을 때는 레겐스부르크에서는 한번 열리면 4개월 이상 지속되는 선제후 회가 한창 진행 중이었다. 케플러는 린츠로 가는 길에 레겐스부르크를 들러 황제를 만나 미지급금을 요구하려고 했다. 케플러는 늙고 느린 말을 타고 추위를 견디며 힘든 여정을 재촉해 11월 2일에 레겐스부르크에 도착했다. 그는 병에 걸렸다. 차가운 가을바람을 맞으며 말안장에 살이 짓무른 채로 이동한 탓이었다. 레겐스부르크에 도착하자마자 그는 말을 팔았다. 케플러는 황제를 알현하려 노력했지만 실패했고, 병들고 쇠약해진 데다 고열까지 덮쳐 힘들었다. 황제는 케플러가 병에 걸렸다는 소식을 듣고 '치료비 명목으로 25듀카트'를 보냈다. 하지만 케플러는 회복하지 못하고 11월 15일 숨을 거두었다. 그는 프로테스탄트이기 때문에 레겐스부르크 성벽 외곽에 있는 개신교 묘지에 안장되었으나, 전쟁으로 그의 무덤은 파괴되었다.

　이후 몇 개월 동안 스웨덴 왕의 승리 행렬이 이어지자 가톨릭 진영의 기세가 꺾였다. 황제는 어쩔 수 없어 발렌슈타인에게 다시 장군으로 복귀해 전쟁을 진두지휘해 달라고 요청했다. 발렌슈타인은 이 요청을 받아들여 1632년 전쟁을 이끌었다. 황제는 발렌슈타인의 요구조건을 모두 들어주었다. 발렌슈타인은 전 군대의 총지휘관이 되었고 황제의 허락 없이 협상을 진행할 수 있는 전폭적 권한을 부여받았다. 발렌슈타인은 새로운 군대를 조직해 장교들에게는 특권을 부여하고 노획물을 분배하기로 약속했다. 발렌슈타인의 군대는 다시 위세를 떨쳤고 그의 전시 영리 활동도 전면적으로 활개를 펼쳤다. 그는 뤼첸^{Lützen} 전투에서 일시적으로 패배했지만 구스타브 아돌프가 발렌슈타인 기병의 총에 맞아 전사해 결국 승리를 거두었다.

　발렌슈타인은 스웨덴, 프랑스와 비밀 협상을 벌였다. 그가 자신의 이해관계를 추구하려 한 것인지 아니면 전쟁을 끝내고자 평화협정을 유도하려 한 것인지에 대해서는 의견이 분분하다. 발렌슈타인은 야전군 사령관인 한스 게오르크 폰 아르님^{Hans Georg von Arnim}에게 다음과 같은 편지를 썼다. "결국 대부분의 나라가 잿더미로 변한다면 우리는 평화협정을 맺을 수밖에 없습니다. 이는 14년 동안이나 지속된 이번 전쟁이 여실히 입증하고 있습니다." 발렌슈타인은 이제 자신의 시간이 별로 남지 않았다는 사실을 알았다. 그는 중풍에 걸려 고통을 겪고 있었다. 거기에 매독에 걸렸다는 소문도 돌았다.

그는 몸이 몹시 불편했다. 전쟁 정책에서 발렌슈타인은 이전보다 더 완강한 태도를 보였다. 그는 황제의 명령을 거부하자 적의 편에 섰다는 의심을 받았다. 1634년 초 그가 자신의 군 지휘관들에게 충성 서약을 강요하자 황제에게 충성하는 옥타비오 피콜로미니^{Octavio} ^{Piccolomini} 장군은 이를 황제에게 보고했다. 그러자 황제의 비밀 법정은 발렌슈타인을 직위에서 해제하고, 그의 장군들에게 그를 죽이거나 황제에게 넘기라는 명령을 내렸다. 페르디난트 2세는 오랜 망설임 끝에 해임 문서에 서명했다.

황제의 명령을 실행에 옮길 병사들은 여전히 많은 지휘관들이 충성하고 있는 발렌슈타인의 막강한 권력 앞에 암살만이 유일한 해결책임을 깨달았다. 발렌슈타인은 에게르^{Eger}시 진지에서 소음에 놀라 잠에서 깼다. 그가 잠옷 차림으로 방에서 나오자 황제의 병사들이 들이닥쳤다. 한 장교가 '이 늙은 배신자!'라고 외치며 창으로 가슴을 찔렀다. 이렇게 발렌슈타인의 삶은 끝났다. 케플러의 별자리가 예언한 대로였다.

항상 거듭해서 교차했던 케플러와 발렌슈타인의 삶의 여정은 '신앙은 어디에서 시작되고 또 어디에서 끝나는가?'라는 영원한 질문을 던진다. 그 경계는 지식과 추측, 확신과 불안 사이 눈에 보이지 않는 선에 있다. 발렌슈타인과 케플러의 시대는 참된 신앙을 위해 잔인하게 싸운 혼란스러운 시기였다. 인간이 무엇을 알고 무엇을 믿어야 하는지 그리고 권력의 한계는 어디까지인지가 두 사람에게 영원한 숙제였다.

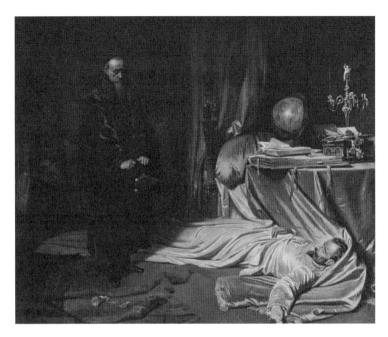

발렌슈타인의 시신 곁 세니 — 발렌슈타인의 운명은 결국 세니가 아닌 케플러 예언의 정확성을 증명하며 끝을 맺는다.

케플러는 방법론과 사고의 폭에 있어서 이미 근대 과학자였다. 하지만 그는 신앙에서 벗어날 수 없었다. 그는 모든 논리에는 지고한 힘이 작용한다고 생각했다. 이는 수백 년 후에 등장하게 될 알베르트 아인슈타인에게서도 볼 수 있는 생각이다. 반면 발렌슈타인은 권력욕과 출세욕에 사로잡혀 출신이나 신앙보다는 돈, 계획, 기술을 중시하는 근대인을 대변한다. 발렌슈타인은 자신의 능력을 믿었지만 막강한 권력으로도 어쩔 수 없는 일들이 많다는 것을 깨달았다.

신앙과 미신의 경계선에 놓인 좁은 길을 걸어온 케플러와 발렌슈타인. 특히 발렌슈타인은 모든 것을 주관하는 신의 섭리를 믿으려 했지만 여의치 않았다. 믿으려 해도 **어떻게** 믿어야 한단 말인가? 로마교회는 어떤 태도를 보일까? 프로테스탄트들은 어떻게 받아들일까? 이 질문들을 놓고 많은 사람들이 싸웠고 피를 흘리며 죽어갔다. 이로 인해 신앙은 흔들렸다. 발렌슈타인은 위험에 처해서는 오히려 자신의 냉정한 지성에 의지했다. 그러나 지성이 모든 불안을 상쇄하진 못했다. 결국 그가 기댔던 것은 타고난 별자리에 따라 예정된다는 운명이었다. 이미 예정된 계획이 있다는 환상이 혼란스럽고 위험한 시기에 버팀목이 되어 준 것이다.

5장

데이비드 흄과
애덤 스미스

책임 없는 자유가 있을 수 있는가?

"인간의 사상보다 자유로운 것은 없다."

| 데이비드 흄 |

"구성원의 대부분이 가난하고 비참한 사회는 결코
번영하거나 행복할 수 없다."

| 애덤 스미스 |

2년 전부터 데이비드 흄David Hume(1711~1776)은 파리에서 영국 대사의 비서로 일하고 있었다. 사상가로 명성을 얻은 그는 항상 유쾌하고 재치가 넘쳐 저녁 사교 모임 때마다 환영받는 인사였다. 그 무렵 흄은 거의 매일 살롱에서 사람들과 대화를 나누거나 음악을 들으며 식사와 와인을 함께 즐겼다. 1765년 크리스마스를 며칠 앞두고 영국에서 애덤 스미스Adam Smith(1723~1790)가 파리에 도착했다. 흄과 스미스는 그동안 편지를 주고받았지만 마지막으로 만난 이후 그간의 연구와 경험을 이야기하기 위해서는 긴 시간이 필요했다. 그러나 두 사람에게는 회포를 풀 시간이 많지 않았다. 흄이 곧 파리를 떠나야 했기 때문이다.

이 두 스코틀랜드인은 외견상 교양이나 사상과는 거리가 멀어 보였다. 이들이 파리에서 저녁 모임에 참석하러 나란히 길을 나선다면 묘한 한 쌍이라는 인상을 주기에 충분했다. 흄은 영국인들이 조롱할 정도로 스코틀랜드식 억양이 강하게 남아 있었다. 흄은 장신으로 살집이 많은 체형이었으며 둥그스름한 얼굴에 뺨이 불그스레했다. 쉰다섯인 흄은 당시로서는 이미 노인 축에 들었지만 이제 막 부모의 집을 떠난 청년처럼 적극성과 지식에 대한 열망이 넘쳤다. 온화한 성품의 흄은 누구를 만나든 곧바로 호감을 얻었다. 까다롭고 상대를 무시하는 경향이 있는 파리 사교계에서 그가 누리는 인기는 엄청났다. 흄보다 열두 살 어린 스미스는 아담하고 마른 체구였다. 스미스는 흄과 함께 있으면 거의 눈에 띄지 않아 그의 그림자처럼 보였다. 스미스는 저녁 모임에 참석해도 다음 날 아침이면 그를 기억하는 사람이 없을 정도로 조용하게 지냈다. 흄처럼 그도 잘생긴 얼굴은 아니었다. 눈은 툭 튀어나왔고 코는 컸으며 삐죽 나온 아랫입술은 윗입술을 덮어 버릴 기세였다. 스미스는 평생 초상화를 위해 자세를 취한 적이 없다. 그 자신에 대해 "나는 내 책에서만 멋진 사람일 뿐이다"라고 평가했다.

1751년부터 약 13년간 스미스는 글래스고Glasgow 대학에서 도덕철학 교수로 학생들을 가르쳤으며, 주로 윤리학, 신학, 경제문제를 연구했다. 그는 당시 라틴어로 강의하던 전통을 깨고 영어로 수업한 최초의 교수이기도 했다. 스미스의 제자이자 전기 작가 제임스 보즈웰James Boswell은 그를 "경이로운 교수였으며 당시 교수들에게서 볼 수 있는 권위적이거나 현학적인 태도는 찾아볼 수 없었다"고 회고했다. 스미스는 파리에 오기 전인 1759년에 첫 저작《도덕감정론 The Theory of Moral Sentiments》을 출간해 큰 성공을 거두었다. 특히 그가 이 책에서 보여 준 낙관적인 새로운 인간상은 큰 화제를 불러일으켰다. 그는 지난 세기 동안 통용되어 온 토머스 홉스^{Thomas Hobbes}의 '인간은 인간에게 늑대다'라는 말에 단호하게 반대했다. 스미스는 인간을 자유롭고 무엇보다도 스스로 책임지는 존재로 여겼다. 인간은 이를 매우 잘 의식하고 있으며, 홉스의 말과 달리 맹수와 같은 충동에 이끌리는 존재가 아니라는 것이다. 스미스는 인간이 행동할 때 자신을 염려할 뿐만 아니라 타인의 행복과 불행에 대해서도 염려한다고 확신했다. 이후 유명해진 '보이지 않는 손'의 이미지가 《도덕감정론》에서 등장한다. 이 책은 스미스의 업적 중 과소평가되기도 하는데, 여기에서 그는 부유한 사람들이 자신도 모르게 '보이지 않는 손'에 이끌려 가난한 사람들의 이익을 도모하게 된다고 보았다.

파리에서 지낸 시절에는 흄이 친구인 스미스보다 더 유명했다. 흄은 철학 저서들로 유명해졌다. 급진적인 계몽주의자이자 자유의 옹호자로 명성을 얻기도 했지만 신에게 불경한 자라는 오명도 따라다녔다. 그의 저서 《도덕원리에 관한 탐구^{An Enquiry Concerning the Principles of Morals}》는 스미스의 《도덕감정론》과 마찬가지로 도덕철학에 관한 책이다. 이 책은 1751년에 출간되었는데, 이 시기에 흄과 스미스가 처음 만난 것으로 추측된다.

《도덕원리에 관한 탐구》는 흄의 생전에 출간된 마지막 책이기도 하다. 이 책에서 흄은 스미스와 마찬가지로 낙관적인 태도로 스스로 좋은 사회를 만드는 인간의 능력을 신뢰했다. 흄에 따르면, 이를 위해 인간에게는 이성과 감정이 필요하다. 이성은 인간에게 어떤 결정이 유용한 것인지에 대한, 감정은 인간에게 도덕적으로 바람직한 것에 대한 기준을 제시한다. 흄은 미덕도 이성과 감정의 도움으로 판단하고 분류할 수 있다고 했다. 우리는 이들의 도움으로 불필요한 미덕이 무엇인지 쉽게 인식할 수 있다는 것이다. 그는 기독교 역시 같은 방식으로 그 유용성을 단호하게 판단해야 한다고 했다.

파리를 사로잡다

흄(원래는 데이비드 흄David Home)은 스코틀랜드 에든버러Edinburgh에서 태어났다. 스미스의 출생지 커콜디Kirkcaldy와 가까웠지만, 둘의 집안 배경은 달랐다. 귀족 출신 변호사로 일하며 가난하게 살아온 흄의 아버지는 그가 두 돌 되던 해에 사망했다. 그는 세상을 떠나며 아내와 세 자녀(흄은 막내였고 형과 누나가 있었다)에게 작은 땅과 잉글랜드와의 국경에 있는 나인웰스Ninewells에 농장을 남겼다. 흄은 열두 살의 어린 나이로 에든버러 대학에서 라틴어와 그리스어 그리고 형이상학을 공부하기 시작했다. 그는 어머니의 권유로 법학으로 전공을 바꾸었지만 3년 후 대학 공부를 중단하고 나인웰스에 있는 가족의 품으로 돌아갔다. 이곳에서 흄은 철학에 몰두했고 우울증으로 고생했다. 그는 살이 쪘고 침을 심하게 흘리는 병에 걸렸다. 흄은 매일 승마를 하고 심리적 압박감을 줄이는 등 생활 방식을 바꾸면서 건강을 회복했다. 키가 몹시 컸던 그는 평생 비만으로 고생했다.

얼마 지나지 않아서 흄는 영국 브리스틀Bristol로 이사해 한 도매

상의 사무원으로 일했으나 적성에 맞지 않아 그만둔다. 이 시기에 그는 자신의 성性을 홈Home에서 흄Hume으로 바꾸었는데, 이 새 성을 영국인이 발음하면 원래 성의 스코틀랜드식 발음에 더 근접했기 때문이었다.

1734년 흄은 파리에서 다시 라 플레슈La Flèche로 옮겼다. 이곳에는 르네 데카르트René Descartes가 다녔던 예수회가 운영하는 학교가 있었다. 이 학교에서 그는 2년간 저술에 몰두했다. 그리고 흄의 첫 책 《인성론A Treatise of Human Nature》이 1740년에 출간되었으나 사람들의 무관심 속에 묻힌다. 누구도 이 책을 사려고 하지 않았고 흄을 비도덕적인 이신론자라고 비난했다.

어머니가 세상을 떠난 후에 흄은 재야 학자로 지내는 생활을 포기할 수밖에 없었다. 그는 귀족의 가정교사 생활을 하기도 했다. 이후 장군의 개인비서로도 일했다. 흄은 그를 따라서 프랑스 해안 지방과 아일랜드Ireland의 군사 원정에 참여했으며, 네덜란드와 독일 그리고 빈과 토리노의 궁정까지 방문했다. 그 사이에 흄은 저술 활동도 계속해 1748년에는 《인간 오성에 관한 탐구An Enquiry Concerning Human Understanding》를, 이로부터 3년 뒤에는 《도덕원리에 관한 탐구》를 발표했다.

흄은 철학자로서의 명성이 높아 갔지만, 대학에서 교수직을 얻는 데는 번번이 실패했다. 이러한 바람은 평생 이루어지지 않았다. 그는 생계를 위해 에든버러 변호사협회 도서관의 사서로 일하면서 《영국사The History of England》(전 6권) 연작을 쓰기 시작했다. 1763년 흄은 프랑스 주재 영국 대사로 임명된 허트포드Hertford 백작의 비서직 제안을 받고 프랑스로 향했다.

흄은 파리에서 프랑스 사교계의 영향력 있는 부플레르Boufflers 백작 부인과 교제했다. 그녀는 유부녀였지만 루이 15세의 조카인 콩티Conti 왕자의 정부情婦가 되어 화제를 불러 모았으며 단연 이 왕자의 살롱에서도 시선을 끌었다. '천상의 백작 부인'으로 불린 그녀는 재치가 넘쳤고 매력적인 외모를 자랑했다. 아담한 몸매에 짙고 긴 머리카락, 매혹적인 눈동자. 요컨대 그녀가 주목하는 남자는 위험에 빠질 수밖에 없었다. 그녀를 거역할 수 없었으니까. 부플레르 부인은 흄의 마음을 사로잡는 데 성공했다. 두 사람의 이야기는 그녀가 흄의《영국사》를 읽고 그에게 '신적인 인물의 작품'이라고 칭찬하는 편지를 쓰면서 시작되었다. 찬사를 듣고 호감을 느낀 흄은 답장을 보냈다. 처음에는 흄도 위험을 예감한 탓에 거리를 유지하려 했으나 별무소용이었다. 그녀가 끈질기게 구애에 나섰기 때문이다. 1763년 프랑스와 영국 사이에 7년 전쟁이 끝나자, 드디어 그녀는 경탄해 마지않는 흄을 직접 만나기 위해 곧바로 영국으로 달려왔다. 그러나 흄은 달아나고 말았다. 그는 마차를 구입해 영국 전역을 도는 여행길에 나섰다. 이때 스미스도 방문했다. 흄은 부플레르 백작 부인에게 편지를 보내 나중에 파리에서 만나자는 말로 위로했다. 그녀는 당장 짐을 싸서 파리로 떠났다. 그녀에게는 이것이 끝이 아니었다. 흄이 허트포드 백작에게서 받은 제안은 부플레르 백작 부인의 아이디어였을 가능성이 높다. 제안을 받아들인 쉰두 살의

콩티 왕자의 살롱 — 왕자의 살롱에 초대된 모차르트의 연주를 들으며 사람들이 여유롭게 차를 마시고 있다. 18세기는 프랑스 살롱 문화의 황금기라 해도 과언이 아니었다. 살롱은 상류사회의 문을 신흥 부유층과 인재들에 개방해 새로 유입된 인재들에게 중요한 정보 전달 창구가 되었다. 특히 볼테르, 디드로와 같은 계몽사상가들은 살롱의 총아였으며, 흄과 스미스 역시 그 혜택을 톡톡히 누렸다.

흄은 독신이었으며 앞으로 어떤 삶이 벌어질지 궁금했다. 어쩌면 사랑이 기다리고 있을지도 모르고, 심지어 결혼도 가능할지 몰랐다.

파리에 도착하자 그를 기다리고 있었던 것은 부플레르 백작 부인만이 아니었다. 세상에 대한 흄의 중립적이고 인간적인 시선과 뛰어난 작가적 역량은 수년 전부터 프랑스 엘리트들을 매료시켰다. 프랑스에 도착한 지 며칠 후 루이 15세가 흄을 베르사유 궁전으로 초대했다. 왕의 자녀들이 흄에게 찬사를 보냈다. 흄은 살롱을 돌았고 저녁에는 오페라를 섭렵했으며 자신에게 쏟아지는 감탄과 찬사를 즐겼다. 특별한 찬사는 콩티 왕자의 살롱에서 터져 나왔다. 이곳에서 흄은 드디어 부플레르 백작 부인을 만났고 곧바로 열정에 휩싸였다. 그녀도 흄에게 애정을 표현했지만 결혼으로 이어지지는 않았다. 두 사람이 주고받은 편지는 감정의 부침을 여실히 드러냈다. 자신은 그녀의 노예이며 그녀의 발 앞에서 몸을 던질 수 있다고 흄은 고백했다. 그녀 역시 그를 위해서라면 명예를 버릴 수 있다고 응답했다. 하지만 흄은 그녀와 연인이 될 수 없음을 예감했고, 곧 이를 증명하는 일이 생겼다. 부플레르 백작 부인은 남편이 죽자 흄이 아닌 콩티 왕자와 결혼하기를 원했다. 게다가 그녀는 충격을 받은 흄에게 결혼 의사가 없는 콩티 왕자를 자신과 결혼하도록 설득해 달라는 부탁까지 했다.

바로 이런 일이 벌어진 12월 친구 스미스가 파리에 도착했을 때, 흄은 짐을 싸서 떠날 준비를 하고 있었다. 그는 자신의 상관이 아일랜드의 총독으로 임명되었기 때문에 여름부터 대사의 업무를 대행하고 있었다. 이제 새 대사가 파리에 부임했다. 흄은 다음 해 1월 런던으로 돌아가려고 했다. 부플레르 백작 부인과 거리를 두고 싶었기 때문이다.

흄의 영국행에는 그에게 많은 근심을 안겨 줄 동행이 있었다. 바로 철학자 장 자크 루소Jean-Jacques Rousseau였다. 당시 루소는 저서를 발표한 후 여론이 나빠지자 분위기 전환을 위해 흄과 여행을 떠나려했다. 흄은 기꺼이 도움을 주고자 했다. 프랑스의 가톨릭교회로부터 박해를 받아 생명의 위협까지 느끼는 루소를 안전한 영국으로 데려갈 수 있기를 바랐다. 루소는 유럽 전역에서 자유의 옹호자로 환영받았다. 그런데 아이러니하게도 루소의 개인적 삶은 자유에 따르는 책임을 등한시했다. 루소는 책에서 어린이들의 행복을 위해 투쟁했지만 정작 자신의 아이들은 보육원에 보냈고, 자신의 자유를 주장했지만 타인에 대한 배려는 부족했다. 흄도 이를 깨닫게 되었지만 루소를 성공적으로 영국에 보내는 데에만 몰두했다. 이 시기 흄이 몰두한 일은 한둘이 아니었다. 흄이 혼란스러운 상황에도 곁에 있기만 하면 마음의 안정을 되찾게 해 주는 친구 스미스가 파리에 도착하는 것을 제외해도 말이다.

1766년 흄과 스미스가 파리에서 새해 인사를 나누기 직전에 부플레르 백작 부인은 영국으로 출발했다. 1월에 프랑스로 돌아왔을 때 그녀는 중병에 걸려 있었다. 그녀에게 흄은 루소와 영국으로 떠나는 일에 관해 상의했다. 둘은 서로의 사랑이 더 이상 가망 없음을 알고 결별했다. 재회는 없었지만, 항상 서로를 생각하며 평생 편지를 주고받았다. 흄이 영국으로 돌아간 다음 처음으로 쓴 편지는 그녀에게 보낸 것이다. 이후 그가 병상에 누워 마지막으로 쓴 편지의 수취인도 그녀였다. 흄은 그녀가 자신의 마음과 삶에 어떠한 일을 해 주었는지를 절대 잊지 않았다. "당신은 내가 무관심한 태도를 가지지 않도록 깨어 있게 해 주었다오."

그랜드 투어, 연금 그리고 《국부론》

스미스는 러브스토리가 없다. 그는 서너 번 청혼하긴 했지만, 성공하지 못했다. 그의 삶에서 중요한 것은 항상 어머니였다. 스미스와 어머니는 함께 삶을 헤쳐 나갔다. 스미스는 그녀가 낳은 유일한 자식이었다. 세관원이었던 아버지는 스미스가 뱃속에 있을 때 세상을 떠났다. 스미스를 홀로 키운 어머니는 그가 사회 경험을 쌓는 데 지원을 아끼지 않았다. 그는 유럽 대륙 여행에서 돌아온 후 어머니를 자신의 집에서 모셨다. 어머니는 장수하다가 스미스보다 6년 먼저 세상을 떠났다.

스미스가 1765년 말에 파리로 가서 흄을 만났을 때는 2년째 젊은 버클루Buccleuch 공작 헨리 스콧Henry Scott의 가정교사로 일하고 있던 중이었다. 스콧의 가정교사는 흄이 스미스에게 주선해 준 것이었다. 흄은 당시 열일곱 살이었던 공작이 이제는 프랑스인들과도 곧잘 어울리는 등 좋은 변화가 일어났다는 말을 스미스에게 전해 듣고 기뻐했다. 제자 스콧은 예의가 바르고 배움에 대한 의지가 강했다. 스미스와 젊은 공작은 2년 전 흄이 파리로 떠난 시점과 거의 동시에 그랜드 투어Grand Tour에 나섰다. 그랜드 투어는 상류층 자제들이 유럽을 여행하며 그 문화를 배우는 일종의 교양 여행이었다. 많은 보수를 받으며 젊은 공작과 동행한 스미스에게도 이 그랜드 투어는 여러 가지로 유익한 것이었다. 이 여행은 스미스에게 유럽의 선진 문화를 접하고 유명 인사들과 만나 교류할 기회를 제공했다.

우피치Uffizi **미술관의 트리뷰나**Tribuna — 이탈리아 피렌체 우피치 미술관 트리뷰나는 그랜드 투어의 필수 코스였다. 유독 명화와 귀중품이 많이 전시되어 있었기 때문이다. 스미스는 《국부론》에서 "영국에서는 젊은 사람들이 학교를 졸업하면 대학교에 보내지 않고 곧 그들을 외국에 여행시키는 것이 점점 하나의 습관으로 되어 가고 있다. 우리의 젊은이들이 이 여행을 통해 일반적으로 대단히 발전되어 귀국한다고 한다"라고 그랜드 투어를 언급했다. (설혜심, 《그랜드투어: 엘리트 교육의 최종 단계》, 웅진지식하우스, 2013 참조)

스미스 일행은 파리에 잠시 머문 후 당시 프랑스에서 두 번째로 큰 도시이자 영국인들이 모여 사는 툴루즈Toulouse로 갔다. 여기서 스콧의 동생 휴 캠벨Hew Campbell 스콧이 합류했다. 스미스 일행이 이곳에서 머문 1년 반 동안 공작은 열심히 프랑스어를 배웠다. 그 후 이들은 툴루즈를 떠나 프랑스 남부를 거쳐 제네바Geneva에 들렀는데, 이곳에서 스미스는 철학자 볼테르를 만났다. 툴루즈에서 스미스는 무료함을 느끼기 시작했다. 그는 흄에게 보낸 편지에서 "무료한 시간을 보내기 위해 책을 쓰기 시작했다"고 말했다. 유명한 《국부론An

Inquiry into the Nature and Causes of the Wealth of Nations》이 이렇게 시작된 것이다. 스미스는 이미 여러 해 전부터 경제 연구에 몰두해 있었다. 이에 자극을 준 것이 바로 1752년에 출간된 흄의 에세이 모음집《정치론 *Political Discourese*》이다.

화폐, 상업 혹은 재화 생산 등과 같은 경제 작동 방식에 대한 체계적인 연구가 이루어지기 전이었으며 이런 문제들은 부차적인 것으로 간주되었다. 하지만 여러 상황은 점차 경제에 대한 분석과 연구의 필요성을 절감하게 했다. 바로 프랑스의 경우가 그랬다. 7년 전쟁에서 패배한 후 왕의 금고는 텅 비었다. 이에 반해 시민계급은 상업, 수공업, 매뉴팩처의 발전으로 높은 부와 자의식을 갖추게 되었다. 수입을 줄이고 수출을 늘려야 한다는 신조를 표방하며 왕궁에 의해 중앙 통제되는 중상주의 경제정책은 유효성을 점점 더 상실했다. 게다가 경제 연구자 사이에서는 임금, 노동, 재화, 상업, 화폐의 작동 방식과 상호작용을 연구해야만 한다는 의식이 부각되고 있었다. 스미스는 툴루즈에 머물며 몇 년 전부터 써 온 글을 정리하고 이를 바탕으로 경제문제에 관해 저술하기 시작했는데, 어떤 결과물이 나올지 전혀 예상할 수 없었다.

파리에 도착한 후 스미스는 많은 영감을 얻었다. 계몽주의의 기념비적 작품인《백과전서*Encyclopédie*》의 공동 편찬자인 달랑베르*Jean-Baptiste le Rond d'Alembert*와 디드로*Denis Diderot*를 중심으로 한 지식인들의 작업도 그중 하나였다. 달랑베르와 디드로는 흄과 가까운 사이였다. 특히 디드로와 흄은 대화가 잘 통해 나중에 좀 더 깊은 우정을 나누게 된다. 흄은 파리에 온 지 며칠 안 된 스미스를 당대 최고의 계몽주의자들에게 소개했고 살롱으로 이끌었다. 흄은 곧 파리를 떠났다. 그러나 스미스는 그의 소개에 힘입어 이후 10개월간 파리에 머물며 다방면의 인사들과 친분을 쌓았다. 스미스는 친절하고 사교적이었지만 흄과 달리 내성적인 사람이었다. 그는 사교모임에서도 뒤로 빠져 있었다. 스미스는 사람들에게 별난 인물로 보였다. 특히 친구들 사이에서는 심한 건망증으로 유명했다. 한번은 스코틀랜드에서 이런 일도 있었다. 어느 날 아침 스미스는 잠옷 차림으로 골똘히 생각하며 걷다가 교회 종소리를 듣고서야 정신을 차려 보니 자신이 엉뚱한 곳에 와 있음을 알게 되었다. 그는 자신도 모르는 사이에 시내를 벗어날 정도로 멀리 걸어간 것이다. 또 그는 갑자기 혼잣말을 하는 엉뚱한 면모를 보이기도 했다.

스미스는 루이 15세의 주치의였던 케네François Quesnay를 알게 되어 초기 경제학자들인 중농학파와 교류했다. 케네는 중농학파를 이끌고 있었다. 그는 혈액순환에 착안해 1758년에 경제순환을 최초로 서술한 《경제표Tableau économique》를 발표했다. 중농주의자 피에르 사무엘 뒤퐁 드 느무르Pierre Samuel Du Pont de Nemours[9]는 훗날 케네가 이끄는 모임에서 이 스코틀랜드 출신의 학자를 자주 만났는데, 그는 신중하고 겸손한 사람이었다고 스미스를 회고했다. 물론 당시에는 스미

---

9 ― 그의 아들 엘뢰테르 이레네Éleuthère Irénée는 오늘날 뒤퐁사의 기초를 닦았다.

스의 위대성을 짐작할 수 없었다. 중농학파는 최초로 형성된 경제학파였다. 이들의 연구 방식은 새롭고 독창적이었으며 미래지향적이었다. 이들에게 경제학은 학문이었고 스스로를 경제학자^{économistes}라 불렀다. 중농학파라는 말은 뒤퐁 드 느무르가 1768년에 자신의 책에서 'Physiokratie^{자연의 지배}'라는 용어를 사용하면서 생겨났다. 중농학파에 따르면, 특히 땅과 같은 자연만이 국가의 부를 창출한다. 따라서 농업이 본래적 생산요소이며 상업, 수공업, 매뉴팩처는 농업이 생산하는 것을 변형시킬 뿐이다.

중농주의자들이 경제통제와 관련해 제창한 '자유방임'은 이미 사람들의 입에 오르내리고 있었다. 이 사상은 경제는 가능한 한 통제에서 벗어나 자연적인 시장흐름에 따를 때 가장 잘 작동한다고 상정했다. 이러한 입장은 절대왕정이 통제하는 중상주의 경제정책과는 정반대였다. '자유방임^{laissez faire}'은 1세기 전 태양왕 루이 14세의 막강한 중상주의 재무 장관 콜베르^{Jean-Baptiste Colbert}에게 한 상인이 '하게 하라^{Laissez-faire(Let it be done)}!'고 요구했다는 데서 유래한 것이다. 스미스는 이런 자유방임 이론을 제한적으로만 받아들였다. 물론 후세에 많은 이들이 다양하게 해석하고 있지만 말이다. 어쨌든 스미스는 파리에서 나눈 많은 대화와 독서 그리고 매뉴팩처 방문을 통해 자연에 기반한 중농주의자들의 생각을 비판하기 시작했다. 오히려 그는 매뉴팩처와 같은 공장의 높은 생산성과 동력을 깨달았다. 스미스는 이를 토대로 시작되는 산업의 시대와 그 경제활동을 이해하는 청사진을 그려 나갔다.

스미스의 여행은 1766년에 비극적으로 끝나고 말았다. 뒤늦게 합류한 공작의 동생 휴 캠벨이 갑자기 고열에 시달리다가 죽고 만 것이다. 결국 스미스 일행은 그랜드 투어를 접고 영국으로 돌아가야 했다. 스미스는 고향 커컬디로 돌아와 저술에 전념했다. 여기에는 가정교사로 일하며 받은 보수가 큰 도움이 되었다. 스미스는 여행 중 연봉 300파운드와 평생 연금으로 300파운드를 보장받았는데, 이는 대학에서 받던 연봉의 두 배에 달했다. 개방적이고 유연한 성격의 흄은 저술하며 지내는 스미스의 고지식하고 유약한 생활 방식을 안타까워했다. "은거해 집에만 틀어박혀 있는 생활 방식은 스미스의 외모와 태도에 나쁜 영향을 주었다"며 흄은 답답한 마음에 한숨을 쉴 정도였다.

파리에서 지낸 지 10년 후인 1776년 3월 9일에 스미스의 기념비적인 저서인 《국부론》이 출간되었다. 흄은 3주 후에 스미스에게 편지를 보내 이 책에 대한 기쁨을 전했다. 흄은 이 책에서 설명된 이자에 대한 개념에는 동의하지 않았지만, 인간을 출발점이자 핵심으로 생각하는 입장에는 공감을 표했다. 스미스는 인간의 감정이 경제 행위에 미치는 영향을 파고들었고, 흄은 인식이 일반적으로 인간 행위에 미치는 영향에 몰두했다. 흄은 철학자이자 종교비판가로서 계속 논란을 불러일으켰지만, 도덕철학자 스미스는 이 기념비적인 책으로 경제학의 초석을 놓았다.

두 지성, 자유와 정의를 묻다

흄과 스미스는 특히 자유에 관한 의견에서는 일치를 보였다. 즉, 두 사람 모두 자유는 책임과 분리되어서는 안 된다고 여겼다. 스미스는《국부론》에서 개인의 자유로운 행위가 지니는 사회적 의미와 가치에 대해 다음과 같이 말했다. "우리가 저녁 식탁에 올리려고 하는 것은 푸줏간 주인이나 술도가 주인, 빵집 주인의 자비에서 나오지 않는다. 그것은 그들이 스스로에게 이익이 된다고 생각하는 것에서 나온다. 우리는 그들의 이타심보다는 이기심을 알아차려야 한다." 그리고 스미스는 다음과 같이 결론을 내린다. "누구나 자신의 이익을 추구함으로써, 그 자신이 진실로 사회의 이익을 증진시키려고 의도하는 경우보다 더욱 효과적으로 그것을 증진시킨다."

스미스의 '푸줏간 주인, 술도가 주인, 빵집 주인'에 관한 말이 인용되면서 일방적으로 해석되어 왔다. 많은 이들이 이 구절에 중농주의자들의 자유방임 주장이 녹아 있다고 여겼다. 스미스는 결코 무절제한 자유나 강자의 권리를 옹호한 것이 아니다. 급진적인 자유주의자뿐만 아니라 사회주의적 관점의 해석자들도 본질적인 것을 간과하거나 보지 못했다. 스미스는 개인의 공공복지에 대한 무관심을 우려해 몇 가지 중요한 과업을 국가의 의무로 부여했다. 이 정도로 스미스의 '자유'는 제한적이다. 스미스의 관점에서 볼 때 자유가 다른 사람들의 자유를 침해하거나 스스로를 위협하기 시작하면 더 이상 유지될 수 없다. 스미스는 일정한 한계가 자유를 보장할 뿐만 아니라 바로 이런 교차점에 국가가 개입해야 한다고 보았다. 국가는 만인 사이에서 자유를 중재해야 하고, 만인에게 가능한 한 최대로 자유를 보장해야 한다.

스미스에 따르면, 국가는 포괄적인 법 제도로 시민의 안전과 권리 그리고 재산을 보호해야 한다. 국가는 국방에 힘을 기울여야 하며 도로, 운하, 다리, 항구와 같은 공공재를 건설하고 유지해야 한다. 스미스는 개인이 운하를 건설해 유지할 수도 있는데, 이 경우에는 사용료를 받아 일부는 국가에, 일부는 자신이 가질 수 있도록 하자고 제안했다. 하지만 그는 도로 관리는 국가의 손을 떠나서는 안 된다고 주장했다. 이런 일을 개인이 맡으면 탐욕으로 인해 도로를 제대로 관리할 수 없다는 것이다. 스미스는 교육도 국가의 중요한 과업으로 여겼다. 그에 따르면, 국가는 모든 국민에게 학교 교육의 문을 열어 줘야 한다. 이와 관련해서 그는 심지어 의무 교육을 주장했다. 흥미롭게도 스미스는 바로 분업에 근거해 교육의 필요성이 강조되는 것을 인식했다. 분업은 노동 과정을 점점 단순화해 노동자들의 사고를 저하시키는 데 기여하기 때문이다. 따라서 바로 교육이야말로 노동자들의 정신을 함양하고 사회적 낙오를 예방하는 수단이 될 수 있다. 교육으로 국가와 인간적인 공동생활을 이해하고 함께 영위할 수 있도록 국민의 자질을 키워야 하는 것이다.

스미스는 이 모든 과업의 재정을 뒷받침하기 위해 국가의 재산을 대여하거나 경매에 부치도록 조언했다. "모든 국가의 국민은 정부를 유지하기 위해 가능한 한 각자의 담세능력에 비례해 조세를 부담해야 한다. 즉 국가의 보호하에서 각자가 얻는 수입에 비례해 납세해야 한다." 나아가 국가는 자의성이 아닌 수입에 비례해서 확정 세율로 세금을 걷어야 한다고 말했다. 또 스미스는 지대, 이자, 집세, 임금에 대해서도 과세할 것과 부자에게 더 높은 세율을 적용할 것도 제안했다. 예를 들어 "이륜 짐마차, 사륜 짐마차 등 필수품 운송 마차에 대한 통행료보다 사륜 대형 마차, 역전 마차 등 사치품 운송 마차에 대한 통행료가 무게 대비 더욱 높게 책정된다면, 부자들의 허영심이 지극히 간단한 방법으로 빈민들의 구제에 기여하게 된다."

스미스는 경제적 고찰을 바탕으로 모든 사람들에게 도움이 되는 자유의 이념을 펼쳤고 노예제도를 비판했다. "모든 시대와 모든 국가의 경험에 비춰보면, 자유인들이 행한 노동이 노예들의 노동보다 결국 더 저렴하다고 나는 믿는다." 결국 자유는 사람들의 부와 복지를 이끄는 동력이 된다. 자유는 경제적 요소가 되는 것이다.

스미스는 경제적 이점 때문에 자유를 옹호하는 것이 아니다. 그의 출발점은 윤리적이다. 그는 이미 《도덕감정론》에서 다음과 같이 말했다. "인간을 이기적인 존재로 여길지라도, 인간 천성에는 분명 이와 다르게 작용하는 몇 가지 원칙들이 있다. 이 원칙에 따르면, 인간은 타인의 운명에 관심을 가지며 그들의 행복을 지켜보는 즐거움 이외에 아무것도 얻을 수 없다 하더라도 타인의 행복을 필요로 하는 어떤 천성을 가지고 있다." 따라서 스미스에게 인간은 사회적인 존재이다. 그리고 인간의 사회적 자질이 충분하지 않을 때 국가가 개입해야 한다.

흄은 자유와 책임의 문제를 다루면서 '도덕감'이라는 개념을 도입했다. 도덕감은 이성과 감정으로 이루어진다. 흄에 따르면, 인간은 항상 편한 것뿐만 아니라 유용한 것을 추구하며 이 과정에서 이기심뿐만 아니라 사회적인 양심과 감정에 의해 인도된다. 스미스도 이와 유사하게 생각했다. 회의주의자인 흄은 인간이 합리적 근거를 갖고 행동한다고 생각하지 않았다. 흄에 따르면, 이성은 개념이나 명제들 사이의 논리적 관계 혹은 명제와 그 실제 대상과의 일치 여부를 주로 다룬다. 따라서 그 판단은 언제나 참 또는 거짓, 즉 '옳다' 또는 '그르다'라는 형태로 표현된다. 즉, 그것은 사실을 확인할 뿐, 칭찬이나 비난을 통해 어떤 행동을 하도록 지시하지는 못한다. 그러므로 이성은 행위를 이끄는 동기가 될 수 없다. 이성은 행동을 이끌어 내지 못하기 때문에 결코 양심이나 도덕감과 같은 행동의 근원이 될 수 없는 것이다. 흄이 보기에 감정과 이성은 특히 인간의 도덕적 판단에서 함께 작용한다. 하지만 사람들은 사실 관찰(사태는 이렇다)에서 곧바로 가치판단(사태는 이렇게 되어야 한다)을 이끌어 낸다. 사람들은 자신의 논거를 이야기할 때 존재와 당위의 경계를 인식하지 못하는 경우가 너무도 많다. 존재Sein(~이다)와 당위Sollen(~해야 한다) 사이에서 논리적 차이가 생기는 것이다. 이것이 바로 '존재와 당위의 차이'인데, 흔히 흄의 법칙(존재에서 당위는 추론되지 않는다)으로 불린다. '존재'가 명확하고 논리적인 이성의 범주라면, 흄에게 '당위'는 순수한 감성의 범주이다. 당위는 있는 것이 아니라 원하는 것을 드러낸다. 이는 선과 악은 이성에 의해 구별되지 않음을 시사한다. 살인이 심판받는 이유는 인간을 죽이는 것이 이성에 위배되기 때문이 아니다. 흄에 따르면 살인은 매우 이성적인 행위일 수 있다. 살인은 혐오감을 불러일으키고 인간의 감정을 해치므로 심판받는 것이다. 흄은 존재와 당위의 문제를 강조함으로써 흔히 당위를 존재보다 우선시하는 이데올로그들과 종교인들의 사고방식을 비판했다.

스미스와 흄이 250년이 지난 현재까지 생존해 있다면 어떤 국가를 옹호할지 궁금하다. 이들은 의심의 여지없이 경제활동에 참여하는 모든 사람들에게 최대의 자유를 보장하는 국가를 지지할 것이다. 하지만 이들은 카르텔, 국제콘체른, 부자들의 탈세 등을 비판할 것이다. 이들은 모든 사람들에게 교육의 기회를 균등하게 보장하는 국가를 옹호할 것이다. 또 국민에게 경제적 안정과 평등을 보장하는 복지국가도 이들이 선호하는 국가일 것이다. 호모 이코노미쿠스Homo oeconomicus라는 인간상이 세계 강연장을 휩쓸고, 철저히 영리적으로 행동하는 인간 유형이라며 정치 논쟁의 논거로 이용되고 있지만 스미스나 흄의 동의를 얻지 못할 것이다.

흄은 《국부론》을 손에 들었을 때 이미 사경을 헤매고 있었다. 그는 파리에서 런던으로 돌아온 후 1767년 2월부터 1년 남짓 외무성에서 차관보로 일했다. 그 후에 그는 스코틀랜드의 에든버러에 정착했다. 수년 전부터 심한 위통과 장 질환으로 고생해 급격히 기력이 쇠약해졌다. 흄은 1년 만에 30킬로그램 이상 몸무게가 줄어들었고 심한 통증에 시달리며 죽음을 앞두고 있었다.

1776년 7월 4일 흄은 친구들을 마지막으로 식사에 초대했다. 흄은 애써 유쾌한 표정을 지었지만, 스미스에게는 아무런 위안도 되지 않았고 세상사가 야속하게 느껴질 뿐이었다. 몇 주 후 임종을 맞이한 흄은 친구들과 작별 인사를 나누었다. 흄은 자신의 삶은 경이로웠으며 헛된 삶을 사느니 차라리 일찍 죽는 게 낫다고 말했다. 흄은 스미스에게 "나는 죽지만 만족스러운 삶을 살았다"고 말하며 그만 집으로 돌아가라고 부탁했다. 스미스의 어머니가 몸이 좋지 않아 아들의 도움이 필요하다는 걸 알았기 때문이다.

1776년 8월 25일 흄은 세상을 떠났다. 스미스는 흄의 책과 자신의 책을 출판한 출판사 사장 윌리엄 스트라한^{William Strahan}에게 편지를 보내 온유하고 따뜻한 말로 친구의 죽음을 알리면서 흄을 "인간적인 약점은 피할 수 없었지만, 현명하고 덕이 많은 사람의 이상에 가까운 사람"이라고 일컬었다. 스미스는 흄의 유고를 관리했다. 스미스는 흄이 출간을 재촉한 《자연종교에 관한 대화^{Dialoge über natürliche Religion}》를 세상에 내놓지 않았다. 흄에 대한 인신공격으로 이어질까 두려웠기 때문이다. 흄은 친구가 설계한 고전 양식의 묘에 묻혔다. 묘 입구에는 그의 이름과 생몰년만 적혀 있다. 흄은 나머지는 후세 사람들이 채워 주길 바랐던 것이다.

흄이 이별 식사를 했던 날, 미국인들은 필라델피아^{Philadelphia}에서 독립을 선언했다. 스미스가 1790년 흄과 마찬가지로 에든버러에서 세상을 떠났을 때는 프랑스 대혁명이 발발한 지 1년이 지난 후였다. 귀족과 성직자들이 지배한 구질서는 붕괴했다. 프랑스에서는 새롭고 정의로운 사회를 만들려는 시도가 곧 테러로 바뀌어 수천 명의 희생자를 낳았다. 흄이 사랑했던 부플레르 백작 부인도 체포되었다가 가까스로 단두대 처형을 모면했다. 그녀는 가난에 시달리다가 1800년에 세상을 떠났다.

스미스는 임종 때 더 많은 일을 이루지 못한 것을 아쉬워했다. 그는 자신이 전 세계에 얼마나 큰 영향을 미치게 될지 그리고 자신의 조언이 얼마나 일방적으로 왜곡될지 미처 알지 못했다. 그가 쓴 두 권의 책을 읽으면, 책임 없는 자유가 있을 수 있는가라는 질문에 대한 답은 분명하다. 스미스는 흄과 마찬가지로 단호하게 '노No!'라 말할 것이다.

6장

요한 볼프강 폰 괴테와 알렉산더 폰 훔볼트

자연의 본질은 무엇인가?

"자연은 최고의 대가다.
자연이야말로 우리에게 최고의 정신을 보여 준다."

| 요한 볼프강 폰 괴테 |

"자연의 보편적 성격은 위대함 속의 선이다."

| 알렉산더 폰 훔볼트 |

Johann Wolfgang von Goethe

&

Alexander von Humboldt

한 지인에게 보낸 편지에서 빌헬름 폰 훔볼트^{Wilhelm von Humboldt}는 동
생에 대해 다음과 같이 썼다. "그는 개념들을 결합하고 사물들의 연
결 고리를 찾았습니다. 이 개념들과 연결 고리는 그가 없었더라면
발견되지 않았을 겁니다." 이와 같은 찬사를 받는 자는 스물네 살도
채 되지 않았고 이제 막 작센^{Sachsen}의 프라이베르크^{Freiberg} 광산전문
학교에서 광산학 공부를 끝냈다. 그는 프로이센^{Preussen}의 안스바흐
바이로이트^{Ansbach-Bayreuth}에서 광산 감독관으로 일을 시작했다. 이곳
에서 말을 타고 이틀을 달려가면 빌헬름과 아내 카롤리네^{Caroline}가
사는 예나^{Jena}에 당도할 수 있었다. 이들은 친구인 실러^{Schiller}와 괴
테^{Goethe} 곁에서 살기를 원했는데, 특히 카롤리네는 어린 시절부터
실러의 부인인 샤를로테 폰 렝에펠트^{Charlotte von Lengefeld}와 친하게 지
냈다.

　알렉산더 폰 훔볼트^{Alexander von Humboldt(1769~1859)}는 1794년 3월에
빌헬름과 카롤리네의 집에서 국민 작가로 추앙받는 요한 볼프강 폰

괴테[Johann Wolfgang von Goethe(1749~1832)]를 처음 만났다. 괴테는 20년 전인 1774년 비극적인 서간체 소설《젊은 베르터의 고뇌*Die Leiden des jungen Werther*》를 발표해 작가로서 이름을 떨쳤고 젊은 카를 아우구스트 공*Karl August*의 부름을 받고 바이마르*Weimar*로 옮겼다. 괴테는 귀족 신분으로 살며 작센 – 바이마르 – 아이제나흐*Eisenach* 공국에서 두 번째로 중요한 인물이 되었다. 그는 재정, 행정, 광업, 농업을 비롯한 여러 분야의 공직을 맡으면서 문학에서 멀어진다. 반면 자연과학에 관심을 갖고 연구에 몰두해 성과를 올리기도 했다. 특히 괴테는 자신이 악간골[顎間骨(앞니뼈)]을 발견했다고 믿었는데, 이미 그 존재가 알려졌다는 사실을 몰랐다. 그는 잠시 직위를 내려놓고 이탈리아 여행을 하면서 자연을 탐구했다. 이탈리아에서 돌아온 지 4년 후인 1790년에 괴테는 식물학 저서인《식물 변형론*Versuch die Metamorphose der Pflanzen zu erklären*》을 발표했는데, 이 책은 25년 후에 재출간되어 그를 유기체 형태와 구조에 관한 변형론의 선구자 반열에 들게 했다.

괴테와 알렉산더는 첫 만남부터 광산과 식물 등의 자연과학에 관한 열띤 대화를 주고받았다. 보통 3년이 걸리는 광산학 공부를 단 9개월 만에 끝낸 알렉산더는 매일 아침 5시에 광산의 갱도로 들어가 지하 식물을 연구했다. 괴테는 젊은 대화 상대자의 설명에 감탄해 알렉산더가 발표한 식물학 논문들을 정독하기 시작했다.

자연이라는 공통분모

괴테와 훔볼트 형제의 세대 차이는 예나에서 이들의 모습을 본 사람이라면 바로 알아차릴 수 있었다. 40대 중반인 괴테는 허리에 살이 붙었는데, 프록코트의 단추를 채워 몸에 꽉 끼게 입고 다녔다. 머리는 비교적 짧게 잘라 이마 뒤로 빗어 넘겼다. 20대 중반의 훔볼트 형제는 날씬했고 당시 유행을 좇아 숱이 많은 긴 머리를 땋아 목덜미까지 늘어뜨렸다. 괴테와 오래전부터 친분을 쌓아 온 빌헬름은 말수가 적은 내성적인 성격이었다. 표정은 늘 진지했고 눈에는 우수가 짙게 배 있었다. 그와 반대로 알렉산더는 활발한 성격으로 다른 사람들과 농담도 잘했다. 그의 얼굴은 온화하고 여성적이었다. 두 형제 중에서 알렉산더가 좀 더 붙임성이 좋았다.

장교 출신인 아버지는 프로이센 왕실의 시종으로 일하다가 은퇴 후에는 주로 두 아들의 교육을 보살폈다. 빌헬름의 재능은 일찍부터 드러났으나 알렉산더의 재능은 센 고집에 가려져 잘 드러나지 않았다. 아버지가 일찍 세상을 떠나자 아직 어린 두 아들의 미래를 어머니가 온전히 책임져야 했다. 두 형제는 국가 기관에서 경력을 쌓아 나갈 생각으로 프랑크푸르트 안 데어 오더Frankfurt an der Oder에서 대학 공부를 시작했다. 빌헬름은 법학을, 알렉산더는 의학, 수학, 물리학을 공부했다. 두 형제는 잘 적응하지 못해 1년 후 대학을 옮겼다. 빌헬름이 먼저 괴팅엔Göttingen 대학으로 가고, 알렉산더도 베를린 Berlin 대학에 잠깐 적을 두었다가 곧 형을 따라 괴팅엔으로 옮겼다.

빌헬름은 정신과학 분야를 공부했지만, 알렉산더는 식물학을 전공했다.

알렉산더가 괴테와 처음으로 만나 친교를 맺기 시작한 1794년에 괴테와 실러의 우정도 시작되었다. 실러는 오래전부터 괴테와 가깝게 지내고 싶어 했다. 결국 두 사람이 친해진 계기는 4개월 전 괴테와 알렉산더의 첫 만남과 관련이 있다. 사실 괴테는 열 살 어린 실러와 몇 년 전부터 거리를 두려 했다. 그는 실러가 자신은 이미 극복한 슈투름 운트 드랑Sturm und Dran(질풍노도)에 경도되어 있다고 생각했기 때문이다.

1794년 여름 자연과학에 관한 대화가 6년간 지속된 실러의 노력의 결실을 맺게 했다. 실러는 괴테에게 자신이 기획한 잡지《호렌 Die Horen》의 편찬 작업을 제안하는 초청장을 보냈다. 괴테는 이 제안을 받아들여 1794년 7월 20일 예나로 향했다. 이곳에서 괴테는 실러, 피히테Fichte, 빌헬름과 공동 작업에 대해 협의하려고 했다. 괴테는 이날 협의가 있기 전에 예나의 자연 연구자 협회가 주최한 식물의 원형Urpflanze에 관한 강연을 들었다. 실러도 이 강연에 참석했다. 아마 실러는 괴테를 만날 의도로 이 강연장에 갔을 것이다. 강연장을 떠날 때 두 사람은 강연 내용에 관해 이야기를 나누었다. 길을 걸으며 너무나 열띠게 대화하느라 부지불식간에 실러의 집에 도착했고 집 안으로 들어가 계속 이야기를 주고받았다. 괴테는 식물임을 인식할 수 있게 하는 모든 보편적인 성질을 드러내는 식물의 원형에 관한 자신의 생각을 다시 한번 피력했다. 실러는 괴테에게 식물의 원형은 현실에서는 찾아볼 수 없는 단순한 개념에 불과하다고 반박했다. 괴테는 식물의 원형에서 자연의 원시적이고 보편적인 모습을 볼 수 있다고 주장했다. 이런 식의 대화는 계속되었다. 두 사람의 의견은 일치되지 않았지만 대화는 성공적이었다. 드디어 실러가 괴테의 관심을 끈 것이다.

실러는 곧 알렉산더에게도 잡지에 실을 원고를 청탁했다. 알렉산더는 크게 기뻐하며 1794년 8월에 다음과 같은 답장을 실러에게 보냈다. "귀하의 잡지에 자연학이 배제되지 않아 정말 기쁩니다. 정말 고귀한 일을 하고 계신다는 생각이 듭니다." 그는 "식물의 세계가 인간의 감각에 불러일으키는 기쁨과 멜랑콜리"에 열광했다. 감각으로 인지하면서 미학도 함께 고려하는 것은 괴테가 좋아하는 주제여서 이는 그의 색채론에도 반영되었다.

1794년은 파란만장한 해였다. 파리에서는 혁명의 테러가 정점에 달해 혁명 지도자 로베스피에르Robespierre가 처형되었다. 미국에서는 엘리 휘트니Eli Whitney가 목화에서 씨를 자동으로 분리하는 조면기繰綿機를 발명해 면직 산업의 생산성을 높였다. 하지만 조면기는 목화 수확을 위한 노예 수요의 급증을 초래해 내전의 도화선이 되었다. 영국에서는 의사이자 발명가인 이래즈머스 다윈Erasmus Darwin이 모든 생명체의 계보를 연구했다. 그는 연구 결과를 《주노미아-유기체의 법칙Zoonomia–Or the Laws of Organic Life》에 담아 발표했다. 이 책은 그의 손자 찰스 다윈Charles Robert Darwin의 연구에 크게 기여한다. 이탈리아에서는 베수비오 화산Le Vésuve에서 분출된 10미터 두께의 용암

이 토레 델 그레코^{Torre del Greco}(폼페이 유적지)를 덮어 버렸다.

이 해가 끝나갈 무렵인 12월 14일 이른 아침에 알렉산더는 말을 타고 형 빌헬름 부부가 있는 예나에 도착했다. 빌헬름은 즉각 가까운 바이마르로 사람을 보내 괴테에게 다음과 같이 알린다. "제 동생이 바이로이트에서 방금 도착했다는 소식을 전합니다. 제 동생을 보고 싶어 하신다는 말씀에 동생은 몹시 기뻐하고 있습니다. 동생은 이곳에서 당신을 만나길 간절히 원합니다. 실러와 제 아내, 저 그리고 제 동생은 하나같이 당신을 만나 뵐 날만 기다리고 있습니다. 동생은 금요일 밤까지 이곳에 머물 예정입니다." 괴테는 사흘 후에 화가 요한 하인리히 마이어^{Johann Heinrich Meyer}와 함께 예나에 도착했다. 점심 식사는 실러의 집에서, 저녁 식사는 빌헬름의 집에서 했다. 괴테는 알렉산더가 떠날 때까지 예나에 3일간 머물렀다.

아마도 그들은 식물의 원형에 대한 이야기도 나누었을 것이다. 괴테는 식물의 원형과 관련해 그 실제 형태를 자연에서 찾을 수 있을지 확신할 수 없었다. 그는 이탈리아를 여행할 때 팔레르모^{Palermo} 공원에서 다양한 식물들을 보며 식물의 원형을 찾을 수 있을지도 모른다고 생각했다. 사실상 괴테에게 식물의 원형은 플라톤의 이데아처럼 하나의 이상이었으며 근본적인 가설에 불과했다.

알렉산더는 자연을 관찰하기 위해 전 세계를 둘러볼 계획을 세웠다. 한마디로 탐사 여행이었다. 1790년 알렉산더는 제임스 쿡^{James Cook}의 제2차 세계항해에 참여했던 게오르크 포르스터^{Georg Forster}와 함께 영국과 프랑스로 여행했고 벨기에 오스텐트^{Ostende}에서 처음으

로마 콜로세움 Colosseum**을 방문한 괴테** — 1786년 괴테는 이탈리아로 여행을 떠난다. 그는 베네치아, 로마, 나폴리, 시칠리아를 여행하면서 수많은 편지를 썼고, 이후 이 편지를 토대로《이탈리아 기행 *Italienische Reise*》을 쓰기도 한다. 이 책은 당시 이탈리아의 예술과 역사, 식물과 풍광, 지역마다 마주쳤던 사람들의 면면을 흥미롭게 그리고 있다.

로 바다를 보았다. 포르스터가 직접 들려준 여행기는 알렉산더에게 '적도 지역에 대한 무한한 동경'을 불러일으켰다. 이때부터 알렉산더는 장기 탐사 여행을 꼼꼼하게 준비했다. 그는 측량술의 숙련도를 높이고 각종 도구를 다루는 법을 배웠으며 식물학, 지리학, 지질학, 기상학, 해부학 등을 공부했다. 알렉산더는 1794년 12월 예나에머물며 괴테, 빌헬름, 마이어와 함께 해부학 강연을 들었다. 폭설이내려도 이 네 사람은 해부학자 유스투스 크리스티안 로더Justus Christian Loder의 강연에 빠지지 않았다. 알렉산더는 하나도 놓치지 않으려 열심히 들었다. 오래전에 이미 로더에게서 해부학을 배운 바 있는 괴테는 자신의 변형론 연구를 위해 인간과 동물의 몸 그리고 식물의 구조에 어떤 공통점이 있는지 알고자 했다.

새해가 시작되어도 괴테와 알렉산더의 토론은 멈추지 않았다. 연장자 괴테는 젊은 알렉산더에게 바이마르 공국의 광산 채굴량을 늘릴 수 있는 방안에 대해 의견을 구했다. 이들은 함께 전기도금 실험과 근육수축 연구도 했다. 훔볼트 형제는 괴테에게 해부학에 관한 글을 쓰도록 재촉했다. 이렇게 해서 괴테의 1795년 구술을 바탕으로 논문 〈골학에서 출발한 비교 해부학 개론에 대한 첫 시론Erster Entwurf einer allgemeinen Einleitung in die vergleichende Anatomie, ausgehend von der Osteologie〉이 발표된다. 알렉산더는 괴테의 견해에 매료되어 해부학을 계속 연구하도록 그에게 용기를 불어넣었다. 1797년 카롤리네는 남편 빌헬름에게 다음과 같이 말했다. "괴테 씨가 토요일과 일요일에 여기에 머물렀어요. 알렉산더가 괴테 씨에게 광학 연구를 중단하고 해부학 논문을 써 보도록 설득하는 것 같았어요."

괴테와 알렉산더는 서로의 의견에 대부분 동의했지만 지질학 분야에서는 그렇지 않았다. 그들은 암석의 생성에 관해 대립적인 견해를 보였기 때문이다. 괴테가 추종하는 수성론水成論은 모든 암석이 해양에서의 용해물 침전 작용에 의해서 형성되었다고 주장했다. 알렉산더의 스승이자 괴테도 강연을 들은 바 있는 프라이베르크 광산전문학교의 교수 아브라함 베르너Abraham Gottlob Werner는 수성론을 열렬히 옹호하는 학자였다. 이와 반대로 화성론火成論은 화산활동과 열에 의한 용융 작용으로 암석이 형성되었다고 주장했다. 결국 화성론이 대세를 이루어 암석의 순환 이론으로 굳어졌다. 그러나 암석이 변화될 때 물의 역할과 같은 수성론의 일부 내용은 근대 과학 연구에서 완전히 사라지지 않고 명맥을 유지했다. 1797년 괴테는 실러와 함께 쓴 시 〈크세니엔Xenien〉에서 화성론을 조롱했다. 몇 년 후 괴테는 《파우스트Faust》에서 메피스토의 입을 빌려 화성론의 '융기 이론Hebungstheorie'를 웃음거리로 만들었다. 이는 점차 수성론에 등을 돌린 알렉산더를 겨냥한 조롱으로 통했다. 결국 알렉산더가 자신의 연구 결과로 수성론에 종지부를 찍었다. 괴테는 알렉산더의 견해를 인정할 수밖에 없었다.

결속력을 놓고 보면 빌헬름은 실러에 끌렸고 알렉산더는 처음부터 괴테와 잘 통했다. 알렉산더와 괴테는 특히 학문적으로 소통하면서 점점 더 가까워졌고 깊은 정신적 교감을 나눴다. 실러는 알렉산더와 거리를 뒀다. 아마도 약간의 질투심이 작용했을 것이다. 하지만 무엇보다 관념적 시인에게는 자연과학에 열의를 품은 알렉산더가 끌리지 않은 면도 있었을 것이다. 알렉산더가 1795년 그의 유일한 대중적 문학작품인 《로도스의 천재Der rhodische Genius》를 《호렌》지에 투고하자 실러는 경악했다. 실러는 친구이자 법률가인 크리스티안 고트프리트 쾨르너Christian Gottfried Körner에게 보낸 편지에서 알렉산더의 '편협한 생각'을 지적하며 특히 은유나 직유 등의 표현력이 부족해 등장인물이 너무 단편적으로 그려졌다고 비판했다. 실러의 혹평은 다음과 같은 우려로 이어졌다. "그는 모든 재능과 쉴 새 없는 활동에

대화를 나누고 있는 (왼쪽부터) 실러, 알렉산더, 빌헬름, 괴테.

도 불구하고 결국 과학에서도 위대한 일을 해낼 수 없을 것이다."

　알렉산더는 빛나는 문장가로 인정받았다. 물론 자연과학자로서 말이다. 그는 처음부터 과학자적 작업 방식에서 경험주의자로 행동했다. 그는 수집하고 관찰하며 모든 것을 체계적으로 평가했다. 그런 다음 추론했다. 이러한 점에서 괴테와 차이점이 분명히 드러난다. 괴테는 실러와 마찬가지로 근본적으로 미학자이며 시인이자 사상가다. 괴테는 자신의 인식을 대부분 성찰을 통해 얻는다. 그는 알렉산더의 방식을 이해했고, 궁극적으로 두 가지 접근 방식이 모두 타당성이 있다고 확신했다. 1795년 그는 알렉산더에게 다음과 같은 편지를 썼다. "그대의 관찰은 요소에서 출발하지만, 나의 관찰은 형태에서 출발하기 때문에 우리가 중간 지점에서 만나려고 서두를 필요는 없다네."

적도의 숲을 산책하는 법

1796년 11월 마리 엘리자베트 폰 훔볼트Marie-Elisabeth von Humboldt가 세상을 떠나며 두 아들에게 유산을 남겼다. 알렉산더는 계획한 탐사 여행의 준비를 위해 공직에서 물러난다. 우선 알렉산더는 더 많은 것을 배우고 도구들을 모으며 이탈리아에서 화산을 연구했다. 1797년 3월 초부터 5월 말까지 그는 예나에서 지냈다. 괴테와의 공동 작업은 계속해서 긴밀하게 진행되었다. 괴테는 4월에 실러에게 다음과 같은 편지를 썼다. "나의 자연사 연구는 그로 인해 겨울잠에서 깨어났다네." 알렉산더는 해부학자 로더에게서 해부학 과정을 수료했다. 이후에 이 일을 회고하며 알렉산더는 다음과 같이 말했다. "바로 전년도에 시체가 그렇게 많았던 게 얼마나 다행이었는지 모른다."

드디어 1798년 5월에 알렉산더는 계획한 탐사 여행의 길에 오르기 위해 파리로 갔다. 이곳에서 알렉산더는 프랑스의 젊은 과학자 에메 봉플랑Aimé Bonpland을 알게 되어 다음 해 그와 함께 여행을 떠났다. 이 여행은 5년이 걸렸다. 처음에 그들은 마르세유Marseille로 갔다. 원래 이집트로 가려 했으나 나폴레옹Napoléon의 원정[10]으로 인해 생긴 혼란이 이 계획을 무산시켰다. 알렉산더와 봉플랑은 마드리드Madrid로 방향을 바꾸었다. 이곳에서 그들은 아메리카 대륙의 스페인 식민지를 방문할 수 있는 여권을 발급받았다. 이렇게 해서 그들은 남아메리카 대륙의 열대림을 가로질러 오리노코Orinoco와 리오 네그로Rio Negro, 카리브Caribbean해, 안데스산맥의 서西코르딜레라스Cordilleras 지역에 위치한 에콰도르Ecuador의 화산 지대로 갔다. 이곳에서 알렉산더는 지각의 데이터를 수집해 이를 바탕으로 수성론을 반박한다. 알렉산더 일행은 당시 세계에서 가장 높은 산으로 여겨진 침보라소Chimborazo를 등반하기 시작해 거의 정상에 도달했다. 그들은 아마존Amazon강의 시원지를 탐사하고 여러 번 안데스산맥을 횡단해 페루의 리마Lima를 거쳐 멕시코로 갔다. 또 그들은 각지에서 온도, 기압, 습도와 같은 지리 측정을 하고 수많은 식물을 채집했다. 알렉산더와 봉플랑은 귀국길에 3주 동안 미국을 방문해 워싱턴Washington과 몬티첼로Monticello[11]에서 토머스 제퍼슨Thomas Jefferson 대통령을 만났다.

알렉산더는 유럽으로 돌아와 여행기를 쓰기 시작했다. 그는 특

---

10 — 나폴레옹은 400척의 배에 3만 5천 명의 군사를 거느리고 1798년 5월 19일 프랑스 남부의 항구를 떠나 이집트로 향했다. 그는 이 원정으로 근대 유럽의 기술을 도입하고 고대 동방의 지혜를 배워 동양에 제국을 개척해 제2의 알렉산드로스왕이 되고자 했다. 그러나 나일강 전투에서 함대가 격파되면서 그의 꿈은 좌절되고 만다.

11 — 제퍼슨이 소유한 대규모 플랜테이션plantation으로 워싱턴에서 남서쪽으로 160킬로미터 떨어진 곳에 있다.

침보라소산에 오른 훔볼트와 봉플랑 — 침보라소산은 에콰도르의 수도인 키토Quito 남쪽 150킬로미터 지점에 솟아 있는 에콰도르의 최고봉이며, 해발 고도는 6,267미터다. 알렉산더 일행은 약 5,917미터 지점까지 올랐다가 만년설에 막혀 중단하고 하산했다.

히 파리에서 소설가 오노레 드 발자크Honoré de Balzac와 친구가 되었다. 발자크는《인간희극La Comédie Humaine》에서 마치 과학자처럼 여러 유형의 인물들을 연구한 바 있었다. 그리고 알렉산더는 남아메리카의 혁명가 시몬 볼리바르Simón Bolívar도 알게 되었다. 볼리바르는 알렉산더를 '아메리카의 진정한 발견자'로 칭했다. 그는 볼리바르에게 대서양과 태평양을 연결하는 파나마Panamá운하를 건설하도록 권유했다. 수년에 걸친 작업 후 방대한 분량의 저서《훔볼트와 에메 봉플랑의 신대륙 적도 지역 항해Humboldts und Aimé Bonplans Reise in die Aequinoktial-Gegenden des neuen Kontinents》가 출간되었다. 알렉산더는 이 책으로 지구

철학을 위한 틀을 마련하고자 했다. 그의 전 재산이 투입되고 프랑스어판이 34권에 달하는 이 책은 지리학, 천문학, 식물학, 동물학, 해부학 그리고 일반 지역학을 포괄했다.

1807년에 알렉산더는 《식물지리학에 관한 고찰*Ideen zu einer Geographie der Pflanzen*》을 출간했다. 이 책에서 그는 괴테의 형태론도 도입했다. 알렉산더는 "적도 지역의 자연 그림과 함께"라는 부제가 붙은 이 책의 독일어판을 괴테에게 헌정했다. 그는 괴테에게 쓴 편지에서 다음과 같이 말했다. "아마존강의 적막한 숲에서 저는 종종 이 여행기의 첫 번째 책을 당신에게 헌정할 생각을 하며 기뻐했습니다. 저는 5년 동안 결심해 온 일을 실행하고 있습니다. 적도 세계의 자연 그림이 첨부된 저의 여행기 제1권을 헌정합니다." 8천 종에 달하는 식물, 그중에서 반은 그때까지 알려지지 않았던 식물들을 바탕으로 알렉산더는 식물지리학을 서술했다. 이는 알렉산더의 연구 철학의 근간을 이루었다. 괴테는 책만 도착하고 자연 그림이 배송되지 않자 알렉산더의 고찰을 구체화하기 위해 자신이 직접 삽화를 그리기까지 했다. 이 삽화는 이후 책에 수록되었다.

세계를 머리로 탐구하고 상상력으로 여행하는 것은 괴테 특유의 고찰 방식이 되었다. 그는 이탈리아를 여행할 때 인도와 아메리카도 여행하고 싶었다. 그러나 당시 마흔의 나이로 그와 같은 여행을 감당하기에는 무리라고 여겼다. 그는 다음과 같이 자신을 위로했다. "인도에 가지 못하지만 뷔트너^{Büttner} 도서관에서 인도를 만날 수 있으리라." 그는 이에 관해 알렉산더와 이야기를 나누었던 것 같다. 알렉산더가 괴테에게 자신의 책을 읽어 보도록 다음과 같은 말로 설득하고 있기 때문이다. "이 책을 읽는 데는 반 시간도 채 걸리지 않을 것입니다. 하지만 차가운 겨울 저녁에 멋진 나뭇잎으로 뒤덮인 적도의 숲을 산책하는 즐거움을 만끽하실 것입니다." 괴테는 고마움을 표시하며 다음과 같이 답했다. "책을 주의 깊게 여러 번 읽었네. 자연 그림이 오지 않아 풍경을 상상해 보기까지 했다네."

괴테뿐만 아니라 알렉산더도 자연의 유용성이나 흐름과 맥락의 문제에만 관심이 있었던 것은 아니었다. 두 사람은 자연이 어떤 모습을 띨 수 있는지와 어떤 모습이 되어야 하는지에 대해서도 관심을 가지며 인간은 자연과 분리해서 사고할 수 없다고 생각했다. 인간은 자연의 일부다. 인간이 어떻게 자연을 지각하는지는 그것을 이해하는 데에 영향을 미친다. 따라서 괴테가 자신의 색채론에서 색마다 고귀함, 선함, 아름다움, 비천함 등과 같은 인간의 인식을 배치하는 것은 충분히 이해할 수 있는 일이다. 괴테는 대상을 순수 자연과학적인 관점뿐만 아니라 미학적인 관점으로 관찰했다. 알렉산더는 전체적인 고찰에서 괴테보다 훨씬 더 포괄적이다. 빌헬름은 동생이 삶에서 이루고자 하는 사명의 핵심을 일찍부터 인식했다. "물리적인 자연의 연구를 도덕적인 연구와 결합하고 우리가 인식하는 우주에 참된 조화를 부여하는 일을 할 수 있는 사람은 내 경험상 그리고 모든 시대를 통틀어 내 동생이 유일하다."

실제로 알렉산더는 자연에 대한 서술과 설명에서 계몽주의 정신을 계승했다. 그에게 인류는 우월이나 열등으로 나눌 수 있는 것이 아니다. 인간을 구분하는 것은 문화와 교양뿐이다. 알렉산더는 저서 《코스모스Kosmos》에서 다음과 같이 말했다. "모두는 동등하게 자유를 누릴 수 있도록 태어났다." 그는 식민주의를 비판하면서 식민주의와 노예제도를 '비도덕적인 개념'이라고 칭했다. 이러한 통찰은 1808년 《자연관Ansichten der Natur》의 출간으로 이어진다. 두 권으로 이루어진 이 책은 7편의 에세이를 담고 있는데, 그중에는 그가 《호렌》지에 투고해 실러가 혹평을 한 에세이도 있었다. 영국의 젊은 생물학자 다윈도 이 책을 읽고 다음과 같이 말했다. "이 책은 나로 하여금 자연과학의 고귀한 건축물을 짓는 데 작은 기여라도 했으면 하는 욕구를 불러일으켰다."

세계시민의 탄생

자연의 형태 혹은 본질의 문제에서 괴테와 알렉산더 시대의 보편적 지식욕이 드러난다. 이 시대에 계몽주의는 성과를 냈다. 백과전서파는 세기의 한가운데에서 디드로와 달랑베르를 중심으로 방대한 《백과전서》를 편찬해 모든 지식을 포괄하려 했다. 애덤 스미스와 데이비드 흄은 볼테르와 장 자크 루소와 마찬가지로 사회 이념의 정립을 시도했다. 아메리카의 식민지와 프랑스에서 점차 자립성을 키워 나간 시민계급이 이를 받아들여 인간과 인간의 판단력을 중시하는 새로운 국가 조직을 만들었다. 빌헬름은 학문과 문화, 교육 정책에서 새로운 척도를 세웠다.

임마누엘 칸트Immanuel Kant는 자연의 보편성 이념을 논하고 포르스터는 쿡 선장과 동행한 여행에서 그린 동물과 식물을 통해 이런 보편성을 추구했다. 생물학자 칼 폰 린네Carl von Linné도 모든 동식물을 분류하려는 대규모 기획을 펼쳤다. 이미 칸트에게서 자연과 같이 복잡하고 다양한 현상은 기본적으로 개별 인간에게 맞는 형태를 띨 수 없다는 생각이 나타났다. 괴테는 칸트에 동의하면서 인간이 자연에 어떤 의미를 부여하는지, 인간이 자연에서 무엇을 파악하는지를 확인하려고 했다. "나는 무엇이 세계를 가장 내밀한 곳에서 결속시키고 있는지 인식한다." 괴테는 파우스트의 입을 빌려 이 말을 할 때, 아마도 자신과 알렉산더의 생각을 염두에 두었을 것이다.

알렉산더와 괴테의 만남은 시간이 흘러감에 따라 점점 뜸해졌지만 두 사람의 상호작용은 계속 이어졌다. 두 사람은 서로 정신적으로 일치되고 결속해 있음을 알았다. 1809년 괴테는 자신의 작품 《친화력Die Wahlverwandtschaften》에 알렉산더의 이름을 넣었다. 이 작품에서 주인공 오틸리에Ottilie는 다음과 같이 말한다. "훔볼트의 말을 다시 한번 들을 수 있다면 얼마나 좋을까!" 괴테는 계속해서 자연과학 연구를 이어갔다. 1813년에 그는 색채론에 관한 자신의 저서에 대해 이야기하면서 젊은 쇼펜하우어Schopenhauer를 난감하게 만들기도 했다. 노년의 괴테에게는 알렉산더와 가끔 만나는 일이 즐거움의 원천이 되었다.

1826년 말 작가이자 괴테의 조력자였던 에커만Eckermann은 다음과 같이 말했다. "괴테 선생님이 몹시 들뜬 기분이었다. 알렉산더 폰 훔볼트가 오늘 아침 몇 시간 동안 방문했다고 기뻐하며 선생님은 다음과 같이 덧붙였다. '얼마나 멋진 사람인가! 나는 그를 안 지 오래되었지만 또 이렇게 경탄하게 된다네.……그는 수많은 물줄기를 내뿜는 분수와도 같다네. 우리는 그 물을 받기 위해 그릇만 갖다 대면 되지. 그러면 우리는 항상 신선한 생기를 얻는다네. 그는 며칠 더 여기 머물 것이네. 알렉산더와 함께 하루를 보내며 깨달은 것이, 나 혼자 몇 년 동안 깨달은 것보다 훨씬 더 많다네.'" 1827년 알렉산더는 파리에서 베를린으로 이주했다. 2년 후 그는 중국의 국경까지 이어지는 러시아 탐사에 나섰다. 그 이후에 알렉산더는 파리로 가서 프로이센 왕을 위해 외교 업무를 맡았다.

괴테는 끝까지 과학자로 남았다. 그는 알렉산더와 처음 만난 지 거의 30년 후에 에커만에게 다음과 같이 말했다. "나는 시인으로서 한 모든 것을 크게 생각하지 않는다네. 탁월한 작가들이 있고 내 이전에도 더 탁월한 작가들은 있었어. 앞으로도 그런 작가들은 나올 것이네." 괴테가 생각하는 자신의 업적은 문학에 있지 않았다. "나는 이 세기에서 색채론이라는 어려운 과학에 정통한 유일한 사람이라네. 이를 나는 중요하게 생각하지. 따라서 나는 다른 이들에 대해 우월감을 느끼고 있다네."

괴테와 알렉산더는 서로 교류하며 이후 다윈의 혁명적 세계관과 자연관에도 근접해 갔다. 다윈의 진화론은 이미 예견된 것이었다. 자연과 세계 그리고 종의 영원성과 변화 가능성에 관한 성찰도 있었다. 디드로는 1754년《자연 해석에 관한 고찰*Pensées sur l'interprétation de la nature*》에서 다음과 같이 말했다. "동물과 식물의 세계에서 개체는 태어나서 성장하며 지속되다가 쇠약해져 사라진다. 종 전체가 이와 같지 않겠는가?" 이는 괴테의 생각과 유사하다. 존재의 역동성에 관한 디드로의 생각은 괴테와 완전히 일치한다. 괴테 역시 존재의 끊임없는 생성과 소멸을 인식했다. 문제는 이를 증명하는 사람이 없었다. 그러나 곧 다윈이 등장했다. 괴테가 말년을 보내고 있을 때 다윈은 비글호*Beagle*를 타고 세계 여행을 시작했다. 1832년 3월 괴테가 세상을 떠났을 때, 다윈은 브라질 사우바도르 다 바히아*Salvador da Bahia*에 도착했다. 이 여행은 5년간 지속되었다. 다윈의 관찰은 종은 불변하는 것이 아니라는 확신을 무르익게 했다. 그는 이 이론을 수년 동안 추적하고 머릿속에서 조심스럽게 추론해 왔다. 하지만 유사한 생각을 하고 있던 앨프리드 월리스*Alfred Russel Wallace*가 자신보다 먼저 이론을 발표할지 모른다고 생각해 다윈은 출간을 결심했다. 다윈은 종의 기원과 변화 그리고 소멸을 설득력 있게 설명하는 데 성공했다.

다윈이 1859년《종의 기원*The Origin of Species*》을 발표했을 때 알렉산더는 이미 반년 전에 세상을 떠난 뒤였다. 다윈은 알렉산더에 대해 다음과 같이 말했다. "그는 가장 위대한 탐사 과학자였다. 나는 그를 항상 경탄해 왔다. 이제 나는 그를 숭배한다. 적도에 첫발을 내디뎠을 때 영혼을 울린 감정에 대해 알려 준 건 그가 유일했기 때문이다." 알렉산더는 거의 아흔의 고령에도 연구와 집필을 이어갔고,

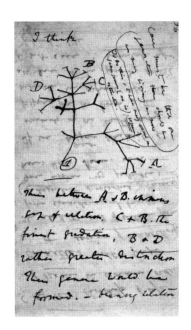

다윈의 계통수 메모 — 1838년 다윈은 자신의 노트에 처음 계통수를 그려 보았다.

그가 세상을 떠났을 때 비로소 작업이 멈추었다. 1845년부터 5권으로 구성된 알렉산더의 기념비적인 저서 《코스모스》가 출간되기 시작했고, 그가 세상을 떠난 지 3년 만에 마지막 권이 출간되었다. 그는 이 책을 쓰기 시작할 때 다음과 같은 메모를 남겼다. "이 책은 자연 지식에서 인류의 정신적 발전의 시대를 서술한다."

그의 이름은 곳곳에 남아 있다. 훔볼트 해류, 훔볼트 바다(달의 표면), 훔볼트 펭귄, 훔볼트 백합 등이 그의 이름을 따서 명명되었다. 그는 이렇게 자신의 이름이 전 세계에 퍼져 있는 것을 알면 기뻐할 것이다.

괴테도 식물의 원형에 관한 자신의 생각이 어떤 변화를 초래했는지를 알면 기뻐할 것이다. 다윈은 '내 생각은'이라는 메모로 생명의 계통수에 대한 자신의 아이디어를 기록한 바 있다. 2015년 '생명 계통수 웹 프로젝트Tree of Life Web Project'가 시작되었다. 이 프로젝트는 모든 생명의 형태를 데이터로 구축해 파악하려는 것이다. 자연에서 모든 생명의 위치를 산정하려는 이 프로젝트의 시작에는 결국 괴테의 '식물의 원형'이라는 생각이 자리 잡고 있다. 물론 괴테가 찾았던 것과는 다르긴 하지만 말이다. 그러나 자연의 본질을 추적하려는 의도를 놓고 본다면 이 계통수는 괴테의 아이디어와 연관성을 갖는다.

괴테와 알렉산더의 우정을 살펴보는 것은 여전히 많은 점에서 유효하다. 자연과학적 연구와 이론의 영향력이나 시의성 문제에만 주목한다면 우리는 이들의 우정이 얼마나 특별하고 소중한지 알기 어려울 것이다. 이보다 두 사람이 연구하고 성찰하며 우정을 나눈 태도를, 그리고 이와 연관해 세계에 대한 그들의 시각을 살펴보는 것이 오히려 중요하다. 이러한 측면에서 두 사람은 사상이든 기술이든 새로운 것에 대한 경탄에서 도그마를 멀리하고 지리적 한계를 극복한 휴머니즘의 전형이 될 것이다.

괴테와 알렉산더는 독일적 세계시민으로서 자신의 문화가 지닌 한계를 극복했다. 이들은 인류와 세계를 모두 포용했다. 이들의 깊고 긴 우정은 독특한 것이었다. 이들은 서로의 내밀한 감정을 보인 적이 없었을 것이다. 각자가 상대의 존재와 인간 정신의 다양성을 인식하며 정신적 유사성을 깨달았을 뿐이었다.

이들은 자연의 본질은 결국 인간이 자연을 보는 관점에서 드러난다고 여겼다. 이러한 관점은 인간이 자연에 어떤 의미를 부여하는지, 인간이 자연에서 무엇을 파악하는지 그리고 자연 이용에 관한 인간의 변화된 인식도 포함한다. 이들에게 자연은 인간이 관찰하고 이용하기만 하는 것이 아니라 인간에게 과제를 부여하는 어떤 것이다. 이러한 사실을 인식하고 받아들이는 것이야말로 시대를 불문하고 인간이 맡아야 하는 과제다.

7장

율리시스 S. 그랜트와
윌리엄 T. 셔먼

전쟁은 정의로울 수 있는가?

"직업 병사이지만 나는 전쟁을 하고자 하는 마음이 조금도 없습니다.
그리고 나는 평화를 위한 수단 이외에는 전쟁을 옹호한 적이 없습니다."

| 율리시스 S. 그랜트 |

"당신들은 전쟁을 너무도 쉽게 말합니다.
당신들은 무슨 말을 하고 있는지 모릅니다.
전쟁은 끔찍한 것입니다!"

| 윌리엄 T. 셔먼 |

해가 숲 위로 떠오르자마자 참혹한 전경이 펼쳐졌다. 탄환과 수류탄의 파편이 소리를 내며 병사들의 머리를 스치고 지나갔다. 명중탄들이 나무를 때려 잎과 줄기를 땅으로 떨어뜨리고 병사들의 몸을 뚫고 들어가 뼈와 사지를 갈기갈기 찢었다. 복숭아 농장에서 날리는 하얀 꽃잎들이 더러는 붉게 물들어 부상당한 병사와 죽은 병사 위로 흩어졌다. 해가 지고 총포들이 침묵하자 진흙으로 범벅이 된 군복을 입은 부상병들의 신음이 테네시Tennessee강의 검은 숲과 늪에서 울려 퍼졌다. 아직 싸울 수 있는 병사들은 질척질척한 참호와 바람에 비틀린 천막에서 흠뻑 젖은 상태로 웅크리고 있다. 이들은 잔뜩 겁에 질린 채 아침이 밝아 오기를 기다렸다.

1862년 4월 6일에서 7일로 넘어가는 밤에 짙은 구름이 몰려들어 하늘을 검게 만들었다. 천둥 번개가 치고 비가 쏟아졌다. 강에서는 두 척의 포함이 쉴 새 없이 포탄을 퍼부었다. 미국 역사에서 전에 없던 가장 잔혹한 내전의 첫째 날이 끝나고 둘째 날이 시작되었다.

이 내전은 북부 연방Union과 아메리카 남부 연합Confederate States of America
의 대결이었다.

실로Shiloh 전투로 역사에 기록된 테네시강 인근에서 벌어진 전투
는 당시 교회로 사용된 오두막집의 이름에서 유래한다. 결국 실로
교회는 파괴되어 사라졌다.

전투가 시작되기 직전에 북부 연방군의 지휘관 율리시스 S. 그
랜트Ulysses S. Grant(1822~1885) 장군은 여러 사단을 거느리고 강을 건넜다.
그는 다른 군대가 도착한 후 불과 몇 마일 떨어진 소도시 코린스
Corinth를 점령하고 남부 연합의 심장인 미시시피Mississippi로 진격하려
고 했다. 그랜트 장군은 적이 가까이 있다는 것을 알았지만 적의 공
격은 예상하지 못했다. 이 때문에 그는 흩어진 진용을 정비해 병력
을 강화할 생각을 미처 하지 못했다. 반면, 남부 연합은 수적으로 우
세한 적이 더 강력해져 감당할 수 없을 상황이 되기 전에 공세를 펼
치기로 했다.

따뜻한 봄 일요일 아침이 밝아오자 남부 연합군 수천 명이 총과
단검을 들고 큰소리를 지르며 푸른 숲에서 뛰쳐나와 들판을 가로질
러 북부 연방의 진영을 향해 돌진했다. 북부 연방의 병사들은 전투
화를 닦고 아침 식사를 하거나 자고 있었다.

그랜트 장군의 병사들이 완전한 참패를 당하지 않고 테네시강
변에 마지막 진지를 구축할 수 있었던 것은 윌리엄 T. 셔먼William T.
Sherman(1820~1891) 장군의 완강한 저항 덕분이었다. 당시 셔먼 장군과
그의 병사들은 전투 경험이 거의 없었다. 셔먼은 강력하게 우측을

제너럴셔먼호 — 셔먼 장군은 우리에게 낯익은 이름이다. 1866년(고종 3년) 미국 상선 제너럴셔먼General Sherman호가 조선에 통상을 요구하다가 대동강에서 불에 탄 사건이 발생했는데, 바로 이 배 이름이 셔먼의 이름을 딴 것이다.

방어했다. 초반 전투에서 적의 총탄이 그의 손과 어깨를 관통했으며 모자를 날려 버리기도 했다. 이 과정에서 그의 말 세 필이 모두 총에 맞아 쓰러졌지만 셔먼은 계속 싸워 나갔다.

셔먼 장군은 누구보다도 적을 악의 화신으로 몰아가는 데 뛰어났다. 그는 초토화 전략을 펼쳐 수 세대가 지난 후에도 남부 사람들의 증오를 한 몸에 받았다. 셔먼은 날씬하고 키가 컸다. 마흔두 살이었으나 얼굴에는 주름이 깊게 패여 있었다. 붉은 머리카락과 수염으로 뒤덮인 얼굴, 실룩거리는 얇은 입술은 단정치 못해 보이기도 했다. 그러나 셔먼의 금욕적인 태도와 쏘아 보는 듯한 푸른 눈빛의 광기어린 표정은 주변 사람들의 시선을 끌기에 충분했다.

전기 작가들에 따르면 셔먼과 그보다 계급이 높은 그랜트 사이의 깊고 긴 우정은 실로에서 시작되었다. 역사가들은 이틀간 지속된 전투의 첫째 날이 끝난 후의 상황에 대해 다음과 같은 일화를 전한다. 셔먼은 해가 지자 후퇴를 조언하려 그랜트를 찾았는데 자정이 지나서야 그를 만날 수 있었다. 그랜트는 야전병원에서 병사들과 함께 밤을 보내려 했으나 병사들의 고통받는 모습에 충격을 받아 황급히 자신의 천막으로 되돌아 온 길이었다. 그랜트는 나무에 기대 서 있었다. 쏟아지는 폭우로 나무는 피난처가 되지 못했다. 그랜트는 시가를 입에 물고 더러워지고 구겨진 푸른색 군복 외투를 걸치고 있었다. 전등 빛이 그의 짙은 수염과 근심이 서린 단호한 얼굴을 비췄다.

셔먼이 그랜트에게 이렇게 말했다고 한다.

"그랜트 장군님, 지옥 같은 날이었습니다. 그렇지 않나요?"

셔먼은 이 말에 '후퇴'라는 자신의 의도를 실었지만 그랜트는 굽히지 않았다.

그는 시가를 손에 잡고 다음과 같이 응답했다.

"그래요. 하지만 내일 우린 복수할 겁니다."

실제로 두 사람이 나눈 대화에 대한 확실한 기록은 없지만 두 사람의 성격을 명확히 보여 주는 일화다. 셔먼은 두뇌가 명석하고 군사 이론에 정통했으나 종종 자신의 관찰과 판단을 의심했다. 그래서 셔먼은 실로 전투가 시작되기 전에 그랜트와 마찬가지로 방어책을 세우지 않았다. 대책을 세우지 않은 데에는 두 사람의 동기가 서로 달랐다. 그랜트는 상황에 따라 결단을 내렸지만, 셔먼은 자신의 조심성을 트집 잡아 제정신이 아니라고 몰아세우는 비판자들에게 구실을 주고 싶지 않았다.

셔먼과 다르게 그랜트는 단선적이었다. 말수가 적은 그랜트는 셔먼이나 다른 이들에 비해 눈에 띄는 재능이 있었는데, 최악의 상황에서도 완벽한 평정심을 유지하는 것이었다. 셔먼은 인내심이 부족했지만, 그랜트는 몇 시간이라도 한곳에 머물 수 있었다. 그랜트는 불확실한 상황에서도 사태의 핵심을 파악해 목표를 세웠다. 그리고 정해진 목표를 추구하는 데는 자신은 물론 부하들에게도 무자비할 정도였다.

웨스트포인트의 두 전사

실로 전투에 이르기까지 두 사람의 인생행로는 평탄하지 않았다. 둘 다 오하이오Ohio 출신으로 웨스트포인트West Point 육군사관학교를 2년 간격으로 졸업했다. 둘은 실로 전투가 있기 직전까지는 대화를 나눈 적이 없었다. 그랜트보다 두 살 많은 셔먼은 성공한 변호사였던 아버지를 일찍 여의었다. 아버지의 친구이자 미국의 내무부 장관을 역임한 토머스 유잉Thomas Ewing이 어린 셔먼을 입양해 웨스트포인트에서 공부하도록 도왔다. 셔먼은 우수한 성적으로 졸업해 군행정 업무를 맡았다. 그는 전투에 참여한 경험이 없었다. 제대 후 은행에서 일하다 변호사 개업을 하기도 했지만 이 두 가지 일에서 큰 성공을 거두지는 못했다. 그 후 셔먼은 루이지애나Louisiana 군사학교에서 감독관으로 일하다가 루이지애나주가 북부 연방으로부터 분리 독립을 선언하자 일을 그만두었다. 셔먼은 남부를 사랑하지만 나라가 분리되는 것에 대해서는 단호하게 반대했다. 그는 루이지애나의 연방 탈퇴 소식을 들었을 때 어린아이처럼 크게 울었다고 전해진다.

셔먼은 북부로 갔다. 워싱턴Washington에서 그는 얼마 전 대통령 취임 선서를 한 에이브러햄 링컨Abraham Lincoln을 만났다. 셔먼은 링컨에게 군은 전쟁 준비가 되어 있지 않다고 경고했다. 링컨이 3개월 동안 복무할 7만 5천 명의 지원병을 소집하자 셔먼은 '불타는 집의 불꽃을 소화기로 끄려는 시도'라고 비판했다. 그는 양부인 유잉에게 다음과 같은 편지를 썼다. "정치인들이 생각하는 것보다 전쟁은 아주 오래 지속될 겁니다." 셔먼은 군대에 지원했고, 워싱턴에서 정치인으로 활동 중인 동생 덕분에 대령이 되었다.

개전 초기 양측이 처음으로 본격적으로 맞붙은 불 런Bull Run 전투에서 셔먼은 여단의 선두에서 싸웠지만 패배하고 말았다. 그 후 그는 켄터키Kentucky에서 전투를 지휘했다. 점점 더 셔먼은 자기 불신으로 괴로워했고 급기야는 링컨 대통령에게 편지를 보내 자신은 능력이 부족하니 더는 중요한 임무를 맡기지 말아 달라고 요청했다.

셔먼은 불면증에 시달렸고 식음을 전폐하다시피 해 결국 1861년 11월 초에 지휘권을 내려놓았다. 언론은 곧 셔먼이 정신이상이라는 소문을 퍼뜨렸다. 실제로 그는 우울증으로 고생했다. 셔먼의 아내는 그가 좋아하는 요리를 해 주며 간호했다. 특히 그가 좋아하는 작가인 셰익스피어의 작품을 읽어 주었는데 이런 그녀의 노력 덕분에 셔먼은 서서히 회복하기 시작했다. 군의 복귀 권유로 셔먼은 군사교육을 지휘하다가 그랜트 군의 병참 업무를 담당했다. 그랜트는 셔먼을 신뢰해 실로 전투에 참전할 사단의 지휘관으로 임명했다.

당시 주요 정치 인사들과 인연이 있었던 셔먼과는 달리 그랜트는 평범한 중산층 출신이었다. 아버지는 가죽 가공업에 종사했다. 그랜트는 어려서부터 말수가 적었고 내성적인 성격이었다. 그는 웨스트포인트 육군사관학교에서 공부는 열심히 하지 않았지만 말을 잘 다루어 두각을 나타냈다. 그는 항상 거친 말을 타기를 좋아해 여러 번 부상을 입기도 했다. 실로 전투에서도 낙마해 목발을 짚고 다녀야 할 정도였다.

그랜트는 웨스트포인트를 평균 성적으로 졸업한 후 서부에서 복무하다가 군에서 퇴역했다. 1846년 멕시코와 미국의 전쟁이 발발했다. 그랜트는 이후 자신의 회고록에서 이 전쟁에 대해 '강한 국가가 약한 국가를 상대로 벌인 가장 정의롭지 못한 전쟁'이라고 언급했다. 그는 참모부 보급 장교로서 군대의 보급을 담당했고 여러 번에 걸친 전투에서 공을 세웠다. 종전 후에도 그랜트는 군에 남았으나 아내와 아이들과 자주 떨어져 지내며 외로움에 시달리자 술에 빠져들었다. 그가 알코올 중독에 걸렸다는 소문이 돌았다. 늘어나는 가족을 부양하기 위해 여러 사업에 뛰어들었지만 번번이 실패했다. 1854년 그랜트는 군에서 퇴역했다. 이는 알코올 중독으로 인해 고발당할 위험을 막으려는 방편이었다고 전해진다. 그랜트는 농장을 경영하다 실패하자 여러 직업을 전전했고 내전이 시작될 무렵에는 아버지의 가죽 공장에서 보조로 일했다. 그는 북부 연방군에 지원했는데, 지원서에는 다음과 같은 구절이 있었다. "저는 연대를 지휘할 능력이 있다고 생각합니다." 그는 아무런 답도 받지 못했다. 그러나 지원병이 쇄도해 경험 있는 장교가 필요해지자 결국 군은 그랜트를 대령으로 받아들였다. 1862년 초에 그랜트는 벨몬트^{Belmont}에서 공격에 성공함으로써 북부 연방의 진정한 첫 승리를 거두었고 포트 헨리^{Fort Henry}와 포트 도넬슨^{Fort Donelson}을 차례로 점령하면서 북부 연방의 구원자로 부상했다. 링컨은 그를 장군으로 승진시켰다.

덫에 걸린 민주주의

다시 실로로 돌아가 보자. 첫날 비가 오는 어두운 밤에 수송선이 증원 병력을 테네시강으로 실어 날랐다. 다음 날 아침 그랜트는 역습을 감행했다. 곧 그는 "양측의 손실이 컸지만 적을 완전히 물리쳤다"고 승리를 알렸다. 다음 날에는 다음과 같이 보고했다. "적을 완전히 무찔렀고 적은 도주 중이다."

마지막 총성이 울렸을 때 참혹한 광경이 펼쳐졌다. 그랜트가 회고록에서 밝힌 것처럼 '땅을 밟지 않고서도 전쟁터를 활보할 수 있을' 정도로 시체가 빼곡히 쌓여 있었다. 이 이틀 동안의 전투에 참전한 병사들이 이후 어떤 참혹한 것을 표현하려면 다음과 같이 말하면 되었다. "나는 실로에서보다 더 두려웠다." 셔먼은 피바다를 보고 이 전쟁에 관한 자신의 우려가 현실이 되었음을 확인했다.

미국인들에게 실로 전투는 전환점이 되었다. 전쟁이 시작되자 사람들은 일종의 기사도를 발휘할 수 있는 낭만적 전투라 생각했고 곧 끝나리라 믿었다. 1년 전 있었던 불 런 전투 때만 해도 전쟁을 구경하기 위해 피크닉 바구니를 잔뜩 실은 마차를 타고 달려간 사람들이 있었을 정도였다.

하지만 이 전쟁이 앞선 전쟁들과 얼마나 다른 것인지 곧 드러났다. 전쟁 기술의 발달 때문이었다. 권총과 소총의 재장전 속도가 빨라져 총격전은 전혀 상상할 수 없었던 생지옥을 초래했다. 이는 실로 전투 때 특히 격전이 벌어진 숲을 '말벌집'이라고 표현하는 데서도 알 수 있다. 새로운 탄약과 기관총도 한몫했다. 처음으로 전광판, 지뢰, 잠수함이 투입되었고 산업과 수송로가 그 어느 때보다도 중요해졌다. 철도의 중요성이 부각되었다.

셔먼은 이 전쟁의 폐해를 예측했다. 첫 총성이 울려 퍼지기도 전에 그는 남부의 분리와 전쟁을 열정적으로 옹호하는 한 교수에게 다음과 같이 경고했다. "당신들, 남부 사람들은 자신이 무엇을 하고 있는지 모릅니다. 이 나라는 피로 물들 것이며 신만이 이 전쟁의 끝을 아실 겁니다. 이 모든 것은 어리석은 짓이고 광기이며 문명에 대한 범죄입니다! 당신들은 전쟁을 너무도 쉽게 말합니다. 당신들은 무슨 말을 하고 있는지 모릅니다. 전쟁은 끔찍한 것입니다!"

셔먼의 이 말은 민주 사회에서 절대다수의 사람들이 전쟁에 대해 어떤 태도를 보이고 있는지를 정확하게 설명한다. 전쟁은 민주주의의 자기 이해에 모순된다. 전쟁에서는 중재, 협상, 표결과 같은 민주주의 본연의 미덕이 더 이상 요구되지 않고 더 강한 자의 법칙만이 통용된다. 민주주의는 타인과 그의 관심사를 존중함으로써 그리고 다수결의 원칙에 따르는 합의로 갈등을 해결하려 한다. 그러나 전쟁에서는 이 모든 것이 더 이상 유효하지 않다. 어떤 결정이 사느냐 죽느냐를 의미한다면 적의 권리 존중은 안중에 둘 필요가 없었다.

민주 사회는 전쟁의 폭력도 자신의 국민과 민주주의 이념 앞에서 정당화할 수 있어야 한다. 비록 북부의 민주주의관이 남부의 그것보다 더 돋보였지만, 이는 미국 내전에서 양측 모두에 적용되는 것이었다. 북부 연방의 대통령 링컨뿐만 아니라 남부 연합의 대통령 제퍼슨 데이비스Jefferson Davis도 자국의 정책 방향에 이의를 제기하는 여러 야당 세력과 주도권을 놓고 싸워야 했다. 북부 연방 내부에서 벌어진 논쟁은 적에게 북부 연방이 전쟁의 많은 비용을 더 이상 지급하지 않으려 하며 전투를 중단할 것이라고 믿게 했다. 전쟁에서는 각 정파가 자신만이 정의로운 일을 위해 투쟁한다고 선전한다. 고통과 희생이 아군과 적군 그리고 스스로를 정당화해 주기 때문이다. 미국의 내전은 정의로운 전쟁을 한다고 말하는 것이 얼마나 어려운 일인지를 보여 준다. 미국의 내전은 다른 사람을 노예로 삼아도 되는가라는 문제에서 시작되었다.

당시에는 거의 전 세계가 노예제를 불법으로 여겨 철폐했다. 그러나 하필 세계 최대 민주주의 국가인 미국이 노예제를 유지하고 있다는 불명예를 안고 있었다. 미국의 헌법을 만든 인사들도 노예제를 폐지하려다 국가의 화합을 위해 유예시켜야만 했다. 산업화된 북부 주들에서 노예제가 폐지되었지만, 면화 재배로 생계를 유지해 온 남부 지역의 백인들은 수 세대 전부터 강압적으로 아프리카에서 팔려 온 노예들의 값싼 노동력에 의존하고 있었다. 노예의 수는 무려 400만 명에 달했다. 미국이 서부로 확대되면서 정부가 노예제를 허용하지 않으려 하자 점차 소수파에 속하게 된 남부는 노예제를 폐지하라는 북부의 압박에 더 이상 대항할 수 없을 것이라고 우려했다.

결국 도화선이 된 것은 1860년의 대통령 선거였다. 이 선거에서 노예제를 반대한 링컨이 승리했다. 선거에 결정적인 역할은 한 것은 북부의 선거인단이었다. 링컨이 취임 선서도 하기 전에 노예를 부리는 남부의 주들이 북부 연방으로부터 분리 독립을 선언하고 남부 정부인 아메리카 연합국을 설립했다. 남부는 북부의 감독을 받지 않을 것이며 자신들의 특별한 생활 방식을 유지하겠다고 주장했다. 직접 언급하지 않았지만 핵심은 노예제 유지였다. 사우스캐롤라이나South Carolina, 노스캐롤라이나North Carolina, 테네시, 조지아Georgia,

앨라배마^{Alabama}, 버지니아^{Virginia}, 텍사스^{Texas}, 아칸소^{Arkansas}, 플로리다^{Florida}, 미시시피 남부 주민들의 압도적 다수가 노예제를 유지하려고 했다. 노예들은 부유한 사람들뿐만 아니라 백인 사회 전체를 부양하고 있었다. 가난한 백인들조차도 상대적 우월감을 느끼기 위해 노예제를 옹호했다.

링컨은 남부 주들의 분리를 어떤 일이 있어도 용인하지 않으려 했다. 이는 헌법의 문제일 뿐만 아니라 생존의 문제이기도 했다. 링컨에 따르면 민주국가의 구성원 중 일부가 다수결 문제에서, 그것도 인권 문제에서 의견이 다르다고 국가를 떠나는 것이 허용된다면, 장기적으로는 연방 전체가, 나아가 민주주의가 흔들릴 수 있다. 게다가 북부 사람들에게 노예제는 전쟁을 할 만큼 중요한 것이 아니었다. 그러므로 링컨은 처음부터 노예해방이 아니라 연방 유지를 전쟁 목표로 삼았다. 이를 링컨의 말로 표현하면 다음과 같다. "국민의, 국민에 의한, 국민을 위한 정부는 이 지상에서 절대 사라지지 않을 것입니다." 링컨의 유명한 연설의 마지막 문장이다. 그는 이 연설을 1863년 11월 19일 실로에서보다 훨씬 더 많은 희생자를 초래한 게티즈버그^{Gettysburg}에서 했다.

셔먼은 실로 전투 이후 영웅으로 추앙받았다. 그랜트는 비난과 조롱 그리고 비판에 직면했다. 그가 기습을 당했고 부주의했으며 전투 초기에 술에 취해 있었다는 소문이 난 것이다. 그는 지휘권을 잃었다. 심지어 그를 퇴역시켜야 한다는 주장도 제기되었다. 전쟁 초기부터 장군들의 우유부단한 태도로 어려움을 겪은 링컨은 그랜

북군 최고 지휘부 회동 — (왼쪽부터) 셔먼, 그랜트, 링컨, 해군 장성 데이비드 딕슨 포터David Dixon Porter.

트를 옹호하며 다음과 같이 말했다. "나는 이 사람을 해임하지 않을 것입니다. 그는 용감히 싸우는 사람입니다."

상심한 그랜트는 군대를 떠나려 짐을 싸고 있었다. 그때 셔먼이 나서서 그의 마음을 돌렸다. 셔먼은 이후 다음과 같이 말했다. "그랜트는 내가 제정신이 아닐 때 내 편이 되어 주었다. 나는 그가 술에 취했을 때 그의 편이 되었다. 이제 우리는 항상 서로의 편이다."

그랜트는 계속 싸워나갔다. 이어지는 몇 개월 동안 그는 여러 번에 걸쳐 승리함으로써 링컨의 신임을 얻었다. 그랜트는 어떤 요구도 하지 않고 행동으로 자신의 역량을 보였다. 군이 전투를 주저하는 태도를 보이자 군을 설득하는 논거들을 찾기 위해 책을 통해 군사 지식을 습득하려고 했다. 링컨은 안도의 한숨을 내쉬며 "그랜트는 내 사람이다. 나는 앞으로의 전쟁에서도 그와 함께할 것이다"라고 말했다. 이후 빅스버그^{Vicksburg}와 채터누가^{Chattanooga}에서 승리한 그랜트에게 링컨은 북부 연방군의 총사령관의 자리와 사실상의 자유 재량권을 주었다.

정의로운 전쟁은 없다

1864년 3월 그랜트는 서부 지역 사령관으로 임명한 셔먼과 신시내티^{Cincinnati}의 한 호텔에서 만났다. 실로 전투 이후 2년이 지난 시점이었다. 두 사람은 시가 연기 자욱한 호텔의 한 룸에서 테이블 위에 지도를 펼쳐 놓고 남부를 완전히 제압할 전략을 논의했다. 두 사람은 남부 연합군의 두 주력 부대를 공략하기로 했다. 그랜트는 동부에서 로버트 E. 리^{Robert E. Lee} 장군의 북버지니아군을, 셔먼은 조지프 E. 존스턴^{Joseph E. Johnston} 장군의 테네시군을 상대로 공격하기로 한 것이다.

먼저 셔먼이 중요한 거점 도시인 애틀랜타^{Atlanta}를 포위해 무자비한 포격을 퍼부었다. 수많은 민간인 사망자가 발생했다. 민간인 사상자가 많다는 비판에 셔먼은 다음과 같이 말했다. "이건 인기를 얻기 위한 경쟁이 아니라 전쟁이다. 평화롭게 살고 싶으면 적들이 전쟁을 포기하면 된다."

　남부 연합군은 애틀랜타를 지킬 수 없다는 사실을 곧 깨달았다. 이들은 후퇴할 때 건물과 공장 그리고 보급품 기지를 폭파하거나 불태웠다. 셔먼은 불타는 도시로 진입했는데, 진격하면서 남아 있는 적의 소규모 공격을 막아내야 했다. 이는 개별적으로 공격해 오는 벌들을 끊임없이 물리치는 곰의 처지와 같았다. 셔먼은 새롭게 점령한 지역을 힘겹게 방어해야 했고 이런 소모전에서 벗어나기 위해 골머리를 앓았다. 셔먼이 해결책을 제시하자 그랜트와 링컨은 그 타당성을 완전히 이해하지 못한 채 망설이며 동의했다.

　자신의 작전을 확신한 셔먼은 11월 19일 애틀랜타를 떠나 '바다로의 행군March to the Sea'을 감행했고 12월 21일에는 전투도 없이 항구 도시 서배너Savannah를 손에 넣었다. 그는 링컨에게 보낸 전보에서 서배너를 '크리스마스 선물'이라고 했다. 셔먼의 '바다로의 행군'은 전쟁사에 기록된 획기적인 사건이었다. 그는 군대를 길이 400킬로미터 폭 90킬로미터 대형으로 행진시켜 조지아주를 초토화해 남부 연합의 전의를 완전히 꺾어 버렸다. 셔먼은 북부에 만연한 전쟁에 미온적인 태도 역시 잘 알고 있었다. 이는 링컨의 재선도 위협할 정도였다. 셔먼은 전쟁에 열광하는 남부 주민들을 전쟁으로 제압하려 했다. 그는 '바다로의 행군'이 끝난 후 한 편지에서 다음과 같이 말했다. "우리는 적군에 대항해 싸울 뿐 아니라 적대적인 주민과도 싸우고 있습니다. 우리는 적군은 물론이고 주민들도 나이가 많든 적든, 재산이 많든 적든 전쟁의 잔인함을 절감하게 해야 합니다. 이러

초토화되는 조지아 — 셔먼의 조지아주 공격을 보여 주는 그림이다. 셔먼의 병사들은 철도를 모두 파괴해 도시 기능을 마비시키고 마을을 불태웠다. 이 과정에서 해방된 노예들은 약탈과 방화를 저질렀고 북군은 이를 묵인했다.

한 점에서 나는 최근 조지아주를 통과하는 우리의 행군이 기적을 불러일으켰다는 사실을 잘 알고 있습니다."

셔먼은 애틀랜타 원정에서처럼 전투를 가능한 한 피하되 오직 결정적으로 유리할 때만 공격했다. 대신 그는 자신의 병사들에게 진군하면서 적의 영토를 파괴하고 재산을 약탈하도록 지시했다. 이렇게 해서 셔먼은 8만 명에 달하는 거대 병력의 보급품을 확보할 뿐만 아니라 적의 사기를 약화시켰다. 셔먼의 병사들은 철도 레일을 폭파하고 농장, 들, 마을을 불태웠다. 노예들도 모두 해방시켰다.

셔먼은 노예들의 식량 약탈도 묵인했다.

미국 내전은 전쟁 재원을 요구하고 또 조달한 최초의 현대전이었다. 이 전쟁은 전장에서뿐만 아니라 둘로 나뉜 주민들 사이에서도 펼쳐져 깊은 상처를 남겼다. 셔먼은 주민도 일종의 전투병으로 여겼으므로 전쟁의 무대를 진장에서 주민에게로 옮겼다. 따라서 그는 전쟁을 지원하려는 주민의 의지를 무력화시켜야 했다. 이는 조지아가 초토화되는 참담한 결과를 초래했다. 이제 셔먼은 남부의 분리가 시작된 사우스캐롤라이나로 진군해 그랜트에게 완강하게 저항하고 있던 리 장군의 후방을 공격했다. 셔먼의 군대는 분리 운동을 시작한 사우스캐롤라이나도 초토화하자는 조언을 기꺼이 따랐다.

그랜트는 동부에서 리 장군을 끊임없이 압박해 몰아붙이며 다음과 같은 전략을 펼쳤다. "적을 찾아 가능한 한 빠르게 공격하라. 공격할 때는 강력하게 하고 끊임없이 이동하라." 그랜트는 셔먼과 다르게 전투를 회피하지 않고 아군의 손실에 개의치 않았다. 병사들은 그랜트를 싸움꾼으로 불렀다. 그리고 곧 그랜트도 '초토화' 전략을 펼쳤다. 그는 부하 장군인 셰리든Sheridan에게 셰넌도어Shenandoah 계곡을 '날아다니는 까마귀가 비축해 놓은 먹이마저 내놓을 정도로' 철저하게 파괴하라고 지시했다.

셔먼과 그랜트의 공격은 남부 연합군을 군사적으로 놀락시켰다. 1865년 6월 23일 남부 연합은 항복했다.

미국 내전은 전쟁법이 이슈로 논의되던 시기에 벌어졌다. 당시 유럽에서는 처음으로 국제법을 제정하려는 시도가 있었다. 1859년 스위스의 사업가 앙리 뒤낭Jean-Henri Dunant은 이탈리아 북부 지방을 여행하다가 솔페리노Solferino 전투를 목격했다. 그는 수많은 사망자와 부상자를 보고 구호에 나섰으며 결국 적십자를 설립했다. 1864년에는 제네바 협정에 관한 합의가 이루어져 점차 세계 각국이 이 협정을 준수하게 되었다. 링컨은 전쟁 중인 1863년에 리버 규칙 Lieber Code에 서명했는데, 이는 역사상 최초로 성문화된 국제법이다. 이 북부 연방군을 위한 규칙을 만든 사람은 독일계 미국인 법률가 프란시스 리버Francis Lieber이다. 리버의 아들 중 세 명이 참전했는데, 두 명이 북부 연방 편에, 한 명은 남부 연합 편에 섰고 전사했다. 리버 규칙은 전쟁에서 올바른 행동을 위한 구속력 있는 지침을 내려 고통을 최소화하는 데 기여하고자 했다. 항복하는 적은 죽여서는 안 되며 적당한 대우를 해 줘야 하고, 적대 행위를 하는 주민의 재산은 침해를 허용한다고 규정했다.

인간의 선이라 일컬어지는 선의, 동정, 정의가 과연 전쟁에서 지켜질 수 있는 것일까? 전쟁에서 정의롭게 행동할 수 있을까? 셔먼과 그랜트는 이에 대해 '그러기가 정말 어렵다'고 답했다. 전쟁의 명분이 정의를 위한 것일지라도 전쟁 자체는 절대 정의로울 수 없다. 전쟁은 정의롭지 않았고 앞으로도 정의롭지 않을 것이다. 전쟁의 끝은 오직 최고 통수권자의 손에 달렸다.

평화가 온다면

셔먼의 초토화 전략과 그랜트의 적을 무자비하게 추적하는 완강한 전략이 윤리적으로 얼마나 정당화될 수 있는지에 대한 논쟁은 아마 결론이 나지 않을 것이다. 확실한 점은 두 장군이 정의로운 일을 대변한다는 확신으로 행동했다는 것이다. 이들은 자신들의 관점에서 공격당한 민주주의를 위해 싸웠다. 전쟁에서 이들은 자신들의 병사들과 주민들의 삶을 지키기 위한 책임과 적에 가하는 스스로 용납할 수 있는 폭력 사이에서 균형을 찾으려고 노력했다. 그랜트는 자신의 병사들을 전쟁의 불길 속으로 보낼 때 전쟁을 단축하고 미래의 희생을 피할 수 있기를 바랐다. 셔먼도 적을 초토화할 때 같은 목표였다. 그는 초토화 전략을 최소의 대가를 치르는 최선의 방법이라 여겼다. 희생자의 수를 견주는 것만큼 불합리한 일은 없으나 여러 주 동안 셔먼의 공격으로 약 4천 명의 희생자가 발생했는데, 이는 단 이틀간 거의 동일한 수의 희생자가 발생한 실로 전투와 비교하면 아주 적은 것이었다.

셔먼은 가능한 한 적의 실물 재산에 대해서만 폭력을 행사하려고 했다. 적이 싸우기를 중단하면 그도 폭력적인 공격을 중단했다. 그는 애틀랜타 시장에게 다음과 같이 말했다. "평화가 온다면, 나는 당신에게 필요한 모든 것을 제공할 수 있습니다. 그렇게 된다면 나는 나의 마지막 빵 한 조각도 당신과 나눌 것입니다." 존스턴Johnston 이 항복하자 셔먼은 북부 연방의 국방부가 즉각 거부할 정도로 관대한 항복 조건을 제시하기도 했다.

전쟁은 생존을 위해 싸우는 자들의 정의를 보는 눈도 가려 버린다. 전쟁이 끝난 후에도 전쟁은 마치 어두운 그림자처럼 불의를 끌고 다닌다. 내전은 미국을 야만적인 나라로 만들었다. 참전 용사들이 갱단을 만들어 이전 전투 지역을 약탈했다. 귀향한 병사들은 도시의 범죄 건수를 소름 끼칠 정도로 높였다.

내전이 끝난 후 미국인들은 '평화를 만들자'라는 구호를 내건 그랜트를 대통령으로 선출했다. 그는 항복한 리 장군을 명예롭게 대우했기 때문에 남부에서도 어느 정도 환영받았다. 그는 셔먼을 총사령관으로 임명했는데, 셔먼은 이후 서부 대초원에서 벌어진 인디언 전쟁을 진두지휘했다. 그랜트는 인디언들에게 호의를 가지고 대통령으로서 잘 대하려 했지만 의회의 저항으로 자신의 의지를 관철할 수 없었다. 현장 책임자인 셔먼은 워싱턴의 결정과 인디언 담당 관청의 조치 그리고 자신에게 부과되는 군사적 요구 사이에서 갈등했다. 그랜트처럼 그도 인디언 부족들에게 고난을 안겨 주는 타락한 정치에 경악했다. 동시에 셔먼은 수^{Sioux}족과 샤이엔^{Cheyenne}족의 공격에 맞서 철도 건설을 단호하게 관철시킬 결심을 했다. 여기에서도 셔먼의 이중적인 모습이 드러난다. 한편으로 그는 인디언 부족들과 합의하려 노력했고, 실제로 나바호^{Navajo}족과는 합의가 이루어졌다. 반면 인디언들이 무기를 들면 셔먼은 잔인하게 대응했다. 그는 적이 전쟁을 더 이상 감당할 수 없을 정도로 초토화시키는 전략을 반복한 것이다. 인디언 전쟁 동안 미군에 의해 자행된 학살을 모두 그의 책임으로 돌릴 수는 없다. 하지만 그는 들소 무리를 무자비하게 감소시켜 대초원 지역 인디언들의 생활 기반을 파괴하려 했다. 인디언과 관련해 셔먼과 그랜트는 종종 의견 차이를 드러냈고 친밀한 관계가 냉각되기도 했다.

그랜트는 미국 대통령으로 두 번의 임기를 채운 후 사업을 벌였지만 또다시 실패했다. 그는 사기를 당해 파산 선언을 했다. 매일 20개의 시가를 피운 그랜트는 후두암에 걸렸다. 셔먼이 여러 번 그랜트를 방문했는데, 그랜트는 이 방문이 의사들의 방문보다 자신에게 더 도움이 된다고 말했다. 소설가 마크 트웨인Mark Twain은 그랜트에게 회고록을 쓰도록 권했고 집필에도 도움을 주었다. 그랜트는 1885년 숨을 거두기 일주일 전에 회고록을 마무리했는데 이 책이 성공을 거두어 그의 가족은 재정적으로 안정되었다.

셔먼은 그랜트가 죽은 지 6년 후 세상을 떠났다. 함께 전쟁의 지옥을 경험한 탓으로 두 사람 사이에는 깊은 유대가 맺어졌다. 셔먼의 장례식에는 남부 연합의 장군이었던 존스턴이 참석해 과거의 적에게 마지막 경의를 표하며 관을 운구하기도 했다. 셔먼의 장례식이 있던 날은 추운 2월이었는데 비까지 내렸다. 존스턴은 추위에서도 모자를 벗고 서 있었다. 누군가가 모자를 쓰라고 권하자 그는 이를 거부하면서 다음과 같이 말했다. "만약 그가 내 입장이라면 그 역시 모자를 벗고 있을 것이다." 존스턴은 감기에 걸려 몇 주 후 폐렴으로 세상을 떠났다.

셔먼도 회고록을 썼다. 그는 대통령 선거에 출마하라는 권유를 받자 다음과 같이 거절했다. "나를 후보로 지명하면 난 입후보하지 않을 것이다. 나를 당선시키면 난 통치하지 않을 것이다." 그는 그랜트와 마찬가지로 항상 전쟁과 거리를 두었고 원치 않는 일을 해야만 하는 입장이었다. 그랜트는 한 연설에서 다음과 같이 말한 적이 있다. "직업 병사이지만 나는 전쟁을 하고자 하는 마음이 조금도 없습니다. 그리고 나는 평화를 위한 수단 이외에는 전쟁을 옹호한 적이 없습니다." 셔먼은 내전이 끝난 지 한참 후에 행한 연설에서 전쟁에 대한 자신의 혐오감을 다시 한번 피력했다. "지금 전쟁을 명예로운 일로만 생각하는 젊은이들이 많습니다. 하지만 젊은이들이여, 전쟁은 지옥입니다! 여러분은 이 경고의 메시지를 다음 세대에게 전달해야 합니다. 나는 전쟁의 공포를 똑똑히 보았습니다." 이 "전쟁은 지옥이다!"라는 경고는 셔먼의 가장 유명한 말로 남았다.

이 말은 셔먼과 그랜트가 마주할 수밖에 없었던 딜레마를 보여준다. 국제법을 제정해 전쟁에 법적 근거를 마련하려는 모든 시도는 실제 생사가 오가는 전쟁터에서는 휴지 조각에 불과해진다. 모두가 참상에 자신의 몫을 보태는 이 지옥에서 누가 정의롭게 행동하는가라는 질문은 더 이상 의미가 없다. 지옥을 빠르게 끝내려는 시도만이 중요하다. 또 이런 시도조차 정의롭게 진행되는 경우가 드물다. 이는 적에게도 그리고 이 지옥을 멀리서 구경하는 행운아들에게도 마찬가지다.

8장

오토 폰 비스마르크와
페르디난트 라살

무엇이 올바른 국가인가?

"라살은 내가 만난 사람 중 가장 기지가 넘치고 친절한 사람이었다.
그는 활동적이고 총명한 사람이며 그와 대화하는 것은 매우 유익했다.
우리는 오랜 시간 이야기를 나눴고,
대화가 끝날 때마다 늘 아쉬워했다."

| 오토 폰 비스마르크 |

"국가는 도덕성의 싹을 틔워야 할 드높고 막중한 임무가 있습니다."

| 페르디난트 라살 |

두 명의 정적, 두 자루의 권총. 1852년 3월 게오르크 폰 빙케^{Georg von} Vincke가 오토 폰 비스마르크^{Otto Eduard Leopold von Bismarck(1815~1898)}에게 결투를 신청한 날은 세계사적으로나 개인사적으로 오랜 다툼의 정점이었다. 다혈질인 두 사람은 왕에게 충성하는 지방 귀족이었다. 통명한 프로이센인 비스마르크는 반동의 편에 서서 기존의 권력 지형을 고수하려 했다. 반면 다부지고 싸움닭 같던 베스트팔렌인 빙케는 자유주의자로 민주적 군주제하에서 독일을 통일하려 했다. 두 사람은 국회에서 많은 설전을 벌였는데, 어쩌다 비스마르크는 빙케에게 못 배운 놈이라는 말을 하기에 이르렀다. 모욕을 당한 빙케는 명예 회복을 위해 결투를 신청했다. 결국 5월 25일 둘은 서로에게 권총을 겨누고 방아쇠를 당겼지만 아무도 다치지 않았다. 다만 이를 지켜보던 한 사람이 안도의 눈물을 흘렸을 뿐이다.

12년 후 다른 두 결투자가 마주 섰다. 1864년 8월 28일 이른 아침 제네바 근교 어느 숲. 페르디난트 라살^{Ferdinand Lassalle(1825~1864)}은 자신이 택한 결투에 나섰다. 상대는 사랑하는 여인의 아버지였다. 라살은 자신들의 사랑을 망친 장본인이 그녀의 아버지라고 생각했다. 그러나 결투에 응한 그녀의 아버지는 자신 대신 딸의 약혼자를 결투장에 내보냈다. 라살은 아무래도 상관없었다. 상처받은 마음은 복수로 치유하면 되었다. 총이 불을 뿜었다. 그리고 라살은 쓰러졌다.

결투는 비스마르크와 라살 삶의 정치적 혹은 개인적 상징이다. 둘은 평생 수많은 대결을 펼쳤고 수차례 무기를 들었다. 따라서 라살이 죽기 열다섯 달 전인 1863년에 있었던 비밀스럽고 탐색적인 이 둘의 만남이 일종의 결투였다는 사실은 놀랄 일도 아니다. 아무튼 19세기 후반 독일에서 이 둘을 제외하고 정적을 말하는 것은 불가능하다.

혁명의 잔해 위에서

둘을 한데 묶은 것은 공동의 적이다. 1862년 가을 비스마르크는 오로지 이 적에 대항하기 위해 수상 자리에 올랐다. 이 적은 바로 빙케가 투신한 자유주의였다. 비스마르크가 수상에 임명될 무렵, 이미 수년 전부터 프로이센 의회에서 다수당을 차지해 온 자유주의자들은 빌헬름 1세(재위 1861~1888)의 군대 개혁을 위한 모든 예산을 거부하고 있었다. '누가 최고 권력자인가. 국왕인가 의회인가'를 둘러싼 문제의 정점에서 빌헬름은 퇴위하려 했다. 그러나 국방 장관 알브레히트 폰 룬$^{Albrecht\ von\ Roon}$은 국왕을 극구 말렸다. 이와 함께 룬은 당시 프랑스 주재 프로이센 대사로 근무하고 있던 비스마르크에게 전보를 보낸다. "지체하면 위험. 서두르시오!" 비스마르크는 즉시 모자와 외투를 챙겨 기차를 타고 25시간 만에 베를린에 도착했다. 국왕과 면담하는 동안 비스마르크는 국왕의 충실한 맹견이 될 것과 혹 있을지도 모를 '의회의 지배'를 척결하고 '왕정'을 위해 헌신하겠다고 맹세했다. 위기 상황이 닥치면 얼마간 독재의 시기도 감수해야 한다고 국왕에게 주지시켰다. 사실 빌헬름은 비스마르크를 좋아하지 않았다. 심지어 비스마르크를 두고 기분 나쁜 인물이라고 측근들에게 속내를 털어놓기까지 했었다. 그런데 왕이 갑자기 모든 의구심을 떨쳐 버리고 비스마르크를 수상으로 임명하며 전권을 부여했고 외무 장관까지 겸하게 한 것이다

비스마르크라는 패는 정말 이상한 선택이었다. 젊은 시절부터 비스마르크는 사람을 멸시하는 경향이 있었다. 괴팅엔 대학 시절 큰 키의 젊은 비스마르크는 불도그를 데리고 시내를 활보하며 무엇이든 눈 아래로 보았다. 이후 비스마르크는 힌터포메른^{Hinterpommern} 영지에서 수없이 많은 일탈 행동을 하며 지방 귀족의 삶을 살았다. '미친 융커^{12}'라고 불리던 그는 애정 행각을 거듭했다. 비스마르크에게 여자는 전리품이었다. "나는 미친 듯이 연애에 빠져들었지만

---

12 — Junker, 영지를 가진 지방 귀족.

그 대상을 자주 바꾸었다"라고 한 친구에게 고백했다. 그는 엽기적인 연애를 생각해 냈고 실행에 옮겼다. 비스마르크는 자신의 이와 같은 행각이 '충족되지 않은 상상'과 '거칠어진 마음'에서 비롯된 것이라고 고백했다. 스무 살에 기도하기를 그만뒀던 그는 경건주의자들의 모임에서 갑자기 깊은 신앙심을 되찾았다. 그리고 여기서 만난 요하나 폰 푸트카머Frau Johanna von Puttkamer와 결혼한다. 평생토록 프로테스탄트로서의 경건한 삶을 성심껏 살았던 그녀는 비스마르크와 40년이 넘는 결혼 생활을 했다.

대학생들과 지식인들이 통일된 민주 독일을 쟁취하기 위해 싸웠던 1848/49년 혁명에서 비스마르크는 보수적인 반동주의자로 자신을 부각시켰다. 프로이센 군대가 혁명을 진압한 후 내각이 구성될 때 그는 보수주의자들에게조차 과격한 인상을 주었다. 이는 당시 추천 인사 명단에 국왕 프리드리히 빌헬름 4세(재위 1840~1861)가 남긴 다음과 같은 메모에서도 짐작할 수 있다. "피 냄새가 난다. 창검이 지배할 때만 써먹을 인물이다." 그런 연유로 젊은 비스마르크는 1851년 프랑크푸르트 연방의회 대사로 임명되었다. 그는 여기에서도 급진적인 싸움으로 시선을 끌었다. 그 후 1859년 상트페테르부르크에서 러시아 주재 프로이센 대사의 직책을 맡았는데, 비스마르크는 이런 자신의 처지를 '네바강에서 죽어 있다가' 파리로 전보되었다고 씁쓸히 언급했다. 그리고 그는 파리에 도착하자마자 베를린으로부터 부름을 받는다.

수상이 된 비스마르크는 즉시 싸움에 뛰어들었다. 의회에 출석

할 때면 항상 제복을 입었다. 대머리에 육중한 체격의 비스마르크는 공포를 불러일으키는 준엄한 눈길로 의회 연단에 섰다. 그는 모든 이목이 자신에게 집중되는 것을 확신하며 그 악명 높은 연설[13]을 시작했다. 체격으로 보자면 누구에게도 뒤지지 않았지만 그의 목소리는 압도적인 풍모를 얼마간 깎아 먹었다. 고음이 뒤섞인 가냘픈 목소리였던 것이다. 그러나 그가 일단 연설을 시작하면 목소리는 모두 잊혔다. 사람들은 비스마르크의 풍자와 반론이 휘몰아치는 폭풍 연설에 곧 얼어붙었다.

프로이센 의회의 갈등으로 역사에 기록될 이 문제를 풀기 위해 비스마르크는 '결점론'을 들고 나왔다. 그의 주장에 따르면 국왕과 의회가 의견의 일치를 볼 수 없는 상황에 대해 헌법은 아무런 해결책도 제시하지 않는다. 이럴 경우 군사적으로 힘 있는 자가 결정해야 하는데, 그는 곧 국왕이라는 것이다. 이후 비스마르크는 의회 승인 없이 예산을 사용했다.

비스마르크는 그가 사랑하는 세계를 구하려 했다. 라살과 처음 만났을 때도 같은 마음을 가슴에 품고 있었다. 그가 사랑하는 세계란 군대와 귀족과 왕이 지배하는 프로이센의 신분 사회였다. 이는 영지와 사냥과 마차의 세계, 수 세대에 걸쳐 굳어진 높은 신분과 비천한 신분의 세계였고 테오도르 폰타네Theodor Fontane가 소설과 여행

---

13 — 1862년 9월 30일 비스마르크의 의회 첫 연설인 일명 철혈 연설.

1848년 3월 빈에서의 봉기 — 나폴레옹의 몰락과 함께 유럽 질서를 설계했던 빈 체제와 독일 연방은 19세기 시민계급과 부르지아지들이 추구하던 근대 시민국가와는 거리가 멀었다. 빈 회의 이후 1848년 까지 중부 유럽 곳곳에서 일어난 정치적 운동의 목표는 통일된 독일 민족국가의 수립과 각 영방국가 안 에서 자유를 확대하는 것이었다.

기에서 기념비를 세운 세계 그리고 결국 에두아르드 폰 카이저링 Eduard von Keyserlings의 소설 《파도Wellen》에서 슬픈 여운을 남기며 사라져 간 세계였다. 철강 콘체른의 굴뚝, 거대한 공장, 철로가 이미 오래전 에 숨 막히는 속도로 모든 옛것을 뒤덮었다. 혁명적인 경제 발전으 로 확장해 나가는 도시들, 점차 목소리를 높이는 시민계급 그리고 점점 더 자신들의 권리를 주장하기 시작한 노동계급은 비스마르크 가 성장해 온 평온한 프로이센을 위협했다. 정치 일선에서 비스마 르크가 실제로 맞서 싸워야 할 적은 자유주의자들이었다.

비스마르크는 실패한 1848/49년 혁명의 잔해 위에서 활동했다. 그런 상황에서 프로이센은 조각조각 갈라져 있던 독일의 가장 큰 세력으로 부상했다. 이렇게 갈라진 독일이 어디로 갈 것인지, 통일을 이룬다면 어떤 형태의 국가가 될 것인지를 아는 사람은 아무도 없었다. 민주적 국가 형태로의 독일 통일은 일단 좌절되었으나 그 이념의 불씨는 살아 있었다. 이념의 수호자로 남은 자유주의자들과 자유주의가 비스마르크는 너무나 역겨웠다. 그에게 자유주의는 쓸데없는 말과 알 수 없는 음모로 권력을 탈취하려는 시민계급의 음흉한 이념에 지나지 않았다. 비스마르크는 자유주의자들이 말하는 자유에서 사회적 기회를 찾을 수 없었고 그저 제멋대로의 자의성만 보았다.

비스마르크에게는 국가와 사회에 대한 분명한 구상이 있었다. 그가 구상한 사회에서는 누구에게나 역할이 있고 그 역할을 저버리면 안 된다. 그러나 자유주의자들은 정태적인 것이 아닌 역동적인 사회를 원했다. 누구에게나 평등한 기회가 주어지고 누구나 말하고 참여할 권리가 있으며 스스로 변화할 수 있는 그런 사회 말이다. 자유주의자들이 추구하는 국가에서 갈등은 찬반 토론을 통한 합의를 거쳐 해결되었다. 자유주의 사회는 무한히 변화 가능한 토대 위에서 자신을 문제 삼도록 의도적으로 구상된 것이었다.

비스마르크는 이를 알지 못했다. 그의 눈에는 자유를 위한 자유주의자들의 변론은 목표가 없어 보였다. 그는 자유주의의 옹호자들을 모두 원칙이 없는 자들로 여겼다. 비스마르크는 자유주의가 매우 분명한 원칙들을 표방하고 있음을 보지 못했다. 자유주의는 공정하게 최선의 이념을 위해 싸우는 사회를 원했다. 그러기 위해 국가는 규칙을 세우고 그것이 지켜지도록 살펴야 한다. 그러나 권력 지향적 인간 비스마르크는 원칙이 없는 사람이었다. 그는 언젠가 이렇게 말했다. "우리가 원칙을 확고히 지키는 것은 원칙이 시험대에 오르지 않는 한에서다. 그런데 그런 일이 일어나면 우리는 원칙을 버린다."

비스마르크는 마키아벨리의 국가철학 속에서 살았다. 취임 후 한 연설에서 그는 자신의 시각을 분명히 했다. "독일은 프로이센의 자유주의가 아니라 그 힘을 본다. 시대의 커다란 문제는 연설이나 다수결의 원칙을 통해 결정되는 것이 아니라 철과 피로 결정된다. 이를 간과한 것이 1848/49년의 큰 실수였다." 이 연설은 훗날 일어나게 될 일을 앞당겨 말한 셈이 되었다. 전쟁조차도 목적을 위한 수단이었다.

그 목적, 즉 프로이센 왕국은 비스마르크의 모든 수단을 정당화했다. 반면 자유는 그에게 목적이 아니었다. 자유는 국가 질서를 좀먹을 뿐이었다. 자유주의를 혐오하는 비스마르크는 역설적이게도 자신과 대척점에 있는 라살과 뜻을 같이한다. 물론 라살은 비스마르크와는 다른 사회를 원했다. 그러나 국가는 어떤 부동의 건축물이어야 한다는 생각이 두 사람을 하나로 묶었다. 그들의 생각과 같은 국가라면 바꿀 필요도 개조할 필요도 없는 것이었다.

감상적 혁명가의 구애

비스마르크보다 열 살 아래인 라살은 이미 오래전부터 서서히 태동하기 시작한 노동운동의 대변자였다. 그는 부유한 유대인 비단 중계상의 아들로 매우 지적이고 열정적이었으며 명예에 집착했다. 짙은 갈색의 헝클어진 머리가 길쭉하고 단호한 얼굴을 사자 갈기처럼 휘감고 있는 듯한 인상의 라살은 고향 브레슬라우Breslau에서 철학을 공부했고 헤겔에 열광하기 시작했다. 일찍이 지식인들 사이에 이름을 알린 그는 당대 거물 중에서도 알아보는 사람이 생길 정도였다. 알렉산더 폰 훔볼트는 라살을 '신동'이라고 했고, 파리에서 만난 시인 하인리히 하이네Heinrich Heine는 '폭넓은 지식과 최고의 통찰력을 지닌' 지성인이자 실천가라고 평했다. 그렇지만 하이네는 라살이 매우 이기적이고 수단과 방법을 가리지 않는 사람이라는 것도 눈치챘다.

라살은 하이네의 추천서로 베를린 살롱에 들어갈 수 있었다. 당시 스물한 살이었던 그는 여기서 하츠펠트Hatzfeldt 백작 부인을 만난다. 그녀는 불행한 정략결혼에서 벗어나려 변호사를 찾고 있었고 라살이 적임자라고 생각했다. 그는 백작 부인이 사는 뒤셀도르프Düsseldorf로 이사해 법학을 공부하기 시작했고 9년의 법적 소송 끝에 그녀의 족쇄를 풀어 주었다. 라살은 감사의 답례로 평생 연금을 보장받았다.

약자들의 변호인이라는 명성을 얻게 된 라살은 그들을 위해 싸웠다. 이때부터 그는 지도자를 꿈꿨다. 라살은 1848년 혁명 중에 민중의 무장투쟁을 선동해 여러 번 체포되었다. 그는 혁명 당시 독일에 남은 몇 안 되는 지도자급 혁명가 중 한 사람이었는데 법정에 소환되어 금고형을 받는 위험도 감수했다.

비스마르크가 베를린에서 부르주아 자유주의자들과 싸움을 시작하는 동안 런던에서는 이미 오래전에 카를 마르크스^{Karl Marx}와 프리드리히 엥겔스^{Friedrich Engels}가 성장하는 노동자계급에게 도래할 천국을 설파하는 선구적 사상가로 활동하고 있었다. 라살은 그들의 저작을 탐독했고 그들과 만났다. 라살은 그들의 희망에 찬 예언에 만족하지 않았다. 그는 마르크스와 엥겔스가 제시한 세계를 앞당기려 했다. 그는 런던에 두 번 갔지만 마르크스와 의견의 일치를 볼 수 없었다. 함께 혁명을 이룰 수는 없었지만 마르크스는 라살의 이른 죽음을 막은 사람이다. 1858년 주먹질한 상대에게 결투를 신청한 라살을 말린 것이다.

라살은 독자적인 길을 가기로 결심한다. 그것이 그와 어울리는 길이기도 했다. 1862년 4월 중순 베를린 노동자들 앞에서 한 연설에서 라살은 노동자정당의 창당을 요구했다. 그는 군주제와 프로이센은 건드리고 싶지 않았다. 라살이 생각하는 사회주의 사회는 기존의 권력 지형 안으로 편입하는 것이었다. 파업을 거부했고 임금은 의회에서 정하고자 했다. 이상적인 국가에 관한 구상에서 라살은 '프롤레타리아트 독재'를 거쳐 탄생하는 새로운 사회를 꿈꾸었던 마르크스와 엥겔스의 이념과 완전히 결별했다. 그가 자신의 구

독일 초기 노동운동의 지도자들 — (윗줄 왼쪽부터) 아우구스트 베벨August Bebel, 빌헬름 리프크네히트 Wilhelm Liebknecht, 마르크스, 카를 빌헬름 텔케Carl Wilhelm Tölcke, 라살. 그림에서처럼 마르크스는 노동운 동의 중심이었다.

상을 피력한 1862년《노동자 강령Arbeiterprogramm》은 라이프치히 노동 자들에게 특히 깊은 인상을 남겨 새롭게 정립할 노동운동의 지도자 가 되어 달라는 요청을 받는다. 라살은 1863년 5월 1일에 이 요청 에 응답했다. 〈라이프치히에서 전 독일 노동자대회를 개최하는 중 앙위원회에 보내는 공개 답변서〉에서 그는 다시 한번 자신의 구상 을 밝혔다. 여기에서 그는 보통선거와 평등선거를 위한 투쟁과 국 가가 지원하는 생산협동조합의 창설을 주요 목표로 세웠다.

라살의 부상을 주의 깊게 관찰했던 비스마르크는 그를 관저로 초청한다. 비스마르크는 이 초청의 명분을 '노동계급의 상황에 대한 자문'을 듣기 위해서라고 했다. 그러나 그건 핑계에 불과했다. 무엇보다도 비스마르크는 자유주의에 대항하기 위해 어떻게 라살을 자신의 편으로 끌어들일 수 있을지 알아보려 했다. 창립 준비 중인 1863년 5월 12일 혹은 13일에 비스마르크와의 첫 만남이 성사되자 라살은 자신이 곧 대중운동의 선봉에 서게 되리라고 확신했다. 그는 비스마르크의 초청에 우쭐해졌고 일종의 대등한 지위를 확보한 것 같아 기분 좋아했다. 그래서 라살은 비스마르크와의 대화에서 최선의 독일 국가에 관한 자신의 구상을 스스럼없이 밝혔다.

라살은 채 두 주도 지나지 않아 라이프치히에서 열린 전 독일 노동자 연맹ADAV(훗날 사민당SPD의 모태가 된 조직) 창립 대회에서 의장으로 선출되자 서둘러 비스마르크에게 강령을 보냈다. 라살은 동봉한 편지에서 농담으로 이 강령을 '내 제국의 헌법'이라고 불렀다. 게다가 억지로 꾸민 말로 노동자계급은 "공화주의적인 사상에도 불구하고 아니 오히려 바로 그래서 왕을 사회적 독재의 자연스러운 담지자로 보는 경향이 있다"고 했다. 그러한 사회적 독재는 당연히 '부르주아 사회의 이기주의에 정반대'되는 것이라고 강조했다. 라살은 재차 보통선거 도입을 호소했고 간접세가 노동자들에게 얼마나 불공평한 것인지 역설했으며 "날짜를 특정해 주신다면 두 번째 대담을 위해 다시 각하의 관저에 갈 준비가 되어 있다"고 밝혔다. 이에 대한 답장은 없었다. 라살은 포기하지 않았다. 또 다른 편지에서 그는 다시

금 비스마르크에게 보통선거를 간곡히 부탁했고 다시 만나자고 간청했다. "방해받지 않는 철저한 논의가 상황의 긴박성을 볼 때 진정 피할 수 없는 요구"라는 것이다. 그리고 3일 후 다시 "독촉하지는 않겠습니다만 외적인 사건들로 인해 상황이 너무나 급박합니다"라고 편지를 보냈다. 그는 만남을 더 끌릴 만한 것으로 만들기 위해 비스마르크에게 '철저한 효과가 있는 마법의 레시피'를 약속하면서 일요일 저녁에 방문할 것을 예고했다.

두 사람은 실제로 1863년 9월 비스마르크의 집무실에서 다시 만났다. 라살은 비스마르크가 자신이 쓴 글에 관한 정보를 얼마나 철저히 모으고 있는지 알고 놀랐다. 심지어 얼마 전 발간되자마자 당국에 압수당한 《베를린의 노동자들에게!*An die Arbeiter Berlins!*》의 최신호까지 비스마르크 앞에 놓여 있었다. 그러나 의견 교환에 대한 비스마르크의 관심은 오래전에 사라지고 없었다. 이를 눈치챈 라살은 비스마르크를 두려워하기까지 했다. 라살은 더 많은 편지를 써댔고 다시 만나기 위해 항상 새로운 핑계 거리를 만들어 냈으며 관청에 힘써 줄 것을 기대하면서 자신의 법적 문제들을 청탁했다. 그러나 비스마르크에게서 돌아오는 대답은 없었다. 노동운동 진영에서는 프로이센 정부 수반과 라살의 '연애'를 걱정스럽게 지켜봤다. 빌헬름 리프크네히트Wilhelm Liebknecht[14]가 속지 않도록 조심하라고 경고하

---

14 — 독일의 사회주의자. 혁명운동으로 13년간 망명 생활을 하며 마르크스의 지도를 받았다. 독일로 돌아와 사회민주당을 결성하고 라살파와 합동해 사회주의 노동당을 만들었으며 제2 인터내셔널의 지도자로 활동했다.

자 라살은 대꾸했다. "흥, 나는 비스마르크와는 잘 지내. 게다가 그는 내게 꼼짝 못해!"[15]

1863년 11월 말 라살은 베를린의 어느 노동자 집회에서 연설한 후 체포되었다. 죄목은 내란죄였다. 다음 해 3월 12일 재판 중 변론에서 그는 시민 계층에 대항하기 위해 보수주의자들과의 연대 가능성을 강조했다. 그리고 비스마르크가 보통선거를 도입하기까지 채 1년도 걸리지 않을 거라고 호언장담했다. 라살은 무죄 판결을 받았다. 사실 그와 비스마르크의 교류는 모욕감을 느낀 라살의 편지와 함께 수 주 전에 이미 끝나 있었다.

라살은 전 독일 노동자 연맹의 의장직을 수행할 때 처음부터 마치 독재적인 봉건영주처럼 군림했다. 그는 선거 전에 "의장의 독재적 권한을 최대한 보장해야 한다. 그렇지 않으면 아무것도 진전시킬 수 없다"고 밝혔다. 그리고 "개인적인 수다는 부르주아들에게 맡기자"고 슬그머니 자유주의자들을 비꼬았다. 라살은 곧 노동자들을 무기력하다고 여겼다. "여러분들은 싸구려 소시지와 맥주 한 잔만

---

15 — 비스마르크와 라살 사이에 벌어진 결투를 기록한 문건이 2015년에 발견되었다. 이 문건에 따르면 1860년 4월 1일(이 날은 비스마르크의 마흔다섯 번째 생일이었다)에 비스마르크와 라살 사이에 결투가 있었다. 전통적인 결투 방식은 한 발씩 돌아가며 사격하는 것이었는데, 우선권은 결투에 응한 사람이 가졌다. 비스마르크가 먼저 총을 쏘았지만 라살을 맞추지 못했다. 그 다음 차례로 라살이 총을 쏘려 하자 비스마르크는 도망을 갔다. 당시 이런 행위를 하는 사람은 비겁자로 몰려 사회적으로 매장당했다. 라살은 비스마르크의 생일 때마다 비겁자를 뜻하는 '때밀이 수건'을 보내 조롱했다. 라살이 비스마르크가 자신에게 "꼼짝 못한다"고 말한 것은 이런 맥락에서 보면 이해가 가는 일이다.
(https://www1.wdr.de/mediathek/audio/zeitzeichen/audio-duell-zwischen-bismarck-und-lassalle-am—100.html 참조)

있으면 아쉬울 게 없다고 생각한다. 그건 욕구가 없기 때문이다!" 고된 노동으로 땀에 젖은 옷을 걸친 노동자들은 에나멜 구두를 신고 잘 다린 빳빳한 와이셔츠 칼라에 나비넥타이를 맨 라살을 무슨 영문인지 모르겠다는 듯 올려다보았다.

노동운동은 성장 속도가 느렸고 라살은 지쳐갔다. 건강이 나빠진 그는 1864년 여름 휴양차 스위스로 갔다. 어느 비 오는 날 젊은 농사꾼이 라살의 방에 찾아와 한 숙녀가 그를 만나고 싶어 한다는 말을 전했다. 그녀는 라살이 이틀 후 하츠펠트 백작 부인에게 보낸 편지에 썼듯이 '황금 여우 헬레네'였다. 헬레네는 그의 체류 소식을 듣자 두 명의 숙녀와 한 명의 신사를 대동하고 그를 찾아 나선 것이다. 라살은 스위스 주재 바이에른 대사의 19세 딸 헬레네 폰 되니게스Helene von Dönniges를 베를린에서 처음 만났고 둘은 곧 서로에게 끌렸다. 헬레네는 아름다웠고 버릇없는 철부지였는데 누군가에게 자신을 맡기고 싶어 하는 바람과 변덕스러운 기분대로 지내고 싶어 하는 욕구 사이를 오갔다. 베를린에서 라살과의 연애는 어정쩡한 단계에 머물렀고 그러는 사이 그녀는 루마니아 귀족 장코 폰 라코비차Janco von Racowitza와 약혼했다. 하지만 어쩐지 라살이 그녀 머릿속에서 떠나질 않았다. 마음이 약해져 있던 라살은 이제 스위스에서 헬레네의 관심에 압도당해 그녀에게 흠뻑 빠졌다. 라살은 하츠펠트 백작 부인에게 편지를 썼다. "저는 더 이상 돌이킬 수 없습니다. 파도가 저를 덮쳤습니다." 그는 헬레네의 아름다움에 매료당했고 그녀는 완전히 그의 의지를 따랐다. 라살도 인정하듯이 '절대적인 필연' 같은 일이었다. 평소 짧은 만남만 가져 왔던 라살은 이번엔 진지했다. 그는 헬레네에게 청혼했다. 감동한 그녀가 청혼을 받아들였다. 헬레네는 제네바로 가서 부모에게 약혼을 파기하겠다고 말했다. 부모는 그녀의 선택에 경악했다. 신문을 통해 접한 라살은 '바람둥이, 혁명가, 사기꾼, 괴짜'였다.

헬레네는 라살에게 함께 도망치자고 했다. 그는 화를 내며 부모의 동의를 받아 오라고 그녀를 돌려보냈다. 항상 아웃사이더로 취급당해 온 라살은 무엇보다 사회적 인정을 바랐다. 그는 자신의 인물과 논리면 헬레네 아버지 되니게스의 마음을 바꿀 수 있다는 자신감에 차서 그녀의 집으로 갔다. 되니게스는 이를 갈며 어쩔 수 없이 그의 방문을 받아들였지만 뜻을 굽히지는 않았다. 오히려 라살의 방문 후 딸을 강력히 압박했다. 결국 헬레네는 옛 약혼자의 품으로 돌아갔다. 깊은 상처를 받은 라살은 온갖 수단을 동원해 헬레네의 마음을 되돌리려 노력했다. 심지어 헬레네의 집을 감시할 요원까지 고용했다. 라살은 헬레네를 감금당한 희생자라고 추측한 것이다. 그는 바이에른에 있는 되니게스의 상관까지 이용해 결국 그녀의 아버지와 두 번째 만남을 갖는다. 그러나 되니게스는 완강했다. 결국 헬레네가 라살에게 편지를 보냈다. "……내 자유의사와 깊은 확신에서 말하건대, 우리 사이의 결합은 있을 수 없습니다. 모든 관계에서 당신과의 결별을 선언하며, 나의 약혼자에게 영원한 사랑과 충성을 바치기로 굳게 결심했음을 알려드립니다."

라살은 바닥까지 파괴되었다. 그는 되니게스와 약혼자에게 보낸 편지에서 헬레네를 '타락한 창녀'라고 불렀다. 그리고 되니게스에게 결투를 신청하며 자신의 친구와 조건들을 협상할 것을 요구했다. 되니게스는 유대인 라살이 결투를 통해 명예 회복을 요구할 자격이 없다고 여겼다. 그는 자신을 대신해 예비 사위 라코비차를 결투에 내보낸다. 어느 여름날 아침 제네바 근교 숲에서 헬레네의 마음을 얻으려 다투던 경쟁자 둘이 권총을 들고 마주 섰다. 먼저 쏠 차례였던 라코비차가 방아쇠를 당겼고 맞혔다. 라살도 총을 발사했지만 빗나갔다. 라살은 쓰러졌다. 총알이 그의 성기를 맞춘 것이다. 라살의 입회인들은 그를 호텔로 데리고 갔다. 전보를 쳐서 취리히와 하이델베르크에서 외과 의사들을 불렀지만 그들은 라살을 위해 더 이상 할 일이 없었다. 결투 3일 후인 1864년 8월 31일 라살은 부상을 이기지 못하고 사망했다.

영국에서는 엥겔스가 마르크스에게 편지를 썼다. "이건 경솔함과 감상주의, 유대주의와 기사도 정신 따위가 독특하게 뒤섞여 있는 라살에게만 일어날 수 있는 일입니다. 그와 같은 정치인이 결투를 할 수 있다니!" 마르크스는 답장에서 자신의 충격을 고백했다. 그렇게 "시끄럽고 정력적인 인간이 이제 쥐 죽은 듯이 됐으니 우리는 모두 다 입을 다물어야" 한다고. 얼마 지나지 않아 본격적인 라살 숭배가 시작되었다. 추종자들은 라살이 철저히 낙후된 명예관을 지니고 있는지도 그의 결투가 치정 관계에서 비롯된 것인지도 몰랐다. 아니면 그러한 사실을 인정하고 싶지 않았던 것일지도 모른다. 추종자들은 결투가 라살을 제거하기 위한 지배계급의 음모였다고 해석했다.

근사치의 국가

비스마르크는 라살이 사망한 다음 해에 개인적인 갈등을 해결하면서 그가 얼마나 라살과 비슷한지 여실히 보여 주었다. 비스마르크는 1865년 자유주의파 의원이자 유명 병리학자 루돌프 피르호Rudolf Virchow에게 결투 신청을 했다. 피르호는 결투는 시대에 맞는 대결 방식이 아니라며 비스마르크에게 거절 의사를 밝혔다. 실제로 비스마르크와 라살처럼 상대 혹은 자신의 죽음을 감수하는 결투로 갈등을 해결하는 방식은 이해관계를 조정해 나가려 노력하는 사회와 어울리지 않는 것이었다.

비스마르크식 투쟁은 얼마간 정치 무대에서 통했고 그렇게 해서 몰락해 가던 세계는 잠시나마 다시 주도권을 잡는 데 성공했다. 그 후 몇 해 동안 비스마르크가 '피와 철'로 제련해 낸 제국은 사실상 지나간 시대의 국가 모델이었던 것이다. 그는 모든 모순의 배후에 곧장 적을 상정하는 가차 없는 정치로 초기에는 인기를 얻지 못했다. 사람들은 나라의 분위기를 조장하는 비스마르크를 증오했다. 1866년 5월 7일 비스마르크를 권총으로 암살하려다 실패한 한 청년이 자살하자 많은 독일인이 그를 순교자처럼 찬양했다. 그리고 몇 주 후 쾨니히그레츠Königgrätz 전투에서 오스트리아에 승리한 후에야 비로소 분위기는 비스마르크의 편으로 돌아섰다. 이제 그는 행동하는 인간으로 통했다.

비스마르크의 정치적 투쟁은 20세기와 21세기 현대사회가 올바

른 국가를 찾는 과정에서 보여 주
는 갈등 노선을 선취하고 있다. 비
스마르크는 정치에서 어느 만큼의
의회주의가 필요한지, 시민은 어느
선에서 참여해야 하는지, 국가의
권위는 어느 정도여야 하는지, 국
가는 어디까지 사회복지 정책을 실
행해야 하는지 그리고 교회와 국가
는 얼마나 분리되어야 하는지 등과
같은 문제와 씨름했다.

비스마르크 암살 사건 ― 프로이센 주도 통일에 반대한
급진주의자 페르디난트 코헨블린트Ferdinand Cohed-Blind 베
를린의 운터 덴 린덴Unter den Linden 거리에서 비스마르크
를 저격한다. 그가 가까운 거리에서 다섯 방이나 총을 쐈
지만 비스마르크는 가벼운 부상만 입는다. 코헨블린트는
그 자리에서 체포되었고 감옥에서 자살한다.

국내외 정책에서 비스마르크
는 19세기 말 등장하기 시작한 민
족국가들에 대처했다. 그는 이미
수상이 되기 훨씬 전부터 자신이 사랑한 옛 프로이센은 통일된 독
일에서만 새로운 시대를 맞을 수 있으며 지배적인 역할을 할 수 있
다고 간파했다. 덴마크, 오스트리아, 프랑스와의 연이은 전쟁이 여
기에 이바지했다. 비스마르크는 이 전쟁들을 치르면서 독일을 제국
으로 만들었고 그 제국의 첫 수상이 되었다

이런 독일에서 '철의 재상'은 자유주의자들을 분쇄했다. 그중 일
부는 비스마르크의 국가 모델과 타협했고, 순응하지 않으려던 다
른 일부는 점점 더 힘을 잃어 갔다. 이 싸움에서 승리한 후 비스마르
크는 가톨릭교회 그리고 노동운동과 차례로 갈등 관계에 들어선다.

라살의 죽음 후 노동운동은 갈피를 못 잡고 있었는데 비스마르크는 이를 당근과 채찍으로 길들이려고 했다. '백색 혁명가'로서 비스마르크는 사회주의자 법으로 노동운동가를 압박하는 한편, 자신이 선포한 "혁명이 올 수밖에 없다면 우리는 혁명을 감수하기보다는 차라리 혁명을 하겠다"는 모토에 따라 의료보험, 상해보험은 물론 처음으로 연금보험을 도입해 노동자 계층의 반발을 차단했다. 비록 의도한 바는 아니지만 비스마르크는 사회 개혁으로 근대 복지국가의 초석을 마련한 셈이다.

1878년 9월 제국 의회에서 사회주의자 법에 대한 논쟁이 일어났을 때 리프크네히트는 비스마르크가 라살과 나누었던 대화를 언급했다. 비스마르크는 라살과 만난 것은 자기 뜻이 아니었고 라살이 원했던 것이라고 반박하며 "그는 내가 만난 사람 중 가장 기지가 넘치고 친절한 사람이었다"라고 덧붙였다. "라살은 활동적이고 총명한 사람이며 그와 대화하는 것은 매우 유익했다. 우리는 오랜 시간 이야기를 나눴고, 대화가 끝날 때마다 늘 아쉬워했다. 그렇지만 협정을 맺은 것은 아니다. 대체 그 불쌍한 인간이 무엇을 제시할 수 있었겠는가?" 비스마르크는 라살과 보통선거에 대해 의논했다는 것도 부인했다. 비스마르크는 최종적으로 그 노동운동 지도자에게 친밀감을 느꼈다고 고백했다. 그는 라살도 공화주의자는 아니었고 철저한 군주제 지지자였다고 말했다. 비스마르크의 이런 발언은 의원들의 웃음을 유발했다.

비스마르크의 정치적 업적 중 무엇이 계획에 따른 것이었고 무엇이 시대적 상황에 따른 것이었는가라는 질문에 답하기란 쉽지 않다. 위대한 인물이 역사를 만드는 것인가 아니면 위대한 인물이란 역사의 흐름을 완성할 뿐인가라는 질문처럼 말이다. 어찌 되었건 비스마르크는 수 세기 동안 소공국으로 갈라져 19세기 이래로 여러 측면에서 유럽의 발전에 뒤처졌던 상황을 종식하고 통일 독일을 제련한 대장장이였다. 이런 측면에서도 그는 의도하지는 않았지만 번영하는 근대 산업국가를 실제로 창조해 냈다. 최고의 국가가 무엇인가라는 질문에 관해서도 비스마르크는 권력을 분산, 통제해 안정을 확보하는 강력한 제도가 얼마나 중요한지 자신의 강력하고 권위적인 기질로 증명해 보였다.

비스마르크는 자신이 섬긴 군주에게 권력을 부여하고 보장했지만, 결국 그 권력에 희생되고 말았다. 자유주의 성향의 프리드리히 3세가 짧은 통치 기간을 마감하고 젊은 빌헬름 2세가 그 뒤를 이었을 때 비스마르크의 시대는 끝나 가고 있었다. 빌헬름과 측근들은 제국의 많은 사람들처럼 대외적으로 좀 더 강력하게 대응하고 싶어 했다. 비스마르크의 타협정치를 더 이상 원하지 않았던 것이다. 비스마르크는 검증된 방식에 따라 자신을 다시금 꼭 필요한 존재로 만들고자 국내 정치적으로 갈등을 키웠으며 오직 자신만이 그 갈등을 풀 수 있다고 믿었다. 그러나 빌헬름은 그것을 무산시켰다. 1890년 75세의 비스마르크는 사직서를 제출하고 쓸쓸히 프리드리히스루 Friedrichsruh에 있는 영지로 물러난다. 그가 스스럼없이 고백했듯이 이곳에서 수많은 밤을 증오로 지새웠다. 비스마르크는 자신에게 남은 마지막 4년 동안 모든 적대자를 청산하는 회고록을 썼다.

비스마르크와 라살은 각각 뛰어난 계층이 지배하는 신분제 국가와 성장하는 노동자 계층의 주도권을 인정하는 엘리트주의 국가를 구상했다. 그리고 둘은 권위주의적이었다. 올바른 국가가 어떤 모습이어야 하는지 두 사람은 대답할 수 없을 것이다. 그 질문에 대한 답은 아마 영원히 불가능할 것이다. 오직 근사치의 답만 가능할 뿐이다. 이상적인 관점에서 볼 때 올바른 국가는 유연하고 발전을 받아들이며 다양한 이해관계를 고려해야 한다. 이는 비스마르크와 라살이 권위주의적 국가 모델에 초점을 맞추고 있을 때 에이브러햄 링컨이 1863년 11월 19일 그 유명한 게티즈버그 연설에서 천명한 '국민의, 국민에 의한, 국민을 위한 정부'다. 링컨의 정부는 비스마르크와 라살이 그토록 열렬히 맞서 싸웠던 자유주의자들의 구상과 유사하다.

좋은 국가는 라살과 비스마르크의 생각과 전혀 다르게 발전해 갔다. 그러나 역설적이게도 좋은 국가는 항상 문제들을 해결하고 역동적인 사회를 발전시키기 위해 이 둘과 같은 강력한 인물들을 필요로 했다. 이는 어떤 정치 진영에서건 마찬가지였다.

9장

빈센트 반 고흐와
폴 고갱

예술은 삶에 꼭 필요한가?

"그리고 내가 하는 일, 나는 여기에 내 삶을 건다.
이때 내 이성의 거의 절반은 날아가 버린다."

| 빈센트 반 고흐 |

"어디서 왔는가? 우리는 누구인가?
우리는 어디로 갈 것인가?"

| 폴 고갱의 그림 제목 |

불꽃이 이는 듯한 짧고 붉은 머리에 수염을 기른 한 마른 남자가 이른 아침 노란색 집을 나선다. 다 해진 파란 바지 차림의 남자는 팔꿈치가 나온 푸른 재킷 주머니에 손을 찔러 넣고 머리에는 밀짚모자를 썼다. 넓은 모자챙에 가려진 얼굴은 새벽 어스름 속에서 거의 알아볼 수 없고 파란 눈만 튀어나올 듯하다. 신선한 새벽빛 속에서 그는 급히 골목을 성큼성큼 내려간다. 스케치북과 배낭 위에 비스듬히 묶인 이젤이 아니었다면 그는 일용직 노동자로 보였을 것이다. 빈센트 반 고흐Vincent van Gogh(1853~1890)는 1888년 7월 짙은 노란색 보도블록 위에 검푸른 그림자를 끌며 일하러 가는 자신의 모습을 〈일하러 가는 화가〉에 영원히 담아 두었다.

유난히 추웠던 겨울이 지난 2월 고흐는 프랑스 남부 아를에 도착했다. 그곳 자연의 온화함과 색채가 그를 불러들였고 새로운 시작에 대한 희망을 일깨웠다. 고흐는 지치지 않고 여기저기를 돌아다녔으며 놀라운 속도로 계속 그림을 그려 냈다. 캔버스 위의 푸른색, 노란색, 오렌지색은 혼란에 빠지게 할 정도로 강렬해서 어떤 마법의 힘을 빌려 작렬하고 있는 듯했다. 이런 그림을 아름답다고 생각하는 사람은 거의 없었다. 동네 사람들은 걸핏하면 싸움을 벌이는 이 괴짜에 대해 수군거렸고 몇몇 어린아이들은 그에게 못된 짓을 하기도 했다.

고흐는 실제로 괴짜였다. 주체할 수 없이 들끓는 감정의 채찍질에 내맡겨진 남자, 그것은 끝없는 말의 폭포와 급작스러운 태도에서 드러났다. 불안한 눈길로 세상을 엿보는 고흐에게서 흔히 보이는 굳은 표정은 어떻게든 내적 감정의 혼란을 제어하고 다스리겠다는 절망적인 노력의 증거처럼 보였다. 그는 자신이 느낀 것을 찬찬히 설명할 수 없었다. 한 편지에서 동생 테오Theo는 "형 빈센트를 대체 어떻게 해야 할지 모르겠다.……형은 무엇이든 누구이든 상관하지 않기 때문이다"라고 썼다. 그렇게 고흐는 외톨이였다. 그는 거의 항상 그랬다. 아를에서도 그는 사람들 사이에서 혼자였다. 고흐는 밤에 좁은 골목길 카페와 술집을 찾았고 매춘부들, 특히 레이첼Rachel과 잠자리를 했다. 그녀는 직업여성 중에서 그에게는 최고의 여자였다. 어쨌든 그녀에게 돈을 지불했고 그건 사랑, 친교 혹은 욕망이 아닌 단순히 휴식에 대한 대가였다.

여름이 되자 고흐에게는 요동치는 삶을 멈출 수 있다는 기대가 생겼다. 폴 고갱Paul Gauguin(1848~1903)을 아를로 불러 화가 공동체를 만들겠다는 생각이 형태를 갖추기 시작했다. 생각이 구체화될수록 고흐의 영혼도 날아올랐다. 그것은 앞으로 일어나게 될 더 많은 일의 시작이었다. 그는 젊은 화가 에밀 베르나르Écmile Bernard[16]도 아를로 불러들일 수 있다고 기대했다. 고흐는 동생 테오와 편지를 주고받으며 이에 대해 의논했다. 여기에 더해 동생과 함께 인상주의자들의 그림을 거래하는 미술상商을 세울 계획까지 세웠으나 구체적으로 진전된 일은 없었다. 고흐는 테오가 주는 돈으로 살았다. 그 운명의 아이러니는 이렇다. 그 돈의 대부분은 고흐와 같은 이름을 가진 빈센트 아저씨의 유산이었다. 주로 센트Cent로 불렸는데 그도 테오처럼 미술상이었다. 센트는 무슨 일이 있어도 고흐에게는 단 한 푼도 주지 말라는 내용의 유언장을 남겼다. 그는 고흐가 어떤 인물인지 알았던 것이다. 테오는 자기 몫의 유산을 유언을 어기는 데 썼다. 고흐는 동생 테오의 도움이 없었다면 자신이 선택한 삶을 살아갈 수 없었을 것이다. 그리고 그리고 또 그리기! 그림을 그리는 일은 삶의 핵심, 고흐의 소명이었다.

여기 남쪽에서 고흐는 자신을 감싸 안는 자연을 느꼈다. 태양의 강렬한 색과 하늘의 푸른색, 땅의 황토색, 사이프러스의 녹색. 영혼으로 비쳐 들어와 어둠을 깨뜨리는 빛 덕분에 고흐는 숨을 내쉴 수 있었다. 고흐는 창작에 도취되었다. 예상 가능한 일이었다. 그는 중간을 몰랐고 얼마를 받든 상관없이 온몸을 던져 그림에 몰두했다.

---

16 — 프랑스 화가. 고흐와 고갱의 친구로 유명하며, 퐁타방에서는 고갱과 함께 그림을 그렸다. 색채의 평면적 사용과 윤곽선으로 된 클루아조니슴 화법을 주장해, 고갱에게 결정적인 영향을 주었다. 만년에는 르네상스 시대의 거장들을 숭배했고 보수적인 화풍을 지켰다.

빛의 의지

어린 시절 고흐는 혼자서 네덜란드 남부 준데르트Zundert의 들판을 자주 쏘다녔다. 그가 태어난 곳이고 개신교 목사인 아버지가 설교하던 붉은 벽돌집의 작은 교회가 있었던 곳이다. 여섯 아이 중 장남인 고흐가 무엇이 될지 부모는 알 수 없었다. 그는 말이 없고 고집이 셌다. 사람들과 잘 어울리는 동생 테오와는 전혀 달랐다. 테오는 어린 시절 고흐와 한방을 썼고 형을 숭배했다.

고흐의 어머니 쪽 가계에 화가와 미술상들이 있었다. 미술품 거래로 부자가 된 센트 아저씨는 파리에 본사를 둔 당대 최고의 미술상 구필 화랑Goupil & Cie의 동업자였다. 이 센트 아저씨의 헤이그 지사에 고흐가 수습생으로 들어갔다. 그런데 그는 들어가자마자 말썽을 일으켜 런던의 한 창고로 발령받는다. 무뚝뚝하고 미소 한번 짓는 법이 없던 고흐가 손님들을 다짜고짜 무례하게 가르치려 든 것이다. 이후 그는 파리의 한 지사에서 일하다 해고된다.

고흐는 성경을 읽기 시작했고 기도서를 탐독했다. 그는 신학 공부를 하려 했지만 곧 신학은 사기일 뿐이라는 결론을 내린다. 그러고 난 후 고흐는 부목사로 음울한 잿빛만이 지배하는 벨기에의 탄광촌인 보리나주Borinage로 간다. 그곳 사람들의 비참한 생활에 충격받은 그는 광부와 똑같이 생활하면서 열정적으로 설교했다. 그리고 검은 석탄재에 뒤덮인 그들의 차가운 잿빛 일상을 그렸다. 교회 담당자들은 고흐의 종교적 열정을 의심스럽게 지켜보다가 그를 해고

한다. 그러는 사이 스물일곱이 된 고흐는 화가가 되기로 결심한다.

사람들에게 친절했던 테오는 고흐가 그랬듯이 센트 아저씨의 미술상에 들어갔다. 형과 달리 성실하고 믿을 만했기에 그는 파리 지사를 책임지게 된다. 이때부터 테오는 형을 경제적으로 지원했고 고흐는 독학으로 모든 열정을 다 쏟아 배우고 그렸다. 고흐는 부모가 이주했던 누에넌Nuenen에 잠시 머물다가 그 후에는 안트베르펜Antwerpen에서 살았다. 어디를 가건 그는 미친 듯이 그림을 그렸다. 나중에는 파리 테오의 집에서 2년간 머물렀다. 갈등이 없을 수는 없었다. 그렇지만 고흐의 그림은 동생에게 깊은 인상을 주었다. 테오는 그의 집 벽 여기저기 걸려 있는 그림을 보고 그림을 그린 인간의 영혼을 알아봤고, 그 그림들이 건네는 메시지를 알게 되었다. 파리에서 고흐는 인상주의자들의 작품을 접하고 화법에 영향을 받는다. 특이한 족자, 평평한 색면, 그림자 없이 강조된 선이 특징인 일본 목판화도 그를 열광시켰다. 그리고 이 모든 것이 아를에서 완숙한 경지에 이른 고흐의 회화에 고스란히 반영된다.

4월에 고흐는 라마르틴Lamartine 광장 한 모퉁이의 노란색 집에 있는 아틀리에를 빌린다(나중에는 네 개의 방을 포함한 그 집 오른쪽 전체를 빌린다). 여기에서 고흐는 가구를 들여놓고 집을 장식하기 위해 그림을 그리며 고갱을 기다렸다. 무엇보다 그는 해바라기를 그렸다. 고흐에게 해바라기는 삶, 온기, 행복, 친절의 상징이었다. "사람들이 부야베스를 먹는 것과 같은 열정으로 나는 그림을 그린다"라고 그는 테오에게 썼다. "나는 매일 아침 해가 뜨면 일한다. 꽃들은 금세 시드니까."

고흐는 고갱을 1886년 11월 파리에 있는 테오 집에서 짧게 마주친다. 갈색으로 그을린 고갱은 카리브해에서 막 돌아온 참이었다. 고갱은 젊은 인상주의 화가들 사이에서 큰 명성을 얻었지만 아직 성공을 거두진 못했다. 허풍쟁이에 싸움꾼인 고갱은 항상 돈에 쪼들렸다. 그도 고흐처럼 그림을 늦게 시작했고 그림에 자신의 모든 것을 걸었다. 그러나 고흐와는 달리 복싱과 펜싱을 즐기는 사람이었던 고갱은 캔버스 앞에 전사로서 섰다. 그림 하나하나가 모두 승리의 트로피였으며 그만의 고유한 내면의 세계를 전시해 놓은 보물이었다. 마치 승리를 거둔 장군처럼 득의만만한 태도로 자신의 작품에 '고갱'이라고 서명했다.

고흐는 모든 감각으로 세계를 빨아들였다. 그는 느낀 것을 그림으로 재현하려 했고 멀리 있는 구원을 예감하며 세계를 껴안으려 했다. 고흐가 물감과 캔버스와 싸울 때면 마음과 열정은 자신을 돕는 조수인 동시에 집요하게 괴롭히는 괴물이기도 했다. 이런 그림에 마지막으로 서명하는 사람은 자신을 대가로 느끼는 사람이 아니었다. 그는 최선을 다해 자신과 싸우고 벌거벗은 영혼을 다 드러내며 작품 앞에 서 있는 한 인간일 뿐이었다. 이렇게 완성된 그림에 '빈센트'란 서명은 자신에 던지는 의문과 같았다.

고갱은 고흐보다 다섯 살 위였다. 출신 면에서도 그는 골똘히 생각에 잠기는 북유럽인의 대척점에 서 있다. 외할머니가 페루의 부유한 귀족 가문 출신의 작가이자 여권운동가인 플로라 트리스탕Flora Tristan이다. 기자였던 고갱의 아버지는 1848년 혁명의 진압 후 프랑스를 떠나야만 했고 가족과 함께 아내의 고향으로 이주하려 탔던 배 위에서 사망했다. 고갱의 어머니는 아이들과 일단 페루에 머물렀고, 몇 년 후 프랑스로 돌아왔다. 프랑스에서 고갱은 처음엔 상선을 타고 후에는 해군에 들어가 대양을 돌아다녔다. 고갱의 어머니는 죽기 전 아들의 인생행로를 결정짓는 중요한 선택을 했다. 부유한 은행가 구스타브 아로사Gustave Arosa를 아들의 후견인으로 삼은 것이다. 아로사 덕분에 고갱은 증권중개인으로 성공해 많은 돈을 벌게 된다. 고갱은 덴마크인 메트 소피 가드Mette Sophie Gad와 결혼해 다섯 명의 자녀를 낳는다. 후견인 아로사는 들라크루아Delacroix, 쿠르베Courbet, 코로Corot의 그림들을 소장하고 있었는데, 고갱은 그의 집에서 이 회화를 접하고 압도당한다. 그는 그림 수업을 받기 시작했고 인상주의자들의 전시회에 참여하게 된다. 여기에서 이 새로운 유파의 주요 인물들인 피사로Pissarro, 드가Degas, 르누아르Renoir, 마네Manet를 알게 되어 그들의 작품을 수집하기 시작한다.

1870년 무렵 인상주의자로 불리는 새로운 유형의 예술가들이 무대에 등장했다. 인상주의자들은 제도권 아카데미 화가들과 의도적으로 거리를 두었다. 제도권 화가들은 소모적이고 호사스러운 역사화와 장식적인 판타지로 미술계를 지배했고 낭만주의와 고전주의의 미적 이상을 따르고 있었다. 인상주의자들이 보는 세계와 회화는 달랐다. 그들은 옛 대가들을 존경하면서도 새로운 길을 갔다. 인상주의자들은 신화나 역사적인 모티브에 전혀 흥미를 느끼지 못했다. 그들은 자연, 도시, 일상과 같이 주변의 소소한 것들을 표현하려 했다. 자연스러운 주변 환경 속에 대상이 있는 야외가 곧 그들의 아틀리에였다. 거룻배, 화물열차, 경마, 술집과 무도회장의 풍경을 그렸고 뱃놀이, 산책, 실내장식 같은 사생활의 작은 낙원을 그렸다. 그들은 빨리 그렸고 대충 스케치만 하기 일쑤였다. 어느 특정한 빛의 순간을 잡아내는 것이 인상주의자들에게는 정확한 묘사보다 더 중요했다. 그들의 그림에서 색은 특별한 의미를 얻었다. 색이 선을 밀어낸 것이다.

미술의 역사를 말할 때 사진이 인상주의의 탄생에 얼마나 기여했는지가 빠지지 않고 언급된다. 실제로 사진의 발명은 회화에 대한 도전이었다. 회화의 의미에 대해 의문을 품는 사람들도 있었다. 모든 것이 한순간에 확실하게 판에 찍히는데 왜 그림을 굳이 그려야 한단 말인가? 이 질문은 회화를 해방시켰다. 이제 회화는 보이는 것을 그대로 재현해야 한다는 의무에서 벗어난 것이다. 인상주의자들은 사진기가 절대 달성할 수 없는 방식으로 시각을 주관화했다. 그들은 회화를 보던 좁은 시야, 무엇보다 우리를 즐겁게 하고 고양시키며 근본적으로 장식이라 여겼던 데에서 벗어나게 했다. 인상주의자들은 저마다 다르게 감지하고 다르게 표현하는 인간을 중심에 세웠다. 이는 회화가 갖는 의미의 핵심, 즉 왜 회화가 중요하고 삶에 필수적인가라는 문제로 이끌었다.

이제 인상주의자들은 자신만의 새롭고 좋은 아이디어가 새로운 기준을 만드는 시대의 문을 활짝 열었다. 이 문턱 바로 앞에 고흐와 고갱이 서 있었다. 그들은 이미 표현주의와 현대로 진입하는 미래를 내다보았다. 고흐는 여전히 자신을 인상주의자로 여겼지만 이미 한 걸음 더 나가 있었다. 자신을 한 유파라고 단정 짓지 않으려던 고갱도 마찬가지였다. 고갱은 1882년 증시 붕괴 후 직장을 잃었지만 이를 그림에 전념할 기회로 삼았다. 그의 나이 서른넷, 나머지 인생을 온전히 예술에 바치고자 결심한 것이다. 아내의 생각은 달랐지만 고갱은 가족을 부양할 수 있다고 확신했다. 그러나 그의 예상은 완전히 빗나갔다. 그림은 거의 팔리지 않았고 고갱은 친구들의 도움과 어쩌다 얻는 일감으로 생계를 유지했다. 고집불통의 성격에 싸움이 잦았던 고갱이 일감과 후원자를 구하는 일은 쉽지 않았다. 그렇다고 그는 괴로워하지도, 자신을 회의하지도, 괴롭히지도 않았다. 고흐와 다른 점이다.

라마르틴 광장 2번지의 두 화가

고갱은 점점 더 가족과 멀어졌다. 그는 브르타뉴에서 그림을 그렸고 파나마와 마르티니크섬Martinique을 여행했다. 파리 미술계에서 고갱은 테오와 알게 되었다. 테오는 그의 그림을 좋아했고 그를 후원하기 시작했다. 1888년 고갱은 빚을 감당할 수 없는 막다른 상황에 내몰렸다. 테오의 후원금으로도 감당할 수 없는 상황이었다. 테오는 고갱에게 한 달에 한 점 그림을 넘기고 아를에 있는 자기 형과 함께 산다면 매달 150프랑을 주겠다고 제안했다. 그것은 고흐의 아이디어였다. 주저하던 고갱은 어쩔 수 없이 동의한다.

고갱은 1888년 10월 23일 어둠이 가시지 않은 새벽 아를에 도착했다. 고흐는 몇 주 전부터 설렜고 계획을 짜느라 거의 잠을 잘 수 없었다. 그는 친구를 위해 라마르틴 광장 2번지 노란색 집의 오른편 방 하나를 준비했고 자신이 그린 해바라기 그림으로 벽을 장식했다. 고흐가 방문을 열었을 때 건장하고 갈색으로 그을린 한 남자와 마주했다. 고흐는 약간 실망했다. 고흐는 지난 몇 주간 편지를 읽고 병약해진 고갱을 상상해서 그를 돌봐 주면 아를에 고갱을 붙잡아 둘 수 있을 거라고 기대했었다.

고갱과 고흐는 무엇보다 예술에 대해서 서로 많은 얘기를 나눴다. 함께 카페에 갔고 시내를 둘러보았지만 처음부터 긴장감은 팽배해 있었다. 고갱은 고흐가 그를 기다리며 세웠던 모든 계획을 좌절시켰다. 무엇보다 고갱은 고흐와 함께 들판에 나가 그림을 그리려 하지 않았다. 일단 새로운 환경에 적응해야 한다는 것이 고갱의 생각이었다. 고갱은 아를의 모든 것을 의심의 눈초리로 바라보았다. 고흐는 너무나 애를 썼고 고갱은 너무나 소극적이었다. 아를에서 고갱이 곧장 한 일은 여자들 뒤를 따라다니는 것이었다. 사창가에서 돈으로 여자를 사는 고흐와 달리 고갱은 여자들을 하나하나 정복했다.

고갱이 아를에 도착한 지 얼마 지나지 않아 그의 그림이 팔렸다는 소식을 테오가 전해 왔다. 500프랑을 받았다고 했다. 고흐는 기뻐했지만 곧 열등감에 빠졌다. 그는 자신을 실패자로 느꼈고 동생에게 부끄러웠다. 그는 동생 테오에게 자신의 그림도 언젠가는 팔리기를 바란다는 편지를 썼다. 마침내 고갱은 작업을 시작했지만, 고흐가 제안한 도시의 전경이 아닌 도시 속 모티브를 그리겠다고 고집했다. 게다가 고갱은 유화가 아니라 스케치를 하겠다고 했다. 작업 방식에서도 그는 정반대의 입장을 취했고 자신의 방식을 고흐에게 강요했다. 고흐는 대상을 바로 앞에 두고 현장에서 재빠르게 그렸는데, 고갱은 되도록 집에서 그것도 기억을 통해 천천히 그림을 완성하려 했다. 고갱은 고흐에게 좀 더 신중하게 그리라고 충고했다. 고흐는 불안해졌다. 그림을 좀 더 신중하게 그리라는 테오의 간절한 충고가 생각났기 때문이다. 그러나 고흐는 계속 느낌의 순간을 포착하려 했고 자신을 '자연에 맡기고자' 했다. 이는 빨리 그리는 것을 의미하기도 했다. 고흐는 풍경이든 사람이든 혹은 식물이든 '진실보다 더 진실한' 그림을 그리려고 했다. 이런 태도를 바꾸라는 고갱의 요구는 고흐가 가진 화가로서의 자기 이해에 대한 공격이었다. 색 선택도 붓질도 논쟁거리였다. 고흐는 강렬한 색깔로 겹겹이 붓질을 하는 반면 고갱은 여린 붓질과 부드러운 색의 터치를 선호했다. 고흐가 자신이 가장 좋아하는 색이라며 여기저기 노랑을 사용하는 것도 고갱은 싫었다. "이런 제기랄, 온통 노랑이야" 고갱에게서 고함이 터져 나왔다.

저녁이면 그들은 몇 시간이고 예술에 대해 토론을 벌였다. 토론에서도 고갱은 늘 부정하는 입장이었고 고흐는 해결책을 찾을 수 없었다. 고갱은 고흐가 존경하는 모든 화가를 비웃었다. 반대로 고흐가 경멸하는 화가는 칭송했다. 그들이 어쩌다 같은 화가를 칭찬하게 되어도 그것은 서로 다른 이유에서였다. 고흐는 렘브란트Rembrandt의 빛을 다루는 솜씨에 감탄했고 고갱은 형태 감각에 감탄했다. 얼마 지나지 않아 고갱은 이론적 토론이 지겨워졌고 고흐의 강연을 역겨워했다.

예술은 둘 사이의 작은 전쟁의 일부분이었다. 둘은 이미 오래전부터 일상의 모든 것을 두고 다퉜다. 고갱은 고흐가 특별히 그를 위해 정성스럽게 준비해 놓은 방이 맘에 들지 않았다. 고갱은 자신의 침구와 식기, 여러 생활용품을 따로 주문해 파리에서 구입했다. 요리도 직접하기 시작했다. 어느 레스토랑에 갈지 의견의 일치를 보기 힘들었고 고흐가 해 주는 요리는 거의 먹을 수 없었기 때문이었다. 게다가 고갱은 동거인이 생활비를 어떻게 쓰는지에 대해 알고 경악했다. 공동 생활비를 위한 금고를 따로 마련할 정도였다. 고흐가 마구 어질러 놓는 것도 싫었다. 청소를 돕는 한 부인과 함께 고갱이 청소를 맡았다.

그러는 사이 고흐의 불안도 커졌다. 자신만만한 고갱과 그의 지배력은 고흐를 짓눌렀다. 고흐는 곧 항복했다. 그는 고갱의 화법과 구도를 답습했고 현장에서 그리지 말라는 지시까지 따랐다. 일주일 내내 비가 내려 야외에서 그리는 게 불가능했던 어느 날 둘은 각자 포도 수확에 관한 그림을 그렸다. 고흐는 스케치를 이용해 〈아를의 붉은 포도밭〉을 완성했고, 고갱은 늘 그렇듯 기억에 따라 〈포도 수확 혹은 인간 비극〉을 탄생시켰다. 고흐는 원하지도 않았고 알지도

고흐의 〈아를의 붉은 포도밭〉.

고갱의 〈포도 수확 혹은 인간 비극〉.

못했지만, 그가 동일한 주제를 받아들였을 때 고갱과의 경쟁이 시작된 셈이었다. 게다가 고갱의 룰에 따라서 말이다.

예술의 깊은 본질은 결코 경쟁이 아니다. 비록 비교하고 평가하기를 좋아하는 사람들이 그렇게 몰고 간다고 해도 말이다. 고흐와 고갱도 그림의 열등과 우월을 말하기는 했다. 그러나 두 사람이 그린 포도 수확 그림에서 보듯, '열등' 혹은 '우월'을 기준으로 그림을 판단하는 것은 잘못된 방향으로 이끈다. 두 그림은 각기 다른 언어를 사용한 창작품이고, 삶을 감지하는 방식이 다름을 증명한다. 고갱과 고흐는 각자 그림을 통해 예술의 존재 이유를 밝힌 셈이다. 최고의 예술은 방치된 것을 표현하는 언어를 인간에게 제공하기 때문이다. 고흐의 그림이 조화로운 색채의 교향곡이라면, 고갱의 그림은 상징과 신화로 가득 찬 세심한 구성물이다. 두 그림은 다르게 표현됐을 뿐, 모두 걸작이다.

12월 중순 고갱은 테오에게 보내는 편지에 고흐와 자신은 서로 너무 맞지 않아 떠나야겠다고 쓴다. 이미 오래전부터 둘은 침묵하거나 싸우지 않으면 각자의 작업으로 도피했다. 그 사이 고갱의 그림은 파리에서 점점 더 찾는 사람이 많아졌다. 테오는 특히 그의 그림이 지닌 상징성을 열광적으로 칭찬했다. 팔리는 그림을 그리라는 고흐를 향한 테오의 오랜 경고가 마치 비난처럼 그 저변에 깔려 있었다. 이런 연유로 고흐는 계속해서 고갱의 화풍을 닮으려 노력했고 타협점을 찾으려 했다. 예술에 타협은 없다는 것을 고흐의 내면은 알고 있었다. 그의 영혼이 반항하기 시작했다. 곧 그는 신물이 났고 답을 찾았다. 낯선 고갱의 언어에서 자신을 해방시키는 데 성공한 것이다.

고흐는 우체부 룰랭Roulin의 가족 초상화를 그리기 시작했다. 전부 여섯 명인데 하루에 한 명씩 그렸다. 그는 한 획 한 획 붓질을 할 때마다 완전히 자기 자신을 되찾았다. 그다음으로는 〈빈센트의 의자〉와 〈폴 고갱의 의자〉를 그렸다. 고흐는 눈앞에 있는 것을 그렸다. 이 대상들은 어떤 것도 지어낸 것이 없었다. 고흐의 대상은 눈앞에 실제로 존재하는 것이었다. 그의 어깨너머로 바라보면 우리가 직접 볼 수 있는 것들 말이다. 그렇지만 캔버스 위에 생겨나는 그림은 자기 존재를 바라보는 고흐의 시각으로 그려졌다. 그림은 색과 획으로 그의 내면의 시각을 통과한 많은 이야기를 들려준다. 고흐가 두

고흐의 〈빈센트의 의자〉.　　　　고흐의 〈폴 고갱의 의자〉.

의자를 화면에 담는 방식만 보아도 두 남자의 영혼이 얼마나 다른지 드러난다. 고흐는 자기 언어를 되찾은 것이다.

의자를 그린 두 그림은 이미 오래전부터 고흐가 예감하고 있던 것을 말해 준다. 고갱이 떠날 생각을 하고 있었던 것이다. 고흐는 다시 한번 생각해 보라고 고갱을 졸랐다. 여기 아를에서 자신과 함께 있어야만 고갱에게 좋을 것이라고 애걸복걸했다. 고갱은 정말 다시 생각해 보는 것 같았다. 한순간 고흐는 둘 사이의 긴장이 풀릴 것이라고 믿었다. 그들은 서로 초상화를 교환했고, 고갱은 결국 머물기로 했다. 아마 테오가 편지로 고갱을 설득한 탓도 있었을 것이다. 테오가 친구들에게 보낸 편지에는 늘 고흐의 정신 건강을 염려하는 내용이 빠지지 않는다. 어쩌면 어떤 끝을 예감하며 두려워하고 있었을 것이다. 고흐의 정신 건강은 고갱이 아를에 도착한 지 얼마 지나지 않아 테오에게 쓴 편지에서도 알 수 있다. "당신 형은 정말 약간 이상합니다."

12월 23일 테오에게 보내는 고흐의 편지는 이렇게 시작한다. "내 생각에 고갱은 이 좋은 도시 아를도, 우리가 작업하는 노란 집도 그리고 무엇보다 나 자신에게도 싫증이 난 것 같아." 고흐는 고갱이 떠날 것을 항상 예감하고 있었고, 둘 사이의 긴장은 아무것도 아니라고 자신을 안심시켰다. 그리고 막상 고갱이 구체적으로 떠날 계획을 밝히자, 그건 고갱의 일시적 기분 탓이며 고갱에겐 이 남쪽 지방이, 이 공동체가 필요하고 이 사실을 그가 미처 깨닫지 못한 것이라고 자신을 다독였다. 고갱은 다시금 떠날 생각으로 흔들렸고 친구에게 보내는 편지에서 테오와 고흐에게 많은 것을 빚지고 있다고 고백했다. "몇몇 불협화음에도 불구하고 나는 아프고 괴로워하며 나를 원하는 이 선한 사람을 나쁘게 대할 수가 없다네."

이제 어두운 겨울이 왔다. 크리스마스가 목전이었다. 고흐는 이 시기가 되면 항상 쉽게 상처받는 자신과 머릿속 폭풍우를 감지했다. 감정 폭발이 빈번해졌다. 고갱은 침묵으로 대응했지만 소용이 없었다. 파국은 하필 크리스마스이브 전날 시작되었다. 그로부터 며칠 후 1888년 12월 30일 지방 일요신문 《공화 포럼*Le Forum Republicain*》 3면에 다음과 같은 기사가 실렸다.

지난 일요일 23시 네덜란드 출신 빈센트 반 고흐라는 사람이 1번 사창가에 나타나 레이첼이라는 여자를 찾아 자신의 귀를 주면서 "이 물건을 잘 간직하고 있으라"고 말했다. 그러고는 그가 사라졌다. 불쌍한 정신병자의 행동일 뿐이겠지만, 이 사건을 접수한 경찰은 다음 날 아침 이 사람을 방문했고 그는 침대에 누워 있었다. 그는 숨을 거의 쉬지 못했다. 이 불행한 사람은 응급으로 병원에 이송되었다.

고갱은 사건이 일어난 다음 날 12월 24일에 테오에게 전보를 쳤다. 테오는 즉시 아를로 가는 야간열차를 탔다. 사건은 아마 신문이 보도한 대로였을 것이다. 심하게 발작한 후 고흐는 자신의 귀를 잘라냈다. 며칠 후 고갱이 베르나르에게 전한 그날의 정황은 이렇다. 그 시작은 아마도 고갱과의 싸움이었을 것이다. 며칠 내내 차가운 비가 퍼부어 두 사람은 노란 집에 묶여 있었다. 고흐는 밤에 안절부절못하고 방들을 돌아다녔다. 저녁에 그들은 다시금 싸웠다. 결국 고갱이 현관문을 닫고 시내로 나가려 하자 갑자기 등 뒤에서 빠른 발걸음 소리가 들렸다. 고흐가 그를 쫓아와 앞에 서서는 갈 거냐고 물었다. 고갱이 그렇다고 하자 고흐는 휙 뒤돌아서 어둠 속으로 사라졌다.

길에서 짧게 대화를 나눈 후 고흐의 모든 것이 무너졌다. 혼란스러운 머릿속에는 고갱이 정말 그를 떠나는 것이 아닐까 하는 두려움이 커졌다. 게다가 그는 몇 시간 전에 테오의 약혼 소식을 들었다. 항상 테오가 아를로 이주하기를 바랐던 고흐에게 좋은 소식은 아니었다. 이 모든 것에 더해 음울한 날씨와 빈털터리 신세로 인한 절망이 그에게 한꺼번에 들이닥쳤다. 아마 이날 저녁 고흐는 술을 많이 마셨을 것이다. 그것도 그 지독한 압생트를. 자주 스스로 거세하게끔 몰아갔던 자신에 대한 증오가 다시 고개를 들었다. 결국 그는 집에 있는 거울 앞에 섰고 자신을 바라보다가 면도칼을 집어 들었다. 자신에 대한 분노 속에서 귀를 잘라 냈다. 피가 철철 흘렀다. 그는 가까스로 상처를 싸맸다. 그는 귀를 제물로 고갱에게 주려 했던 것 같다. 그는 고갱을 찾아 거리로 나섰다. 그리고 사창가 그의 단골 레이첼에게 가 있을 것이라 짐작하고 그곳에 찾아갔다. 그러나 사람들이 들어오지 못하게 막아섰고, 고흐는 귀가 담긴 꾸러미를 고갱을 위해 그곳에 남겨 두었다.

테오가 다음 날 도착해서 침대 맡에 앉아 말을 걸자 고흐는 아주 잠깐 정신이 들었다가 다시 혼절했다. 테오는 저녁에 돌아갔다. 고갱도 그와 함께 떠났다. 이렇게 두 화가의 관계는 끝이 났다.

예술에 담보 잡힌 삶

빈센트 반 고흐와 폴 고갱과 함께 마침내 비극적 영웅으로서의 예술가가 탄생했다. 특히 고흐는 '인정받지 못한 천재', 고통받는 현대 예술가의 대명사가 된다. 무엇보다 그는 모든 약점을 가진 한 인간이기에 우리를 매료시키고 감동시킨다. 고흐는 밥벌이에 신경 쓰지 않고 삶을 예술에 바친 사람이다. 그는 예술의 언어를 통해 말한다. 그럼으로써 한 개인으로서 자신에게 그리고 우리에게 하나의 목소리를 들려주었다. 고흐의 노력은 짧은 인생이 남기는 것의 무상함에 대항해 이를 영원히 붙들어 놓으려는 필사적인 시도이기도 하다.

고흐와 고갱 이후 미술은 뻔한 기술로 결국 대상을 모사하는 능력이나 취향 혹은 시대의 유행에 기여하는 능력 이상의 의미가 되었다. 두 사람 모두 예술에 끌렸다. 둘은 비교적 늦게 자신들의 삶을 예술에 바치겠다고 결심했고, 시작하고 나서는 몸과 마음을 바쳐 전념했다. 그들에게 예술은 삶에서 필수 불가결한 것이었다. 물론 그들에게만 그런 것은 아니다.

예술은 항상 인간의 삶에 꼭 필요한 것이었다. 그것은 수만 년 전 젊은 호모사피엔스가 달팽이집과 조개껍질을 실에 꿰어 목걸이를 만들었을 때부터 생겨났다. 아니 그보다 훨씬 전 바위에 처음으로 선을 그렸을 때 생겨난 것인지도 모른다. 인간은 생각을 이미지로 만들면서 세계를 이해하고 정리하기 위해 그리고 유한성을 깨닫고 자신을 영원히 남기기 위해 그렸다.

예술이 자신에게 얼마나 중요한지 깨닫는 것과 깨닫고 나서 하는 일은 별개의 문제다. 예술, 특히 과감한 예술은 발전해 나아가는 사회에 필수적인 것이다. 예술은 끊임없이 소통의 새로운 길을 모색하기 때문이다. 예술은 그림의 형태만 있는 게 아니다. 예술은 소리, 몸짓, 이야기와 같이 소통의 어떤 형식으로든 존재할 수 있다. 예술은 역동성을 주고 자신의 관점을 돌아보게 만든다. 특히 논리나 종교, 철학과 학문으로 파악할 수 없는 감정적인 체험 영역을 더 잘 이해하려면 어떤 경우에든 예술은 삶에 필수다. 그럼에도 예술이 삶에 필수인가 하는 질문에 최종적인 답은 할 수 없다. 그것은 영원히 질문으로 남을 것이다. 누구나 자신에 대한 예술의 영향력과 의미를 깨닫는 것은 아니기 때문이다. 많은 사람들은 여전히 예술을 멋진 부속품, 장식 혹은 괜찮은 취미라고 생각한다.

성탄 전야의 그 끔찍한 사건 후에도 고흐에게 예술은 마지막까지 세계를 파악하고 이해하고 형상화하는 그리고 스스로 부과한 의무를 수행하는 여러 길 중 하나였다. 삶의 마지막 1년 반 동안 고흐는 종종 맑은 정신일 때도 있었지만 새로운 발작과 망상, 우울증에 시달렸다. 1889년 4월 고흐는 아를 근처 생레미드프로방스^{Saint-Rémy-de-Provence}에 있는 한 정신병원에 스스로 들어갔다. 그는 여기서 붓과 캔버스로 작업해도 된다는 허락을 받고 병원의 정원과 유명한 〈별이 빛나는 밤〉을 그렸다. 여름에 고흐는 발작 중에 독성의 물감을 삼켰다. 그것은 광기의 발로였을 수도 있고 자살시도였을 수도 있다. 그리고 그는 자화상, 백합꽃을 그리는 것 외에도 흠모하던 대가들의 그림을 모사했다.

연초에 고흐는 파리 근처 오베르 쉬르 우아즈Auvers-sur-Oise로 갔다. 의사이자 미술 애호가인 폴 가셰Paul Gachet 박사가 그를 돌봤다. 고흐는 마지막 창작열에 불탔다. 그는 다시 한번 파리의 테오 부부와 갓 태어난 조카를 방문했지만 불화가 있었고 고흐는 떠났다. 그로부터 3주 후인 1890년 7월 27일 저녁 그는 들판에서 오베르까지 간신히 돌아왔다. 총알 하나가 가슴에 박혀 있었다. 자살시도였을까? 들판에서 마을 젊은이들과 권총을 가지고 드잡이하다 벌어진 사고였을까? 이런저런 추측들이 난무했다. 7월 29일 황급히 달려온 테오가 고흐의 임종을 지켰다. 그의 사망 후 과로에 지치고 탈진한 테오는 육체적·정신적으로 무너졌다. 그는 매독에 걸렸다. 형이 사망한 지 겨우 6개월 뒤인 1891년 1월 25일 테오의 인생도 끝났다. 그는 오베르 쉬르 우아즈에 있는 고흐의 묘 옆에 묻혔다.

고흐와 소동을 벌인 후 고갱은 처음엔 파리와 브르타뉴를 오가면서 지칠 때까지 그림을 그렸다. 그의 중요한 작품 중 몇 편이 이때 그려졌다. 오래전부터 고갱은 남태평양을 동경하고 있었다. 1891년 4월 1일 그는 마르세유Marseille에서 타히티Tahiti로 가는 배에 올라탔다. 타히티 프랑스 지사가 국왕 포마레Pomare 5세와의 만남을 주선하기로 했다. 고갱은 왕에게서 많은 주문을 받을 것이라고 기대했다. 그

고갱의 〈어디서 왔는가? 우리는 누구인가? 우리는 어디로 갈 것인가?〉.

런데 왕은 예정된 접견을 몇 시간 앞두고 사망했다.

고갱은 극심한 가난과 함께 오두막에서 지냈다. 한 미성년의 타히티 소녀가 고갱의 식사를 책임지며 잠자리도 함께했다. 그는 병에 걸려 1893년 프랑스로 돌아왔다. 약간의 유산을 받은 덕택에 1895년 가을 다시 타히티로 돌아오는 여행이 가능했다. 고갱은 매독에 걸려 있었고 금전적 걱정은 끝이 보이지 않았다. 게다가 약속돼 있던 프랑스에서의 송금이 오지 않았다. 그는 오직 물과 쌀로 연명했다. 또 다른 타히티 소녀와 동거했고 딸을 낳았지만 아이는 곧 죽었다. 후에 아들 하나가 생겼다. 1897년 사랑하는 딸 알린느^{Aline}가 죽었다는 소식이 유럽에서 고갱에게 전해진다. 이때의 심한 충격으로 고갱의 건강이 점차 악화된다. 심장 발작에서 채 회복되기도 전 고갱은 그해 말, 훗날 그가 자신의 가장 중요한 작품으로 꼽게 되는 작품을 시작한다. 그는 이웃의 도움을 받아 스스로 지은 파페에테^{Papeete} 해안가 오두막에서 4주 만에 세로 141센티미터, 가로 376센티미터의 거대한 그림을 완성했다. 왼쪽 상단 구석에 고갱은 제목을 써 놓았다. "어디서 왔는가? 우리는 누구인가? 우리는 어디로 갈 것인가?" 고갱은 이 그림을 일종의 유언장으로 생각했고 그림이 완성된 후에는 자살할 계획이었다. 그러나 독극물 비소로 자살하려는 그의 시도는 실패했다.

1901년 가을 고갱은 마르케사스^{Marquesas}섬 히바 오아^{Hiva Oa}로 이주했다. 거기서 다시 오두막을 짓고 '쾌락의 집'이라 불렀다. 그는 그곳의 관청과 교회와 다퉜고 다시 어린 여자아이를 맞아들였다. 고갱은 그녀를 그렸고, 그녀는 임신을 했다. 그녀의 나이 열네 살이었다. 고갱이 1903년 5월 8일 54세의 나이로 사망했을 때 그곳 주교는 다음과 같은 냉혹한 애도사를 했다. "유일하게 언급할 만한 사건은 경멸해 마지않는 고갱이라는 한 개인의 죽음이었습니다. 그는 유명한 예술가였지만 하느님의 적이었습니다."

고갱은 고흐를 어떻게 추억했을까? 노랑이다. 타히티에서 고갱은 오두막 앞에 해바라기를 심었다. 모두 여기서는 자랄 수 없을 거라고 했다. 그러나 고갱은 굽히지 않았다. 얼마 지나지 않아 고흐가 아를에서 고갱의 방을 아늑하게 만들기 위해 그리고 또 그렸던 해바라기가 그 둥글고 어두운 씨방 주위를 그가 그토록 사랑했던 우정의 색을 두르며 남태평양의 따뜻한 하늘로 피어올랐다.

10장

루트비히 비트겐슈타인과
존 메이너드 케인스

우리는 인생에서 무엇을 해야 할까?

"이것 말고는 더 할 수 있는 말이 없는 것 같다.
행복하게 살아라!"

| 루트비히 비트겐슈타인 |

"드디어 신이 왔소.
5시 15분에 도착한 기차에서 신을 만났다오."

| 존 메이너드 케인스가 비트겐슈타인에 대해 |

루트비히 비트겐슈타인Ludwig Josef Johann Wittgenstein(1889~1951)과 존 메이너 드 케인스John Maynard Keynes(1883~1946)의 기이한 친구 관계가 시작된 결 정적 계기에는 버트런드 러셀Bertrand Russell이 있다. 20세기 탁월한 사 상가 중 한 사람인 러셀도 두 젊은이 중 누가 더 똑똑한지 결정할 수 없었다. 러셀은 애제자 비트겐슈타인에 대해 "내가 지금까지 만 난 전형적 의미에서의 천재 중에서 가장 완벽한 예이며 열정적이고 심오하고 강렬하며 우월한 사람"이라고 말했다. 러셀은 자신의 조 교 케인스에 대해서도 이에 못지않은 칭찬으로 가장 지적인 사람이 라고 했다.

　1912년 10월 30일 영국 케임브리지Cambridge 대학의 탑과 벽들이 가을빛에 물들고 그해 처음 때는 난로의 석탄 냄새가 넓고 푸른 잔 디밭 위 공기와 섞일 때, 러셀은 두 젊은이를 서로에게 소개했다. 그 들은 이미 서로에 대해서 얼마간 들은 바가 있었다. 늘 캠퍼스 소식 에 귀 기울이던 케인스는 '그 독일인'이라고 불리는 오스트리아 출신의 굉장한 젊은이가 대체 어떤 사람일지 궁금했다. 그에 대해 천재적이고 괴팍하고 무뚝뚝하며 왠지 음산하다는 말이 돌았다. 실제로 비트겐슈타인은 이마까지 내려오는 헝클어진 앞머리 사이로 당황한 새처럼 세상을 내다봤다. 그의 날카로운 눈동자는 자신의 영혼과 세상 밖 사이를 영원히 반복하는 것처럼 보였다. 지난가을 케임브리지에 온 이래로 그는 러셀을 그림자처럼 따라다니면서 논리학에 대한 끝없는 토론을 이어 갔다. 그러다가도 갑자기 깊은 침묵에 빠지곤 했는데 이런 그를 두고 케인스의 친구 자일스 스트레이치Giles Lytton Strachey[17]는 '우리 수다쟁이 비트겐슈타인 씨는 사실 조용한 남자'라는 농담까지 했다.

비트겐슈타인을 만난 직후 케인스는 당시 애인이었던 던컨 그랜트Duncan Grant에게 다음과 같이 썼다. "비트겐슈타인은 정말 놀라운 사람이야. 지난번에 만났을 때 그에 대해 내가 했던 말은 하나도 맞지 않아. 정말 좋은 사람이야. 그를 만나는 게 즐거워." 이제 서로 마주 보고 선 비트겐슈타인과 케인스. 작은 체격에 항상 몸을 꼿꼿이 세우는 진지한 '그 독일인'. 2미터에 가까운 장신에 훗날 그의 트레이드마크가 되는 바다표범을 연상케 하는 콧수염을 기른 친절하고 믿을 만한 케인스. 케인스는 늘 상대를 향해 몸을 약간 굽히는 자세

---

17 ─ 블룸즈버리 그룹의 일원으로 활동한 영국 작가. 사실주의의 수법에 따른 우상파괴가 시대 풍조와 걸맞아 폭로적인 새로운 전기문학 창시자로서 확고한 지위를 구축했다. 주요 저서로는 《프랑스 문학의 이정표 Landmarks in French Literature》 등이 있다.

를 취했는데, 사람들은 이를 관심의 표현으로 해석했다. 하지만 그건 언뜻 태연해 보이는 이 거구의 남자를 모르고 하는 말이었다. 케인스는 신경이 예민한 사람이기도 했다. 흥분하면 날카롭게 몰아세워 상대에게 모욕감을 느끼게 했다.

비트겐슈타인과 케인스는 인류가 낳은 위대한 천재들이다. 비트겐슈타인의 생각이 20세기 철학에 각인된 이유는 기존의 모든 철학을 뒤흔들어 놓았기 때문이다. 케인스는 경제학에서 같은 일을 해냈다. 두 사람이 각자의 분야에 미친 영향력은 일일이 다 설명하기 어려울 정도다. 인재들이 넘쳐나던 케임브리지는 진작부터 둘의 재능이 약속하는 미래의 희망을 보았다. 처음 만났을 때 두 사람은 저마다 인생의 출발점에 서 있었다. 케인스는 스물아홉 살, 비트겐슈타인은 스물세 살이었다. 두 사람은 진로 선택을 두고 고민하고 있었다. 케인스는 바로 찾았지만 비트겐슈타인은 평생 답을 찾아 헤매었다.

케임브리지의 거인

케인스는 1883년 영국 케임브리지에서 태어났다. 회색빛 석회암을 이용한 고딕 양식의 건축물이 눈에 띄는 케임브리지 대학은 프랜시스 베이컨과 아이작 뉴턴Isaac Newton의 입김이 서려 있는 곳으로 21세기 초까지 90명 이상의 노벨상 수상자를 배출하기도 했다.

세상에서 이와 견줄 만한 업적을 가진 대학은 없을 것이다. 케인스의 가계는 노르만족까지 거슬러 올라갈 수 있는데, 특히 그의 가족은 케임브리지 대학과 인연이 깊다. 케인스의 아버지 존 네빌 케인스John Neville Keynes는 케임브리지 대학에서 정치·경제학을 가르쳤고, 해당 분야에서 인정받는 저서들을 출간하기도 했다. '세상에서 가장 친한 친구'였던 그의 어머니는 사회 활동가로 케임브리지 첫 여성 시장을 지냈다. 그래서 케임브리지 대학은 케인스에게 이미 오래전부터 고향과 같은 곳이었다.

달리아 거래로 부자가 된 할아버지의 유산 덕분에 케인스 가족은 많은 하인을 부렸고 여러 곳을 여행할 수 있었다. 메이너드(케인스는 집에서 그렇게 불렸다)의 집은 손님들로 붐볐는데 방문객 중에는 아버지의 동료였던 세계적인 경제학자 앨프레드 마셜Alfred Marshall과 저명한 논리학자 존슨W. E. Johnson 같은 인물들도 있었다. 메이너드에게는 두 명의 여동생이 있었고 부모는 이들에게 따뜻한 사랑과 지원을 아끼지 않는 든든한 후원자가 되어 주었다. 케인스는 병약했지만 일찍부터 그의 천재성을 드러내 주위 사람들을 놀라게 했다. 물론 이런 케인스를 너무 시끄러운 아이라고 여기는 사람들도 있었지만 말이다. 케인스의 한 전기 작가에 따르면, "그는 네 살 때 스스로 이자의 경제적 의미를 깨달았으며 여섯 살이 되자 자신의 뇌가 어떻게 기능하는지 스스로 물었다. 케인스가 일곱 살이 되었을 때 아버지는 그를 '아주 매력적인 동반자'"로 느꼈다고 한다. 이미 열네 살 때 아버지의 키를 훌쩍 넘어선 케인스는 명문 이튼 고등학교에 진학해 최고의 우등생이 되었다. 여기서 그는 연극과 조정뿐만 아니라 각종 클럽과 협회에 가입해 활동했으며 위원회 등을 이끌며 많은 친구를 사귀었다. 친구들은 그를 지지하고 따랐다. 고교 생활 중 케인스는 처음 동성애를 경험하고 이후 여러 남자와 관계를 지속했다. 하지만 훗날 이성과 결혼해 행복한 결혼 생활을 한다.

우수한 성적으로 고등학교를 졸업한 후 장학금을 받고 케임브리지 대학에 진학한 케인스는 수학과 고전문헌학 공부를 시작했다. 사실 케인스는 아버지의 전공이자 훗날 자신이 그 혁명적 변화의 중심이 되는 경제학에 별로 관심이 없었다. 그를 매혹시킨 것은 철학이었다. 아리스토텔레스가 지적 성찰에 가장 중요한 의미를 부여한 사실에 대해 케인스가 동의한 것은 당연한 일이었다. 하지만 케인스가 스트레이치에게 보낸 편지에 보이는 당시 그의 우선순위는 좀 의외다. "첫째는 사랑, 두 번째가 철학. 문학은 세 번째 자리 그리고 네 번째가 정치." 케인스는 졸업 때 '그저' 2등을 했을 뿐이어서 원하던 영국 재무부의 재정담당관 자리를 얻지 못했다. 대신 영국령 인도를 관장하는 인도 사무국의 한 자리에 만족해야 했는데, 곧 일에 권태를 느끼고 확률 계산에 관한 자신의 박사 논문에 집중한다. 전공인 수학에서 장학금을 받을 희망이 사라지자 케인스는 아버지의 오랜 친구 마셜이 제안한 경제학과 강사직을 수락한다. 1908년 케임브리지로 돌아온 그는 그동안 머뭇거리며 미루어 놓았던 경제학으로 눈을 돌렸다.

당시 경제학은 비교적 역사가 짧은 학문이었다. 연구의 토대와 원천은 여전히 애덤 스미스, 데이비드 리카도^{David Ricardo}[18] 그리고 존 스튜어트 밀^{John Stuart Mill}의 저작이었다. 여기에 더해진 것이 케인스의 후원자가 된 마셜이다. 마셜은 경제학의 기본 개념과 이론들을 정리해 그 지평을 넓히는 데 기여한 학자다. 케인스는 처음에 화폐 이론을 가르쳤다. 그는 경제활동 중인 사람들의 동기와 태도에 특별히 관심을 기울이면서 관련 논문 발표와 함께 점점 더 명성을 얻었다. 1911년 가을 그는 《경제 저널^{Economic Journal}》의 수석 논설위원에 선출되었다. 케인스는 자신의 연구 방향을 찾았다. 당시 중요하게 인식되지 못했던 경제학이 사회에 도움이 될 수 있을 것이라고 판단했다. 케인스는 사회를 만들어 나가는 데 일조하는 일에 점점 더 매혹되어 이를 일생의 과제로 삼았다.[19] 이때 그는 영향력을 행사하는 전문가로서 해야 할 역할을 하겠다고 생각했다. 그렇다고 정치인이 될 생각은 없었다. 정치의 본질과 과정은 알면 알수록 더 큰 거부감을 불러일으켰기 때문이다.

---

18 ── 영국의 경제학자. 고전학파의 창시자인 스미스 이론을 계승·발전시킨 고전학파의 완성자. 노동가치설에서 출발, 분배론에 이르는 이론서를 저술했다. 차액지대론, 임금생존비설을 제창했다.

19 ── 케인스의 시대는 제1·2차 세계대전의 위기와 파시즘, 볼셰비즘, 대공황 등과 같은 혼란의 연속이었다.

그 독일인

케인스는 인생의 목표 설정에서 자신과 전혀 다른 길을 걷는 비트겐슈타인과 대면하게 된다. 그들이 만나기 1년 전 당시 스물두 살이던 비트겐슈타인이 케임브리지에 왔고 느닷없이 러셀에게 들이닥쳤다. 러셀은 그때 트리니티Trinity 대학 연구실에서 언어학자 찰스 케이 오그던Charles Kay Ogden과 차를 마시던 중이었다. 러셀은 놀라 당황할 수밖에 없었다. 이 낯선 사람은 독일어를 사용해도 좋다는 말에도 이를 완강히 거절하며 서툰 영어로 자신을 소개했다. 러셀은 물론 오그던도 훌륭하게 독일어를 구사할 수 있었는데 말이다.

러셀 — 수학자이자 철학자였던 러셀은 20세기 지식인 가운데 가장 다양한 분야에 영향을 미친 인물이다. 그는 비트겐슈타인과 케인스 외에도 알베르트 아인슈타인, T. S. 엘리엇Eliot, 에밀리 디킨슨Emily Dickinson, 알프레드 화이트헤드, 조지프 콘래드Joseph Conrad 등과 교류함으로써 20세기 지성사에 그의 자리를 확고히 했다.

'그 독일인' 비트겐슈타인은 오스트리아 빈Wien 사람이다. 그냥 빈의 아무개가 아니다. 그의 아버지 카를 비트겐슈타인Karl Wittgenstein은 오스트리아의 현대식 철강 산업을 일으킨 장본인으로 일명 '도나우 왕국'의 최고 부자였다. 가계의 유대인 뿌리는 자인 비트겐슈타인 호엔슈타인Sayn-Wittgenstein-Hohenstein 제후의 한 영지 관리인에게까지 거슬러 올라간다. 직을 그만둔 그 영지 관리인이 후에 그 고장과 고용주 이름을 자기 것으로 삼았고 그의 아들, 곧 카를의 아버지는 프로테스탄트로 개종했다. 쉰셋에 일선에서 물러난 카를은 이후 각종 산업에 투자해 얻은 수익으로 삶을 영위했다. 열정적인 바이올리니스트이기도 했던 카를은 많은 음악가를 후원했고 빈의 저택으로 구스타브 말러Gustav Mahler, 부르노 발터Bruno Walter, 요하네스 브람스Johannes Brahms 같은 유명 인사들을 자주 초대했다. 카를은 여덟 남매(비트겐슈타인은 막내다)를 두었는데 이들 중 몇 명은 음악에 비상한 재능을 보이기도 했다.

어릴 때 비트겐슈타인은 부모에게 걱정거리였다. 네 살이 돼서야 겨우 말을 하기 시작했던 것이다. 그러나 차츰 재능을 보였다. 열 살 때 재봉틀을 제작했고 클라리넷을 우아하게 연주했다. 비트겐슈타인은 훗날 교향곡 전 악장을 휘파람으로 완벽하게 불어 듣는 사람들을 감탄시킨 일도 있었다. 이렇게 보면 비트겐슈타인은 케인스처럼 행운아였던 것 같다. 뛰어난 재능이 있었고 생계를 고민할 필요도 없었으니까 말이다. 그러나 비트겐슈타인에게는 자신이 원하는 것을 할 수 있는 자유가 처음부터 없었다. 아버지는 비트겐슈타인을 포함한 다섯 아들의 장래를 사업가로 이미 정해 놓았다. 학교에 가는 대신 가정교사에게서 교육을 받았다. 학교에 가면 나쁜 버릇을 배운다는 이유에서 그렇게 한 것이다. 무엇을 배워야 할지는 아버지 카를이 정했다. 그에게는 오직 최고의 성과만이 용납되었고 아이들은 항상 최선을 다해야 했다. 하지만 카를을 만족시키기는 힘들었다. 그는 자식들에게 지나치게 엄격하게 대했고 심지어 모욕감을 주기도 했다. 자식들은 오히려 어머니 레오폴디네Leopoldine의 음악적 재능을 물려받았음에도 카를은 이에 아랑곳하지 않았다.

이런 아버지의 교육으로 비트겐슈타인의 형제들은 일찍부터 망가져 갔다. 장남 한스Hans는 1902년 한 배에서 실종됐다. 아마 자살이었을 것이다. 삼남 루돌프Rudolf는 1904년 베를린의 한 바에서 독약을 마시고 생을 끝냈다. 동성애자였던 그는 자신 때문에 아버지의 위신이 상할까 두려웠을 것이다. 차남 쿠르트Kurt도 제1차 세계대전의 끝 무렵인 1918년에 스스로 목숨을 끊었다. 자신의 휘하에 있던 부대의 병사가 탈영한 치욕을 안고 살 수가 없다는 이유에서였다. 훗날 비트겐슈타인은 자살도 하지 못할 정도로 비겁한 자신 때문에 괴롭다는 말을 되풀이하곤 한다.

비트겐슈타인은 복잡한 길을 거쳐 러셀을 찾게 되었다. 샤를로텐부르크Charlottenburg 공대에서 공학을 전공한 그는 맨체스터Manchester 대학에서 연구 학생으로 비행기 엔진 개발에 참여해 비행기 프로펠러에 대한 특허권을 취득했다. 이 작업을 통해 비트겐슈타인은 수학에 끌리면서 러셀의 저작들을 읽기 시작했다. 그는 수학을 순수한 논리와 몇 개의 공리로 환원하려는 러셀의 생각에 곧 매료됐다.

러셀이 어느 책에선가 고트로브 프레게Gottlob Frege[20]를 입에 침이 마르도록 칭찬했기에 그를 만나기 위해 비트겐슈타인은 예나로 갔다. 프레게도 러셀처럼 아리스토텔레스가 기초한 이래로 정체돼 있

---

20 — 독일의 논리학자·수학자·철학자. 논리학을 기초로 수학의 구성·도출을 시도, 논리주의를 처음으로 주창했다. 또 개념에 대한 전통적인 외연外延과 내포內包의 구별을 명제로까지 확장하는 등의 생각은 러셀에 의해 발견된 이래 현대논리학에 큰 영향을 끼쳤다.

던 논리학에 새로운 길을 연 사람이었다. 그런데 비트겐슈타인이 만난 프레게는 세상이 자신의 업적을 제대로 알아주지 않아 잔뜩 골이 난 늙은이였다. 후에 비트켄슈타인은 당시를 이렇게 회상한다. "프레게는 대화 중에 기존의 이론에 대해 가차 없는 비판을 가했다." 어쨌건 프레게는 그에게 케임브리지에 있는 러셀을 찾아가 보라고 권했다.

러셀에게 깊은 인상을 남긴 첫 등장이 있었던 날 비트겐슈타인은 그의 강의를 들었다. 그리고 강의 내용에 대해 토론하기 위해 저녁 식사 후 러셀을 다시 찾아왔다. 러셀이 다른 약속이 있는지 없는지 그런 건 안중에도 없었다. 이후 비트겐슈타인은 찰거머리처럼 러셀을 따라다녔다. 길에서건 연구실에서건 누가 있건 없건 상관없이 러셀을 쫓아다녔다. 러셀은 애인에게 보내는 한 편지에 이렇게 썼다. "나의 독일인 친구는 내게 재앙이 되고 있습니다." 그렇게만 쓴 게 아니다. 자신이 보기에 비트겐슈타인은 "고집불통이고 괴팍하지만 멍청하지는 않아요"라는 말도 덧붙였다.

완전히 새로운 인식의 영역을 예감하게 했던 비트겐슈타인의 가차 없고 분명한 논리는 점차 러셀에게 도전장을 내밀기 시작했다. 언젠가 강의실에서 비트겐슈타인은 존재에 관한 모든 명제는 무의미하다는 주장을 한다. 그러자 러셀은 다음 명제에 대해 생각해 보라고 요구했다. "지금 이 강의실에는 하마가 없다." 비트겐슈타인이 그 명제의 진위는 증명할 수 없다고 답하자 러셀은 강의실은 물론 책상 밑까지 다 뒤졌다. 그래도 비트겐슈타인을 설득할 수 없었다.

아무리 골똘히 생각하고 읽고 공부해도 비트겐슈타인은 무엇이 자신에게 최선의 길인지 결정할 수 없었다. 앞으로도 그럴 것이었다. 인생에서 무엇을 해야 할지 그는 알 수 없는 운명이었다. 첫 학기가 끝날 무렵 그는 러셀을 찾아가 물었다.

"어떻게 생각하세요? 제가 바보입니까?"

러셀은 되물었다.

"그걸 왜 알고 싶은 거지?"

비트겐슈타인은 답했다.

"제가 바보라면 비행사가 되려고요. 아니라면 철학자가 되고요."

러셀은 비트겐슈타인에게 방학 동안 철학적인 생각을 써 보라고 했고 그는 그렇게 했다. 러셀은 비트겐슈타인이 쓴 글의 첫 문장을 읽고 그가 천재라고 확신했다. 러셀은 그에게 철학을 공부하라고 충고했다.

갈라지는 길들

이제 비트겐슈타인과 케인스는 서로 상대가 누구인지 탐색하는 중이었다. 물론 베일에 감춰진 비트겐슈타인을 엿보려던 건 케인스다. 사실 비트겐슈타인은 케임브리지에서 '그저' 한 학생일 뿐이었다. 케인스를 만났을 때 비트겐슈타인은 20세기 철학을 완전히 뒤

흔들어 놓을 책의 집필에 들어가 있었다. 러셀은 이미 비트겐슈타인에 압도당해 있었다. 비트겐슈타인이 광기의 경계선에 서 있다는 것도 러셀은 이해할 수 있었다. 러셀은 이런 영혼과 정신 때문에 자신이 어디론가 증발해 버리는 게 아닐까 두려웠다. 그만큼 러셀은 비트겐슈타인의 가능성에 대해 확신이 있었고, 자신의 철학적 작업을 더 이상 하지 않기로 결심했다. 케임브리지를 방문한 비트겐슈타인의 누나에게 털어놓았듯이 "다음에 올 철학의 최대 진보는 비트겐슈타인에게서 나올 것이기 때문"이었다.

1913년 아버지의 사망과 함께 비트겐슈타인은 학업을 중단한다. 그는 애인 데이비드 핀센트^{David Pinsent}와 함께 노르웨이로 가 피오르^{Fjord} 어느 외진 오두막에서 저술 작업에 전념했다. 1914년 고향 빈으로 돌아온 비트겐슈타인은 상속받은 상당한 유산을 무엇보다 먼저 예술가들을 후원하는 데 쓴다. 그는 두 시인 게오르크 트라클^{Georg Trakl}과 라이너 마리아 릴케^{Rainer Maria Rilke}에게 꽤 많은 액수를 보낸다. 나머지 유산은 누나들에게 선물한다. 같은 해에 제1차 세계대전이 발발하자 비트겐슈타인은 다시 한번 인생의 전환을 감행한다. 이미 건강상의 이유로 징집 면제를 받은 상태였지만 비트겐슈타인은 곧바로 오스트리아 군대에 자원입대한다. 처음에는 행정병에 배속되었지만 전선 근무를 자청했다. 자신의 삶을 거는 것이 의무라고 생각했기 때문이다. 거친 동료들의 태도에 고통받던 비트겐슈타인은 남티롤^{Tirol}의 전장에서도 저술 작업을 이어 갔다.

케인스는 군대에 지원하지 않았다. 그는 전쟁을 거부하는 사람이었다. 케인스는 자신이 가장 잘할 수 있는 일로 조국을 돕고 싶었다. 전쟁이 발발하자마자 재무부에서 국가 재정에 관한 자문을 요청해 왔을 때 케인스는 오토바이 뒷자리를 얻어 타고 케임브리지에서 런던으로 달려가 첫 전문위원회 회의장에 들이닥쳤다. 1915년부터 그는 공식적으로 재무부 소속이 되어 전쟁 재정을 담당했다. 적의 편에서 싸우는 비트겐슈타인과의 연락은 계속되었다. 그들은 서신을 교환했다. 비트겐슈타인은 인맥을 이용해 바티칸 같은 간접 경로로 편지를 적국으로 보낼 수 있었다.

1915년 1월 10일 하마 일화를 암시하면서 케인스는 이렇게 썼다. "사랑하는 비트겐슈타인, 당신의 편지를 받고 놀랐습니다. 편지를 받았을 때 그 편지는 당신이 잠깐 존재했었다는 사실을 증명하는 것으로 생각했습니다. 그 사이 당신이 포로로 확실히 잡혀 있기를 바랍니다.……당신의 J. M. 케인스." 케인스가 바라는 대로 되긴 했다. 전쟁이 끝날 무렵 장교로 승진한 비트겐슈타인은 이탈리아에서 포로가 되어 몬테카시노Monte Cassino에 수용되어 있었다. 1919년 6월 12일 그곳 수용소에서 러셀에게 보낸 한 편지에 비트겐슈타인은 이렇게 썼다. "며칠 전 원고를 보냈습니다. 케인스 덕분에." 케인스의 외무부 인맥은 이탈리아 포로수용소에서 영국의 러셀에게 원고를 보내는 데 결정적인 역할을 했다. 케인스에게 비트겐슈타인은 이렇게 썼다. "아직도 확률 계산 논문을 쓰고 있는지요? 내 원고에는 그 모든 문제를 완전히 해결할 몇 줄이 적혀 있다고 믿습니다." 비트겐슈타인은 철학에 대해서도 마찬가지라고 생각했다. 철학의 문제들을 그는 다 해결했다고 믿었다. 케인스가 비트겐슈타인을 위해 애쓰는 동안 러셀은 비트겐슈타인의 원고를 읽고 전율했다. 러셀은 온 세상이 이것을 알아야 한다고 생각했다.

1919년 파리 베르사유^{Versailles} 평화회의에 케인스는 영국 측 협상단 소속으로 참여했다. 그는 독일에 부과된 가혹한 배상 조건에 경악했다. 그리고 독일의 경제적 파멸은 추후 심각한 결과를 초래할 것이라고 경고한《평화의 경제적 귀결^{The Economic Consequences of the Peace}》을 출판해 커다란 물의를 일으켰다. 비트겐슈타인은 전쟁의 경험으로 트라우마를 겪었다. 군인으로 복무를 시작한 지 얼마 안 돼서 그는 갈리시아^{Galizien}의 어느 초라한 서점에서 마지막 남은 톨스토이^{Tolstoy}의《요약 복음서^{The Gospel In Brief}》를 손에 넣었다. 그는 이 책을 읽고 너무 감동해 앞으로 아이들에게 기독교를 가르치겠다고 결심한다. 오스트리아에서 교사 자격증을 취득한 비트겐슈타인은 트라텐바흐^{Trattenbach}라는 작은 마을에 교사로 부임한다. 그가 러셀에게 편지로 전한 바에 따르면 그 마을은 빈 남쪽으로 한 시간가량 걸리는 산속에 있었다. 비트겐슈타인은 아무것도 없는 방에서 지내며 때로는 학교 주방에서 자기도 했다. 독특한 수업 방식을 도입해 학생과 학부모를 당황하게 했는데, 학생들의 답안지에 틀린 곳만 표시해서 학생 스스로 정답을 찾게 했다. 비트겐슈타인은 사람들을 불편하게 했고 동료 교사들과 소통하지 못해 거듭 근무지와 학교를 옮겨야 했다.

비트겐슈타인의 책은 러셀의 후원을 받아 1921년에 초판이,

1922년에 개정판이 출간되었다. 비트겐슈타인이 생전에 출간한 유일한 철학서인 《논리철학 논고 *Tractatus Logico-Philosophicus*》의 서문에는 대담한 발언이 쓰여 있다. "나는 본질적인 점에서 문제들을 최종적으로 해결했다고 생각한다. 그리고 내가 이 점에서 틀리지 않았다면 이 작업의 두 번째 가치는 문제들이 해결되었다고 해서 이루어진 것이 얼마나 적은지를 보여 준다는 점에 있다."

《논리철학 논고》는 얇은 책이지만 이를 통해 비트겐슈타인은 철학에서 모든 윤리적 질문을 최종적으로 제거하고자 했다. 그 용솟음치고 복잡하고 엄격한 사고의 와중에서도 그에게는 인간이 삶에서 무엇을 해야 하는가라는 궁극적 문제가 남아 있었다. 비트겐슈타인의 대답은 이런 질문과 드잡이하는 데서 벗어나자는 것이었다. 그는 가차 없는 논리를 따르는, 차가운 궁극의 숨결이 느껴지는 명징한 문장으로 철학을 표현했다. 마치 엄격하고 다른 해석이 불가능한 수학 공식과도 같았다.

"말할 수 있는 것은 어쨌건 분명히 말할 수 있다." 비트겐슈타인은 서문에서 이렇게 선언했고 이에 대해 공리와 아포리즘으로 이루어진, 언어의 한계를 보여 주는 증명을 덧붙였다. 그리고 유명한 문장으로 책은 끝난다. "말할 수 없는 것에 대해서는 침묵해야 한다." 비트겐슈타인은 존재를 수학같이 명징한 논리의 세계와 사변의 세계로 나누었다. 그러면서 사변의 세계에 예술, 종교, 전통 철학을 포함시켰다. 훗날 비트겐슈타인은 그 얇은 책에 쓰여 있는 것은 '삶에서 무엇이 문제인가'가 아니라 '삶에서는 책에 쓰여 있지 않은 것이 문제'라고 설명하기도 했다. 우리는 책 안에 펼쳐진 논리 밖에 있는 것에 대해 고민해야만 한다는 말이다. 이러한 방식, 즉 모든 논리를 인간의 주관과 분리해 이를 경험해 보지 못한 자는 이해할 수 없는 폐쇄된 새로운 사고의 세계로 포장함으로써 비트겐슈타인은 사고의 신비주의자이자 사상가가 된다.

러셀과 비트겐슈타인의 관계는《논리철학 논고》이후 점점 냉각되었다. 비트겐슈타인은 러셀의 무신론과 성性에 대한 자유주의적 견해가 거슬렸다. 점점 신비주의에 경도되면서는 러셀의 철학에 대한 관점이 너무 수학적이라고 느끼기까지 했다. 반면 이 오스트리아의 한 시골 학교 교사와 케인스는 관계를 꾸준히 이어 갔다. 케인스는《논리철학 논고》를 1923년(혹은 1924년)에 읽었고, 1924년 3월 비트겐슈타인에게 확률 계산에 관한 자신의 논문과 여타의 저술들을 보냈다. 그는 편지에 영국으로 올 수 있는지 묻고 만나서 이야기할 수 있기를 고대하며 연구와 관련해서는 아무 문제도 없을 것이라고 썼다. "힘닿는 데까지 당신이 하는 연구의 편의를 위해 모든 일을 하겠습니다." 비트겐슈타인은 넉 달이 지나서야 케인스에게 답장을 보냈다. "만난 지 11년이나 지났습니다. 당신이 얼마나 변했는지는 모르겠으나 저는 확실히 많이 변했습니다. 안타깝게도 이전보다 더 못하다고 말씀 드릴 수밖에 없군요. 어쨌든 달라졌습니다. 그래서 우리가 만나면 당신을 방문한 사람이 당신이 초대하려 했던 그 사람이 아니라는 것을 깨닫게 되겠지요."

1925년 케인스는 스타 발레리나 리디아 로포코바Lydia Lopokova와 결혼한다. 서식스^{Sussex}에서 8월에 두 주 간의 신혼여행을 보내는 동안 비트겐슈타인이 잠깐 들렀다. 케인스가 그를 초대한 것이다. 이제 막 결혼식을 올린 부부를 축하해 주기에 비트겐슈타인은 적합한 손님이 아니었다. 경직되어 있었고 말이 없는 데다 존재 자체만으로도 무거운 분위기를 퍼뜨렸다. 어느 날 로포코바가 정원에서 비트겐슈타인을 향해 말했다. "정말 아름다운 나무군요!" 그러자 그는 퉁명스럽게 되물었다. "그게 무슨 의미죠?" 로포코바는 울음을 터뜨렸다.

비트겐슈타인은 사고와 이념의 혼돈 속에서 명징성을 추구했다. 그의 생각을 따라갈 수 없는 제한된 능력을 가진 주변 사람들은 그에게 일종의 짐이었다. 진리 추구에 방해가 됐기 때문이다. 그들이 반박하면 비트겐슈타인은 대부분 화를 냈고 그런 자신의 모습에 스스로 놀라기도 했다. 그래서 그는 은둔을 택했다.

세상을 향한 제안들

오스트리아 시골 학교로 돌아온 비트겐슈타인은 한 학생의 머리를 너무 세게 때려 기절시킨 일이 있었다. 청문회에 나가야 했다. 폭력이 처음은 아니었다. 비트겐슈타인은 학생의 가족을 수차례 방문해 용서를 빌었다고 한다. 비트겐슈타인은 사직서를 내고 잠시 수도원에 머물렀다. 창고에서 지내며 정원사 노릇을 했다. 비트겐슈

비트겐슈타인이 설계한 스턴버러 Steinberger **하우스** — 오스트리아 빈으로 돌아온 비트겐슈타인은 누나 마르가레테의 저택을 설계하고 건축에 참여한다. 불필요한 장식이나 치장이 없는 저택은 가장 세부적인 곳에 이르기까지 그의 성격이 잘 나타나 있다.

타인이 수도원장에게 수사가 되겠다고 하자 원장은 그를 말렸다.

　비트겐슈타인은 정신적인 피난처를 건축에서 찾기도 했다. 1920년대 중반 건축가 파울 엥겔만Paul Engelmann과 함께 빈 시내의 저택을 설계했는데 그 건조함과 현대적 형식이 바우하우스Bauhaus 스타일을 연상시켰다. 비트겐슈타인은 작업을 세세하게 감독했다. 이른바 비트겐슈타인 하우스가 완성되자 그의 막내 누나 마르가레테Margarethe가 입주했다. 훗날 비트겐슈타인은 "건축은 철학과 비슷하게 자기 자신에 대한 작업"이라고 말한 바 있다. 그는 고향에서 빈 서클Vienna Circle 멤버들과 토론하면서 철학에 대한 흥미가 되살아났고, 전쟁으로 중단했던 학업을 계속하기 위해 1929년 1월 케임브리지로 돌아온다. 케인스는 아내 로포코바에게 편지를 썼다. "드디어 신이 왔소. 5시 15분에 도착한 기차에서 신을 만났다오." 그리고 덧붙였다. "나는 그와 매일 두세 시간 이상 얘기하면 절대로 안 되오." 그 이유는 몇 달 후 비트겐슈타인에게 보낸 한 편지를 통해 알 수 있다. "진실은 내가 당신에 대한 사랑과 기쁨 그리고 그로 인해 발생하는 신경의 완전한 붕괴 사이를 오가며 떠밀려 다녔다는 것입니다."

비트겐슈타인은 케임브리지에 돌아와 러셀과 조지 무어George Edward Moore[21]에게 《논리철학 논고》로 박사 학위 구술 면접을 보았다. 시험은 잡담 수준으로 두서없이 흘러가고 있었다. 러셀이 주심인 무어 교수에게 질문 좀 하라고 다그치기도 했다. 결국 비트겐슈타인이 자리에서 일어나 면접관의 어깨를 두드리며 말했다. "알아요. 당신들은 절대 이해할 수 없을 거예요." 실제로 무어가 《논리철학 논고》를 이해했는지 알 수 없지만 그는 이렇게 적었다. "내가 완전히 틀렸다고 할지라도 이건 박사 학위 요구 수준을 훨씬 뛰어넘는다."

러셀이 비트겐슈타인에게 장학금을 받게 해 주는 동안 케인스는 영국 정부에 계속 자문을 해 주고 있었다. 하지만 관직은 멀리했다. 그는 직업으로서의 정치를 그 어느 때보다 경멸했으나 자신

---

21 — 영국의 철학자. 러셀, 비트겐슈타인 등과 함께 케임브리지 학파를 대표한다. 《마인드Mind》지에 발표한 〈관념론 논박論駁〉에서 관념론을 비판해 20세기 실재론實在論의 선구자가 되었다.

의 능력이 되는 한 정치가들을 돕겠다는 의지는 그 어느 때보다 강했다. 그사이 케인스는 부자가 되어 있었다. 그의 주장에 따르면 매일 반 시간 정도 투자해 증권으로 큰 재산을 모았다. 케인스는 경제학에서 자신의 이론이 선풍을 일으킬 것이라고 확신하고 있었다. 1935년 조지 버나드 쇼George Bernard Shaw에게 보내는 한 편지에서 케인스는 자신이 지금 쓰고 있는 책이 경제학을 보는 눈을 완전히 바꿔 놓을 것이라고 알렸다. 실제로 그다음 해《고용, 이자 및 화폐의 일반이론The General Theory of Employment Interest and Money》이 출간되어 그의 예언대로 혁명을 불러일으켰고 케인스주의라는 새로운 학파가 생겨났다.

이 책에서 케인스는 이른바 고전학파의 이론을 전복시킨다. 고전학파는 경제 활성화 동력이 공급에 있다고 보는 반면 케인스는 수요에 있다고 본 것이다. 고전학파는 기업의 투자를 촉진시켜야 한다고 주장하는 반면 케인스는 소비자의 소비 욕구를 높여야 한다는 견해다. 자유시장은 불황에도 장기적으로는 스스로 균형을 찾아간다는 고전학파의 전제를 케인스는 그 유명한 문장 '장기적으로 우리는 모두 죽는다'로 반박한다. 국가는 경제 위기 국면에서 긴축 정책을 펴서는 안 되며 오히려 적극 개입해서 경기를 활성화해야 하는데, 이러한 노력을 위해 국가가 채무를 져야 한다는 것이 케인스의 신념이다. 그는 경기 침체기에 임금을 삭감할 것이 아니라 인상할 것을 추천한다. 또 새로운 일자리를 만들어야 한다고 주장한다. 임금의 감소나 상실은 전체 수요를 감소시키기 때문이다. 새로운 일자리를 통해 수요가 촉진되고 기업과 투자자의 신뢰가 회복될 수 있다고 했다. 기존 경제학에서와는 달리 케인스에게 국가는 침체된 경제를 다시 활발하게 되살릴 수 있는 적극적인 역할을 하는 주체이자, 경기 순환을 역방향으로 돌릴 수 있는 최종 조정자였다. 이는 곧 불황기에 국가 투자 행위로 쌓인 적자를 호황기에 다시 감소시켜야 한다는 의미다. 케인스를 추종하면서도 이 점을 기억하는 사람은 많지 않다.

케임브리지에서 강의를 시작한 비트겐슈타인의 내면은 여전히 평온하지 못했다. 그의 강의를 들었던 학생들이나 동료들은 비트겐슈타인이 스스로 괴롭히듯 생각을 전개하고 오랫동안 침묵하다 광폭한 손짓과 함께 한 낱말 한 낱말을 강조하며 찾은 해답을 쏟아내는 광경을 자주 목격했다. 예수의 제자들처럼 그를 숭배하던 몇몇 사람들에게 비트겐슈타인은 실제로 신이었다. 그는 엄격한 금욕 생활을 했다. 침대만 있는 방 하나만 사용했다. 책상도 없었고 독서등도 없었다. 벽은 휑했다. 오랫동안 비트겐슈타인은 빵과 치즈로만 살았다. 금욕주의자 비트겐슈타인은 여행을 자주 다녔는데, 동반자 프란시스 스키너Francis Skinner와 함께 소련을 여행하기도 했다. 1939년 비트겐슈타인은 무어의 교수 자리를 이어받는다. 오스트리아가 나치 독일에 편입된 후 영국 국적을 갖게 된 비트겐슈타인은 곧바로 베를린으로 향한다. 누나들을 유대인 박해에서 구하기 위해서였다. 여전히 부유했던 비트겐슈타인가※의 스위스 재산을 비트겐슈타인은 누나들을 빼내오는 데 사용했다. 제2차 세계대전의 발발은 비트겐슈타인의 인생을 다시 한번 전환시킨다. 그는 한 병원에서 요양사로 일했고 훗날 연구팀의 일원으로 의학 기구를 설계했다.

케인스는 1944년 미국 뉴햄프셔^{New Hampshire} 브레턴우즈^{Bretton Woods} 회의에 영국 교섭팀장으로 참여했다. 이 회의의 협정에 따라 전후 세계 통화 체제 구축과 관련해 세계은행과 국제통화기금이 설립되었다. 케인스는 이런 기구들의 설립에 적극 일조를 했지만, 달러의 우세를 대신할 새로운 통화를 만들자는 주장은 미국의 반대로 관철할 수 없었다. 몇 차례의 심장마비로 건강이 악화된 상태였다. 1946년 4월 케인스는 결국 심장마비로 사망한다. 그는 인생에서 무엇을 해야 할지에 대한 답을 비트겐슈타인처럼 자신의 내면을 탐구하고 보편적인 의미를 알아내려는 데서 찾지 않았다. 케인스는 자신과 타인의 더 나은 일상을 위한 삶을 살았고, 점점 더 세계화되는 세상에서 공정한 사회를 위해 일하는 것이 자신의 소명임을 알았다. 케인스는 세상을 향한 제안들을 만드는 데 노력을 아끼지 않았다. 이런 일을 제외한다면 인생은 가령 저 유명한 블룸즈버리 그룹^{Bloomsbury Group}의 친구들과 어울리면서 즐겨야 하는 것이었다. 이 예술가와 지식인들의 모임은 영국 모더니즘에 커다란 영향을 끼쳤다. 소설가 버지니아 울프^{Virginia Woolf}와 그녀의 언니이자 화가였던 버네사 벨^{Vanessa Bell}, 전기 작가 스트레이치 그리고 소설가 에드워드 포스터^{E. M. Foster}가 이 그룹의 회원이었다. 케인스에게 예술과 책은 특별히 중요했다. 그는 둘 다 열정적으로 수집했다. 비트겐슈타인의 금욕적 생활은 케인스에게 낯선 것이었다. 케인스는 현재를 살았다.

블룸즈버리 그룹— 바네사 벨이 그린 〈The Memoir Club〉(1943)으로 자신들의 모임을 화폭에 담은 것이다. 블룸즈버리 그룹은 1906년부터 1930년경까지 런던과 케임브리지를 중심으로 활동한 영국의 지식인과 예술인들의 모임으로 이 그룹의 중심인물들이 런던 중심가 블룸즈버리에 살고 있었던 데서 그 명칭이 유래한다.

그는 무엇보다 현재를 위한 답을 구했다. 그 답이 현재를 넘어서도 유용하다면 그만큼 더 좋은 일일 뿐이었다.

비트겐슈타인은 곧잘 현재에서 도망쳐 먼 곳에서 세상을 관망하며 모든 문제를 아우르는 영원히 유효한 해답을 찾으려 했다. 그는 삶을 관찰했고, 연구했고, 철저히 사고했으며 존재의 테두리를 들여다보았다. 비트겐슈타인은 신비주의와 논리, 금욕과 노동 사이의 인생길을 마지막까지 계속 걸어갔다. 1947년 교수직에서 물러난 비트겐슈타인은 철학 연구에만 매진했다.《논리철학 논고》의 주장은 이미 오래전에 대부분 완성되어 있었다. 비트겐슈타인은 이제 낱말은 마치 놀이판 위의 말들처럼 언어 상황 속에서 비로소 의미를 획득하는 것이 아닌가에 대해 골똘히 생각하게 되었다. 언어놀이로 이해된 언어 상황 속에서 분석이나 명제에 대한 인식은 성공할 수 있을지도 모를 일이다. 비트겐슈타인은 자신의 철학을 프로이트Freud의 정신분석에 견주어 무의식적인 것을 의식하게 함으로써 해롭지 않게 만들려는 시도라고 말했다. 그는 아일랜드의 외진 시골에서 살았다. 비트겐슈타인은 편지로 자신이 외로우며 친절한 얼굴이 그립지만, 다만 미소를 보고 싶을 뿐 대화는 필요하지 않다고 알렸다. 1949년 암 판정을 받은 비트겐슈타인은 노르웨이로 가 색채에 관한 논문을 썼다. 그는 병원에 입원하려 하지 않았다. 1951년 비트겐슈타인은 마지막 날들을 케임브리지에 있는 자신의 주치의 베번Bevan 박사 집에서 보냈다. 베번 박사의 부인이 그에게 친구들이 방문할 예정이라고 알리자 비트겐슈타인은 대답했다. "나는 멋진 삶을 살았다고 그들에게 전해 주세요." 친구들이 도착했을 때 그는 이미 사망한 후였다.

11장

알베르트 아인슈타인과
닐스 보어

세계는 계획을 따르는가?

"신은 주사위 놀이를 하지 않는다."

| 알베르트 아인슈타인 |

"우주에서는 모든 것이 가능하다.
어쨌거나 우주는 충분히 비이성적이다."

| 닐스 보어 |

그들도 자신들이 무엇을 하고 있는지 완벽히 다 이해할 수는 없었다. 알베르트 아인슈타인Albert Einstein(1879~1955)과 닐스 보어Niels Bohr(1885~1962)는 한 인간이 이해할 수 있는 한계 영역에서 일했다. 그들은 서로를 인정했지만 극단적으로 다른 개성 때문에 의도치 않게 지성사에서 가장 유명한 논쟁의 맞수가 된다.

아인슈타인은 덥수룩한 수염과 헝클어진 머리, 꿈꾸는 듯한 눈빛으로 항상 어딘가에 정신이 팔려 있는 전형적인 교수의 모습이다. 미디어와 대중은 그를 좋아한다. 엉뚱하고 짓궂은 표정으로 '다 그런 거 아니겠어'라고 말하는 것 같은 인상 때문이다. 그에 반해 보어의 첫인상은 따분한 은행원 그 자체다. 늘씬하고 큰 키에 정장 차림을 하고 빽빽한 검은 머리를 세심하게 뒤로 빗어 넘긴 보어는 긴 얼굴에 넓은 입과 뚜렷한 턱 선을 가졌다. 약간 굼떠 보이기도 하지만 전혀 그렇지 않았다. 젊은 시절 보어는 구기 운동은 뭐든 즐겨 축구 골키퍼로 활약할 정도였다. 또 연구실에 탁구대까지 설치했는데 아무도 보어의 적수가 될 수 없었다. 반면 어려서부터 스포츠에 전혀 흥미를 느끼지 못한 아인슈타인은 요트는 좋아했지만 수영은 못했다. 대화에 활기를 불어넣으며 귀에 쏙쏙 들어오게 설명해 사람을 설복시키는 뛰어난 말솜씨를 지닌 아인슈타인과 달리 보어의 설명은 듣기 힘들었다. 보통 너무 작게 말해서 도대체 무슨 말인지 알 수 없었다. 게다가 보어는 적절한 말을 고르기 위해 너무 오래 침묵하다가 종종 엉뚱한 곳으로 빠져 청중의 인내심을 극한으로 몰고 갔다. 그는 시간이 나면 동료들과 서부극을 즐겼는데, 종종 내용을 따라가지 못해 영화가 상영되는 내내 옆 사람에게 묻곤 했다.

아인슈타인에게 글쓰기는 즐거운 일이었지만, 보어에게는 고문이었다. 보어의 글은 말할 때처럼 곧잘 샛길로 빠졌다. 천재 물리학자 아인슈타인은 삶을 어떻게든 자신의 안락함을 위해 설계했다. 자신만의 담담하고 이기적인 방식으로 결혼 생활을 했고 연애 편력으로 수많은 스캔들에 휘말리기도 했다. 보어는 가정적인 사람이었다. 덕분에 그의 결혼 생활은 마지막까지 행복했다. 공동 작업을 선호했던 보어는 연구 생활 내내 인재 양성에 힘써 평생 그와 함께 물리학에 매진한 뛰어난 물리학자들을 배출해 내기도 했다. 반면 거의 강의를 하지 않았던 아인슈타인은 학생들과의 관계도 피했다.

빛의 사냥꾼들

1927년 이른바 아인슈타인 - 보어 논쟁의 시작과 파문의 확산으로 오랫동안 침체됐던 고전 물리학은 이미 모든 것이 달라져 있었다. 그렇게 된 데에는 아인슈타인이 결정적인 역할을 했다. 아인슈타인은 1879년 독일 울름에서 태어났다. 그의 가족은 곧 뮌헨München으로 이주했고, 그곳에서 아버지는 전기 관련 사업을 시작한다. 아인슈타인은 스위스 취리히Zürich 연방공과대학교에서 물리학을 전공하고 수학 교사 자격증을 땄다. 대학에서 자리를 얻지 못한 그는 베른Bern의 특허청에서 일했다. 아인슈타인은 틈틈이 물리학에 혁명을 몰고 올 자신만의 이론을 전개하기 시작했다. 1905년 아인슈타인은 특수상대성이론에 관한 논문을 발표해 그때까지 받아들여지고 있던 뉴턴의 기계적 우주관에 의문을 제기한다. 존재의 광활함을 바라보는 그의 시각은 공간과 시간과 물질은 상호작용을 한다는 결론에 다다랐다. 공간과 시간과 물질은 뉴턴의 이론처럼 절대적이지 않으며 서로 영향을 미친다는 것이다.

아인슈타인의 이런 깨달음은 미립자 세계에 대해서도 문제를 제기했다. 그동안 이 분야는 이제껏 접하지 못한 문제에 봉착해 있었다. 그리스어로 '더 이상 쪼개질 수 없는'이라는 뜻에서 유래한 원자atom는 수 세기 동안 최소 단위로 여겨져 왔다. 그런데 19세기 무렵부터 물질의 최소 단위에 접근이 가능해지자 원자보다 더 작은 입자가 발견된 것이다. 그 외 다른 것도 확인됐는데, 물질에 깊이 들어가면 갈수록 관측되는 현상은 설명하기가 어려웠다. 특히나 이제 껏 전혀 알려지지 않았던 현상들에 대한 새로운 실마리가 발견되었기 때문이다. 그것은 입자와 파동과 관계된 것이었다.

1888년 하인리히 헤르츠Heinrich Hertz가 최초로 전자기 파동을 확인했다. 1895년 빌헬름 콘라트 뢴트겐Wilhelm Konrad Röntgen은 X선(뢴트겐선)을 발견했고, 1896년 앙리 베크렐Henri Becquerel은 방사선을 발견했다. 차츰 입자와 파동의 상호작용이 드러났다. 그에 대한 첫 답을 막스 플랑크Max Planck가 1899년과 1900년에 내놨는데, 전구에서 나오는 빛을 공식으로 표현했다. 전구의 빛은 파동이지만 연속적인 값을 가지지 않는다는 공식을 도출했는데, 이 에너지의 불연속성을 증명하려면 빛이 작은 에너지 덩어리의 모임, 즉 입자의 성격을 가졌다는 가설이 필요했다. 플랑크는 이 빛을 입자로 보는 개념을 '양자'라 명명했다. 이 양자의 파동과 에너지의 상관관계를 규명하고자 한 것이 플랑크의 양자 가설이다. 플랑크의 양자론은 아인슈타인의 특수상대성이론과 함께 고전 물리학을 극복하는 혁명을 일으켰다.

아인슈타인은 플랑크의 이런 발견 이후로 새로운 물리학의 필요성을 처음 언급했다. 그는 얼마나 물리학이 새롭게 바뀌어야 하는지 알고 놀랐지만 세상은 옛날 그대로였다. 아인슈타인도 열심히 광전자 효과에 대한 논문에 몰두해 왔고 최소 입자의 비밀을 찾으려고 애쓰는 사냥꾼이었다. 그는 플랑크가 확언한 대로 빛은 입자의 형태로 에너지를 발산할 뿐만 아니라 동일한 방식으로 에너지를 받아들이며, 에너지의 방사 역시 입자 형태로 나타남을 발견했다. 아인슈타인은 여기에 '광자'라는 개념을 도입했다. 그는 플랑크가 발견한 상황들의 비약적인 변화를 확인했다. 그것은 플랑크에게도 두려운 일이었다. 플랑크는 연속적으로 꾸준히 변화하는 계측 불가의 도약 없는 자연적인 고전 물리학의 세계관에 매달려 있었기 때문이다. 아인슈타인은 1905년에 발표한 이 광양자설로 노벨상을 받았다[1921]. 물론 같은 해에 발표한 아인슈타인의 특수상대성이론이 더 알려져 있지만, 그는 이 상대성이론보다 원자 내부에 대해 더 많이 고민했다고 말했다. 빛이 무엇으로 구성되어 있는가에 대한 아인슈타인의 생각은 양자역학과 양자론을 토대로 한 현대 디지털 기술의 길을 열었다.

양자의 존재를 더 이상 부정할 수 없다고 생각한 아인슈타인은 이런 인식이 어디로 향하는지 스스로 묻기 시작했다. 확실한 것은 뉴턴의 이론으로는 양자를 설명할 수 없다는 사실이었다. 뉴질랜드 출신의 영국 물리학자 어니스트 러더퍼드Ernest Rutherford가 1911년 원자모형을 내놨을 때 새로운 문이 열렸다. 1910년 러더퍼드는 동료들과 함께한 실험에서 헬륨 입자를 얇은 금박에 통과시키면 그중 몇 개가 튕겨 나온다는 사실을 발견했다. 그렇게 많은 입자가 통과한다는 것은 원자핵 주위의 공간이 상대적으로 꽤 넓다는 것을 의미했다. 그리고 아주 적은 수의 입자만 튕겨 내는 그 무엇은 그 공간에 비해 매우 무거운 어떤 것이어야만 했다. 입자들이 원자핵에 충돌한 것이었다. 러더퍼드는 원자 내에 존재하는 원자핵을 확인하고,

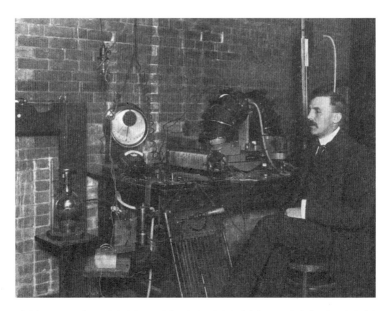

러더퍼드 — 핵물리학과 현대 화학은 러더퍼드의 발견에서 출발한다. 1902년 방사능이 물질의 원자 내부 현상이며 원소가 자연 붕괴하고 있음을 지적해 기존의 물질관에 변혁을 가져왔으며, 1919년 회전 실험을 통해 질소 원자의 핵을 수소와 산소로 분리하는 데 성공한다.

음전하를 띠는 전자가 양전하를 띠는 원자핵 주위를 위성처럼 돌고 있는 '러더퍼드 원자모형'을 내놓는다. 이 원자모형은 태양계와 흡사했다.

이제 젊은 보어가 무대에 등장한다. 그는 1885년 덴마크 코펜하겐Kopenhagen에서 태어났다. 아버지 크리스티안 보어Christian Bohr는 헤모글로빈의 보어 효과를 발견한 의사였다. 보어는 일찍부터 물리학에 몰두했고, 코펜하겐 대학에 들어가 물리학을 전공하고 박사학위를 받았다. 그는 1911년 영국으로 건너가 케임브리지의 물리학자 조지프 존 톰슨Joseph John Thomson 밑에서 공부한다. 1897년 전자를 발견한 톰슨은 1904년 이른바 건포도 빵 모양의 원자모형을 처음 선보인 물리학자다. 밀가루와 건포도가 얽혀 있는 빵처럼 음전하를 띤 전자들이 양전하 요소와 얽혀 있는 원자모형이었다. 러더퍼드 원자모형의 등장으로 이 모형은 시효를 나하게 된다. 같은 해 보어는 맨체스터의 러더퍼드에게로 옮겨 연구를 시작한다. 러더퍼드의 원자모형은 널리 인정받고 있긴 했지만 몇 가지 문제가 있었다. 고전 물리학의 제임스 클러크 맥스웰James Clerk Maxwell 이론에 따르면 전자들은 전자기파를 방출해 에너지를 잃고 원자핵과 충돌해야 했다. 이 가설이 러더퍼드의 원자모형과 맞지 않았던 것이다. 이후 밝혀진 바에 따르면 실제와도 맞지 않았다. 이를 알아차린 보어는 러더퍼드 원자모형의 문제점을 해결하고 실제 원자 구조와 그 내부에 관해 최초로 천재적인 생각을 해내기에 이른다.

보어는 1912년 덴마크로 돌아와 새로운 원자모형 이론을 준비했고, 1913년에 세상에 발표한다. 이는 플랑크, 러더퍼드, 아인슈타인의 이론을 통합한 것이었고 원자 내부에서 벌어지는 일들에 대한 이론물리학의 연구 요소들을 포함한 최초의 원자모형이었다. 바로 양자역학의 문이 열린 것이다.

보어의 모형에서 전자들은 서로 다른 수준의 에너지를 지니며 이에 따라 원자핵 주위를 돈다. 원자핵 주위를 도는 전자 궤도는 원자핵에서 가까울수록 작은 에너지를 갖는다. 아래 궤도에서 위 궤도로 도약하려면 에너지를 흡수해야 하고, 반대로 위 궤도에서 아래 궤도로 떨어질 때는 빛의 형태로 에너지를 방출해야 한다. 전자가 흡수하거나 방출하는 에너지는 항상 '양화量化'되어 있어 동시에 급속도로 일어난다. 전자가 한 궤도에서 다른 궤도로 도약하면 전자는 문자 그대로 양자도약을 하는 것이다. 후에 사람들은 이를 도약이 아니라 전이라는 표현을 사용하게 된다. 보어의 이런 천재적 발상은 원소의 주기율표를 결합시키면서 시작되었다. 원자의 화학적 성질은 원자핵 주위를 도는 전자의 수와 퍼짐의 정도에 따른다는 결론에 이르렀기 때문이다. 보어는 점점 비밀에 다가갔다.

지구가 태양 주위를 돌 듯이 전자가 원자핵을 중심으로 일정한 궤도에 따라 운동하는 것이 아니라 궤도를 옮겨 갈 수도 있다는 보어의 생각에 아인슈타인은 회의적이었으나 결국 이를 인정하며 이렇게 말했다. "그렇다면 그건 정말 대단한 발견입니다." 보어는 원자를 물리학적으로 설명하는 데 성공했다. 무엇보다도 학문적 연구의 단초들을 확대한 것은 그의 가장 큰 업적이었다. 아인슈타인이 자신의 이론으로 증명했듯이, 우리는 사고思考를 통해 학문의 법칙을 발견할 수 있으며 다시 그 법칙은 사고를 통해 혁신적으로 변화할 수 있다. 보어는 맞닥뜨린 수많은 회의에도 불구하고 항상 자신의 이론을 뒷받침할 좀 더 견고한 토대를 발견하려 애썼다. 덕분에 보어는 아인슈타인에 이어 물리학의 이인자 자리에 서게 된 것이다.

대결의 서막

아인슈타인은 1919년부터 갑작스럽게 명성을 얻기 시작했다. 천문학자 아서 에딩턴$^{Arthur\ Eddington}$이 일식이 일어나는 동안 계측한 결과는 아인슈타인의 예측을 입증해 줬다. 태양의 인력으로 인해 빛이 휘어지는 현상이 증명되어 오랫동안 의심쩍게 여겨졌던 상대성이론을 확인시켜 준 것이다. 아인슈타인은 세계적인 유명인사가 되었고 그의 사진은 신문 지면과 잡지 표지를 장식했다. 물론 언론은 아인슈타인의 성과가 무엇을 의미하는지 제대로 이해하지 못한 상태였다. 1920년 초 아인슈타인과 보어는 처음으로 만났다. 보자마자 서로에게 강한 인상을 받은 두 사람은 자신들의 이론에 대한 토론을 시작했다. 아인슈타인은 당시 양자역학 이론이 자연현상의 완벽한 인과성까지 흔들지도 모른다는 생각에 괴로웠다. 그는 자신의 상대성이론에서 도출되는 결론들도 불편했는데, 그중 하나가 '우주는 팽창하거나 수축한다'였다. 이는 우주는 정적이라는 아인슈타인 자신의 생각에 위배되는 것이었다. 그럼에도 아인슈타인은 우주는 정적임을 설명을 하기 위해 노심초사했고 후에 그것을 자신이 평생 한 일 중 '가장 바보 같은 짓'이라고 했다.

아인슈타인이 노벨상을 받은 다음 해인 1922년에 보어도 노벨상을 받는다. 보어는 동료 아인슈타인의 축하 편지에 자신은 이런 영예를 받을 자격이 없다고 썼다. 이에 감동한 아인슈타인은 답신에서 '여행 내내 읽은' 보어의 업적을 진심으로 치하한다. 그러나 이

하이젠베르크(왼쪽)와 보어.

런 관계는 오래 가지 못했다. 노벨상을 받은 해에 보어는 당시 스무 살이었던 베르너 하이젠베르크Werner Heisenberg를 알게 된다. 짙고 흐트러진 머리에 소년티가 가득한 얼굴의 젊은이였다. 뮌헨 대학에서 물리학을 전공 중이던 하이젠베르크는 한 재단이 주최하는 보어의 강의를 듣기 위해 괴팅엔에 왔다. 나중에 이 강의는 '보어 축제'로 불리게 되는데, 보어의 원자모형에 관한 강연에 존경심과 함께 반어적 의미로 붙여진 이름이다. 겸손한 인상이지만 거드름을 부리며 강연하는 이 덴마크인에게 하이젠베르크는 깊은 감명을 받는다. 보어는 자신의 이론이 아직 미진하며 이 이론으로 인해 고전 물리학에서 발견된 모순을 해결하기 위해서는 새로운 개념과 방법이 필요하다고 강조했다. 그는 어찌 됐건 양자론으로 생긴 틈을 채우려고 노력했다. 강의가 끝난 후 하이젠베르크가 양자이론의 한 부분에 반론을 제기하자 보어는 그에게 산책을 제안했다. 하이젠베르크에게는 '학문적 발전'의 시발점이었다.

상황은 급물살을 탄다. 1924년 프랑스의 루이 드 브로이^{Louis de Broglie}는 전자도 파동으로서의 성질을 지닌다고 주장해, 입자가 파동처럼 파동이 입자처럼 행동할 수 있음을 발견했다. 파동과 입자의 구분을 와해시킨 것이다. 이 주장으로 왜 전자가 양자로 끌려들어 가지 않는지도 설명이 가능해졌다. 그러나 파동은 더 '예측 불가능한' 것이기에 입자는 같은 시간 서로 다른 공간에 있을 수도 있게 된다. 1924년 4월 말 아인슈타인은 동료 막스 보른^{Max Born}에게 보내는 편지에 전자가 제멋대로 방향을 선택할 수 있다는 생각은 견딜 수 없다고 썼다. 만일 그렇다면 그는 '물리학자이기보다는 차라리 구두 수선공이나 도박장 종업원'인 편이 낫겠다고 했다. 이 입자-파동 이중성은 보어의 원자모형도 낡은 이론으로 만들어 버렸다. 1916년 독일인 아르놀트 조머펠트^{Arnold Sommerfeld}가 전자가 원자핵 주위를 타원형 궤도로 돈다는 데서 출발해 보어의 모형을 더 발전시켰지만 말이다.

이제 무대에 하이젠베르크가 등장한다. 그는 이미 오래전부터 파동과 입자 문제에 골몰해 있었다. 1925년 보른, 파스쿠알 요르단^{Pascual Jordan}과 함께 내놓은 행렬역학에서 그는 최초로 양자역학을 모순 없이 표현할 수 있음을 선보였다. 전자들은 확률에 따라 움직이는데 그 궤적을 복잡한 행렬의 도움으로 표현할 수 있게 된 것이다. 그리고 1926년 1월에 발표된 논문에서 에르빈 슈뢰딩거^{Erwin} Schrödinger는 슈뢰딩거 방정식을 통해 같은 이야기를 했다. 접근법은 달랐지만 이른바 독일의 세 남자와 같은 결과에 도달한 것이다. 슈뢰딩거는 기존의 미분방정식을 사용해 전자의 상태를 삼차원의 파동함수로 설명했다. 보어의 원자모형을 대체하는 새로운 원자모형의 기본 가설을 슈뢰딩거와 하이젠베르크가 제공한 셈이다. 보어의 모형은 전자들이 원자핵 주위를 원이나 접시 모양으로 돈다는 데서 출발했는데, 이제 원자핵 주위 어느 곳에 전자가 있을 확률이 가장 높은지 그 개연성이 계산되었다.

연속적 세계관의 회복을 바랐던 슈뢰딩거는 깜짝 놀라게 된다. 보른이 슈뢰딩거 방정식의 파동역학은 전자가 언제 어디에 있을지 그 확률을 계산할 수 있다는 약속만 할 뿐이라고 결론 내린 것이다. 그렇다면 물질의 가장 작은 부분에서 일어나는 일은 영원히 예측 불가능하다는 문제가 여전히 남아 있었다. 연구하고 사고하고 기술하면 결국 모든 자연현상을 설명할 수 있다고 믿었던 고전 자연과학의 자기 이해는 흔들렸다.

그사이 보어는 인정하지 않으려 했던 물질의 입자-파동 이중성이 실제로 존재한다는 것을 깨달았다. 빛이 입자로 되어 있는지 아니면 파동으로 되어 있는지는 풀 수 없는 문제였다. 보어는 코펜하겐에서 하이젠베르크와 대화에 몰두했다. 하이젠베르크는 1926년 중반 덴마크의 수도로 이주했는데 시간을 절약하기 위해 보어의 연구소에서 기거하고 있었다. 이 두 사람에게 오스트리아인 볼프강 파울리Wolfgang Pauli가 찾아왔다. 20대 중반인 그는 보어와 하이젠베르크처럼 천재적이었다. 하지만 자신의 생각이나 이론을 발표하는 데에 미적거리는 성격의 파울리는 이렇게 말했다. "나는 인용되지 않아도 상관없습니다." 그는 정말 그런 학술지 발표에 관심도 없었다. 보어는 결국 양자역학 이론과 연구 방향에 대해 동의는커녕 관련 논쟁을 끝내고자 했던 슈뢰딩거를 1926년 9월 코펜하겐으로 초청했다. 기차역에서부터 이미 슈뢰딩거와 보어의 토론은 시작됐다. 슈뢰딩거가 병이 났을 때 보어는 그의 침대 머리맡에 앉아 있었다는 일화가 전해질 정도였다.

양자의 무대 위에서

양자역학이 어설프게나마 서서히 그 모습을 갖추는 동안 아인슈타인은, 슈뢰딩거의 표현을 빌리면 '이놈의 양자 널뛰기'에 여전히 불만이 많았다. 무엇보다 양자역학의 불확정성을 인정하고 싶지 않았다. 그의 세계관에서 모든 자연 현상은 분명한 원인과 결과의 원칙을 따르는 것이었다. 양자역학이 미시 세계에서 보는 우연성의 법칙이라는 것을 아인슈타인은 받아들일 수 없었다. 신의 문제에 대해서 그는 스피노자Spinoza와 의견을 같이했다. 신은 개개인의 운명을 결정하지는 않지만 모든 현상을 우리가 분명히 알 수 있는 원인과 결과의 법칙에 따라 창조했으므로 자연은 필연적으로 결정되어 운행된다. 아인슈타인은 세계에는 어떤 공식이 있고 결국 그것만 찾아내면 된다고 믿었다. 이런 세계관에는 확률 계산으로만 표현될 수 있는 불확실한 현상에 내줄 자리 따위는 없었다. 아인슈타인은 보어를 위시한 양자역학 물리학자 무리가 실수한 것이라 믿었고 또 그러기를 바랐다. 그는 1926년 12월 4일 보른에게 보낸 편지에 논쟁적으로 이렇게 쓴다. "이론은 대단하죠. 하지만 그 늙은 분의 비밀에 한 걸음이라도 더 다가가게 해 주지는 못하죠. 어쨌건 간에 나는 그분이 주사위 놀이를 하지 않는다고 확신합니다." 아인슈타인이 말한 '그 늙은 분'은 신이다. 확률은 그토록 고수하고 싶은 인과성과 결코 모순 관계에 있지 않다고 하면서 동료들을 안심시키려는 보어의 노력은 아인슈타인에게는 불충분했다.

1926년 겨울 피곤에 지친 보어는 휴식을 취하기 위해 노르웨이에 4주간 머물렀다. 그곳에서도 양자역학에서 벗어날 수 없었다. 그리고 코펜하겐으로 돌아왔을 때 보어에게는 답이 있었다. 입자와 파동은 관찰하는 방식이 다르기 때문에 생겨나는 것이다. 한 측면을 보면 다른 측면은 볼 수 없다. 그 말은 곧 입자를 재려고 하면 파동은 잴 수 없다는 의미다. 그러나 그 둘은 존재한다. 보어는 결론을 내린다. 대립적으로 보이는 파동과 입자 간에 상보적 관계가 존재한다. 둘은 한 진실의 두 측면이자 상호 보완적으로 존재한다. 보어의 유명한 상보성원리가 탄생한 것이다.

보어가 없는 동안 코펜하겐에서 하이젠베르크도 양자 문제에 대한 해답을 찾았고 곧장 논문으로 발표했다. 불확정성원리를 소개한 논문인데, 보어에게 먼저 알리면 수개월이 걸릴지도 모르는 토론으로 이어질 것을 염려해 바로 발표한 것이다. 그의 해답은 이렇다. 최소 입자들의 파동이 겹치기 때문에 그것들은 잴 수 없고 영원히 그럴 것이다. 관찰로 인한 영향 없이 최소 입자들을 잴 수는 없기 때문이다. 가령 뢴트겐선은 관찰에 도움을 주지만 관찰 대상에도 영향을 미친다. 좀 더 정확히 말하자면 한 입자의 위치를 관찰하면 그 위치는 파악할 수 있지만 속도는 파악할 수 없다. 보어의 상보성원리와 하이젠베르크의 불확정성원리는 두 사람이 따로 발견했지만 물리학의 역사에 코펜하겐 해석으로 기록된다. 하이젠베르크는 상보성원리를 1955년에 도입하게 된다.

모든 현상은 분명하게 정의될 수 있다는 아인슈타인의 세계관은 무너졌고 그의 결정론은 철 지난 것이 되었다. 최소 입자의 위치와 속도를 동시에 확증할 수 없는 세계는 예측할 수 없고 그 안에서 존재는 어떤 순간에도 확실히 파악할 수도 측정할 수도 없기 때문이다. 그래서 미래에 일어나는 사실을 정확하게 예측하는 것은 불가능하다. 이 세계의 미래는 아인슈타인의 세계와는 달리 열려 있는 것이다.

이것이 곧 아인슈타인과 보어 논쟁의 핵심이다. 이는 인간의 자기 이해와 인식능력과도 관계가 있다. 이제 관찰의 방식에 커다란 의미가 부여되는 만큼 이런 의문이 생겨난다. 관찰자로서의 인간이 언젠가 뇌 능력의 한계에 부딪혀 그 모든 노력에도 불구하고 결국 상황을 이해하고 파악하는 데 실패하는 것은 아닌가? 이 질문은 임마누엘 칸트의 사유와 관련이 있다. 그에 따르면 인간은 감각과 이성의 지평에 있는 한에서만 세계를 이해할 수 있다. 인간이 자신의 방식으로 세계를 이해하는 것은 비유하자면, 개가 신문을 감지하긴 하지만 그 용도와 내용을 결코 알 수 없는 것과 다르지 않다.

보어가 1927년 9월 이탈리아에서 개최된 코모Como 물리학회에서 상보성원리를 소개하며 이를 아인슈타인이 그토록 지키고자 했던 인과법칙의 확장이라고 했을 때 두 사람의 혈투는 예고된 것이었다. 그 격전지는 1927년 10월 브뤼셀Brussels의 5차 솔베이Solvay 학회다. 솔베이 학회는 1910년 독일 물리학자이자 화학자인 발터 네른스트Walther Nernst가 기업가 에르네스트 솔베이Ernest Solvay에게 두 개의 국제 학회(물리학·화학)를 조직해야 한다고 건의해 설립되었다. 1911년 브뤼셀에서 그 후원자의 이름을 딴 물리학 학회가 처음 열렸고 플랑크, 러더퍼드, 아인슈타인, 마리 퀴리Marie Curie와 같은 유명 물리학자뿐만 아니라 수학자 앙리 푸앵카레Henri Poincaré도 참석했다. 보어는 참석하지 못했다. 이 첫 모임 자체가 커다란 성공이었다. 이미 그때 양자물리학에 대한 시각이 문제가 되었고, 아인슈타인은 회의적인 동료들 앞에서 자신의 견해를 변호해야 했다. 1913년에는 두 번째 학회가 열렸고 그다음 학회는 제1차 세계대전으로 중지되었다가 전쟁이 끝난 후 개최됐다.

1927년 10월 24일부터 29일까지 솔베이 학회가 열렸다. 얼마나 대단한 학회인가! 호수를 떠다니는 물오리들의 모습이 보이는 브뤼셀 레오폴드^{Leopold} 공원의 학회 건물 앞에서 세 줄로 늘어서서 찍은 단체 사진은 '세계 최고 천재들의 사진'으로 불렸다. 그도 그럴 것이 학회에 참석한 29명 중 17명이 노벨상을 받았다. 맨 앞줄엔 플랑크와 아인슈타인이, 두 번째 줄엔 보른과 보어가, 마지막 줄엔 슈뢰딩거와 하이젠베르크가 카메라를 보고 있다.

보어가 '광자와 전자'에 관한 강연을 시작했을 때 그리고 여기서 양자역학이 기존 물리학을 넘어선다고 말했을 때 결투는 시작됐다. 보어와 하이젠베르크는 혁명이 끝났으며 더 이상 말할 필요가 없다고 했다. 충격을 받은 아인슈타인은 그것을 받아들일 수 없었다. 아인슈타인은 하이젠베르크의 불확정성원리는 미완성이며 결국 양자론 자체가 적어도 불충분한 것임을 증명하려 노력했다. 아인슈타인은 양자론의 미완성을 지적하며 단지 확률만 제시하고 있다고 공격했다. 그것은 곧 아인슈타인에게는 연관성이 발견되지 못했다는 증거였다. 실제로 아인슈타인의 양자역학에 대한 이와 같은 불신은 훗날 그가 양자역학을 전적으로 거부했다는 오해를 불러일으키기도 했다.

솔베이 학회에서는 묘한 일이 반복되었다. 하이젠베르크의 강연을 들은 아인슈타인은 자신의 견해로 그의 오류를 증명하며 끝없이 새로운 반론을 내놓았다. 그러면 보어는 밤새 하이젠베르크와 파울리와 대화하면서 답을 찾아 다음 날 아인슈타인의 지적과 반론을 방어해 냈다. 아인슈타인이 다시 신 이야기를 꺼내자 보어는 되받

1927년 벨기에 브뤼셀에서 열린 5차 솔베이 학회에 참여한 29명의 물리학자 — 이 학회에서 양자역학의 토대가 명확히 세워졌다. 이 회의에 참석한 29명 중 17명이 노벨상을 받았고 퀴리(맨 앞줄 왼쪽 세 번째)는 유일하게 물리학상과 화학상 두 부문에서 수상한 기록을 남기기도 했다. (뒷줄 왼쪽에서부터) 오귀스트 피카르Auguste Piccard, 에밀 앙리오Émile Henriot, 파울 에렌페스트Paul Ehrenfest, 에두아르 헤르첸Édouard Herzen, 테오필 드 동데르Théophile de Donder, 에르빈 슈뢰딩거Erwin Schrödinger, 쥘 에밀 버샤펠트Jules-Émile Verschaffelt, 볼프강 파울리Wolfgang Pauli, 베르너 하이젠베르크Werner Heisenberg, 랠프 하워드 파울러Ralph Howard Fowler, 레옹 브릴루앵Léon Brillouin, (두 번째 줄 왼쪽에서부터) 피터 디바이Peter Debye, 마르틴 크누센Martin Knudsen, 윌리엄 로런스 브래그William Lawrence Bragg, 헨드릭 안토니 크라머스Hendrik Anthony Kramers, 폴 디랙Paul Dirac, 아서 홀리 콤프턴Arthur Holly Compton, 루이 빅터 드 브로이Louis-Victor de Broglie, 막스 보른Max Born, 닐스 보어Niels Bohr, (첫 번째 줄 왼쪽에서부터) 어빙 랭뮤어Irving Langmuir, 막스 플랑크Max Planck, 마리 퀴리Marie Curie, 헨드릭 안톤 로렌츠Hendrik Antoon Lorentz, 알베르트 아인슈타인Albert Einstein, 폴 랑주뱅Paul Langevin, 샤를 외젠 게이Charles-Eugène Guye, 찰스 톰슨 리스 윌슨Charles Thomson Rees Wilson, 오언 윌런스 리처드슨Owen Willans Richardson.

는다. "신에게 이래라 저래라 하지 좀 마십시오." 이런 끝없는 공방은 다음 몇 해 동안에도 계속되었고 아인슈타인-보어 논쟁으로 역사에 기록된다.

물리학의 혁명가 아인슈타인은 갈수록 주목받지 못했고 새로운 생각을 인정하려 들지 않는 글자 그대로 뒷방 늙은이가 된다. 아인슈타인은 분개해서 쓴 반박 글에서도 상투적인 문구를 사용한다. 그렇게 그는 '애들 물리학'에 대해 험담하고 친구 보른에게 끝없이 편지를 보내 경멸해 마지않는 '주사위 놀이를 하는 신'에 대해 이야기했다. 보어는 계속 대화를 바랐다. 하지만 아인슈타인은 '주사위 놀이를 하지 않는 신'으로 계속 보어를 물고 늘어지기만 할 뿐 점점 더 논쟁을 피했다. 보어는 아인슈타인에게 이렇게 응대했다. 신조차도 "주사위 놀이라는 말이 이 문맥에서 대체 무엇을 의미하는지 알수 없을 것입니다."

1930년 6차 솔베이 학회에서도 논쟁은 계속되었다. 아인슈타인은 사고실험을 통해 다시금 양자역학이 불충분한 것임을 증명해 보이려고 노력했다. 이번에 그는 '광자 저울'이란 것을 생각해 냈다. 상자 안에 들어 있는 한 광자, 즉 빛 입자를 상상해 보라는 것이다. 상자에 용수철을 매달아 그 무게를 측정한다. 상자에 부착된 시계는 상자의 뚜껑을 여닫을 수 있어 일정한 시간이 되면 빛이 나가게 만들었다. 이런 방식으로 두 가지를 정확하게 계산할 수 있다. 하나는 시계로 광자가 나간 시간을 잴 수 있고, 다른 하나는 저울로 광자의 양과 에너지를 측정할 수 있다. 그러면 양자역학과 하이젠베르크의 불확정성원리는 존재하지 않는 것이 된다. 따라서 아인슈타인은 양자역학은 완전하지 못하다는 결론을 내렸다.

보어는 밤잠을 이룰 수 없었으나 끝내 답을 찾았다. 그 답은 천재적이었다. 아인슈타인의 위대한 업적인 상대성이론을 가지고 역으로 그를 공격한 것이다. 광자가 상자를 나올 때 양의 손실이 생긴다(여기서 용수철저울의 움직임이 발생함). 그리고 중력장 안에 있는 상자와 저울은 시계의 위치에도 오차가 생길 수밖에 없고 위치에 따라 중력이 다르므로 시간의 오차를 가져온다. 중력이 시간의 흐름에 영향을 준다는 상대성이론은 아인슈타인이 밝혀낸 것이었다. 그렇기 때문에 에너지와 시간은 불확정성의 지배를 받는다. 이렇게 발생하는 시간 측정의 불확실성은 하이젠베르크의 불확정성원리에 들어맞았다. 아인슈타인은 패배를 인정했다. 하이젠베르크와 보어의 해석은 반박할 수 없었다.

누가 주사위를 던지는가

양자역학은 20세기가 지나는 동안 실생활에도 눈부신 발전을 선사했다. 레이저 기술과 디지털 전자공학은 양자역학의 이론들 위에 세워진 것이다. 우주의 기원을 설명하려는 노력에서도 양자역학은 핵심적인 역할을 한다. 무無에서 입자와 반입자가 생성되는 것을 허용하는 양자요동 현상은 하이젠베르크의 불확정성원리에 기반하는 것으로 우주 기원에 중요한 단서를 제공한다. 우주에서 물질은 상이한 장소에서 공간적으로 퍼져 동요하다가 뭉친다. 이 과정에서 중력을 통해 행성과 은하가 생겨나는 것이다.

우주의 모든 현상을 설명하는 단 하나의 이론, 이른바 대통합이론에 대해 물리학에는 수많은 연구와 가설이 있다. 아인슈타인과 보어의 정신에 따라 최초의 창조적 방식, 예컨대 양자중력이론, 초끈이론, 다중우주론 같은 매우 복잡한 이론물리학적 사고와 미지의 입자를 찾기 위한 유럽입자물리연구소[CERN]의 연구처럼 확고한 경험적 프로젝트 사이를 오가고 있다. 한 가지 확실한 것은 아인슈타인과 보어의 연구 분야, 즉 중력이론 및 상대성이론과 양자역학이 통합되어야 한다는 것이다. 우주의 발생이 우연의 산물인지 인과의 산물인지는 궁극적으로 해결해야 할 문제로 남아 있다. 그 문제의 해결 가능성도 불확실하다.

인간의 미립자에 대한 인식은 기념할 만한 1927년 솔베이 학회 이후 1930년대에 들어서서 새로운 방향으로 향했다. 그러나 아인슈타인은 양자역학에 대한 마지막 공격을 감행했다. 아인슈타인은 1935년 보리스 포돌스키[Boris Podolsky]와 네이선 로젠[Nathan Rosen]과 함께 논문을 발표했다. 그는 여기에서 이른바 EPR 역설이라는 양자계 얽힘을 증명하는 사고실험을 통해 양자역학이 입자의 숨은 변수와 상수를 파악하지 못했기 때문에 불완전한 것이라고 주장했다. 1964년 아일랜드 물리학자 존 벨[John Bell]은 일명 벨의 부등식으로 EPR 3인방의 견해를 반박했고, 이를 1982년의 한 실험이 입증해 주었다. 아

```
                                        Albert Einstein
                                        Old Grove Rd.
                                        Nassau Point
                                        Peconic, Long Island

                                        August 2nd, 1939

F.D. Roosevelt,
President of the United States,
White House
Washington, D.C.


    Sir:

         Some recent work by E.Fermi and L. Szilard, which has been com-
    municated to me in manuscript, leads me to expect that the element uran-
    ium may be turned into a new and important source of energy in the im-
    mediate future. Certain aspects of the situation which has arisen seem
    to call for watchfulness and, if necessary, quick action on the part
    of the Administration. I believe therefore that it is my duty to bring
    to your attention the following facts and recommendations:

         In the course of the last four months it has been made probable -
    through the work of Joliot in France as well as Fermi and Szilard in
    America - that it may become possible to set up a nuclear chain reaction
    in a large mass of uranium,by which vast amounts of power and large quant-
    ities of new radium-like elements would be generated. Now it appears
    almost certain that this could be achieved in the immediate future.

         This new phenomenon would also lead to the construction of bombs,
    and it is conceivable - though much less certain - that extremely power-
    ful bombs of a new type may thus be constructed. A single bomb of this
    type, carried by boat and exploded in a port, might very well destroy
    the whole port together with some of the surrounding territory. However,
    such bombs might very well prove to be too heavy for transportation by
    air.
```

아인슈타인이 루스벨트에게 보낸 편지 — 나치의 유대인 탄압으로 미국으로 망명한 아인슈타인은 핵분열 발견 이 듬해인 1939년 8월 미국 대통령 루스벨트에게 핵무기 개발을 권하는 편지를 쓴다. 이에 따라 1941년 미국의 핵 개발 계획인 '맨해튼계획'이 시작된다.

인슈타인의 숨은 변수는 존재하지 않았다.

1930년대에는 원자핵이 쪼개질 때 나오는 엄청난 에너지를 어떻게 최선으로 이용할 수 있는지가 문제였다. 두 가지 길이 있었다. 원자력을 평화적으로 사용하거나 상상 이상의 파괴력을 가진 폭탄으로 제조하는 것이었다. 후자가 제2차 세계대전 발발과 함께 문제의 중심이 되었다. 아인슈타인은 1939년에 이미 나치의 핵무기 사용에 대해 경고했고, 미국의 프랭클린 루스벨트^{Franklin D. Roosevelt} 대통령에게 독자적인 핵폭탄 개발을 권고했다. 보어는 1941년 가을 점령지 덴마크에서 한 점령군 대표의 방문을 받았다. 하이젠베르크였다. 하이젠베르크는 독일 핵무기 프로젝트에 참여하고 있었는데, 대화 중에 보어는 그가 자신에게서 조언을 얻으려 한다고 의심했다.

전쟁이 끝난 후 아인슈타인도 보어도 평화를 위해 노력했고 핵무기의 군사적 사용에 대해 경고했다. 아인슈타인은 1955년 프린스턴^{Princeton}에서 사망했고, 보어는 7년 후 코펜하겐에서 사망했다. 사망 전 그날 밤에도 보어는 아인슈타인과 했던 논쟁을 생각하고 있었다. 그는 연구실 칠판에 상자 속에 있는 빛 입자를 스케치했다. 결국 자신의 이론이 승리했기 때문이었을까? 어쩌면 보어는 존재를 이해하려는 시도와 모든 것이 정해진 것인가라는 질문에 답을 찾으려는 시도는 언제나 불확실함으로 남는다고 생각했을지도 모른다.

윈스턴 처칠과
찰리 채플린

악을 어떻게 이길까?

"그를 좋아하지 않고는 못 배길 거요."

| 채플린을 처음 만난 후 윈스턴 처칠이 아내에게 보낸 편지 |

"우리의 이 나쁜 세상에서 그 어떤 것도 지속적인 것은 없다.
우리의 고난도 마찬가지다."

| 찰리 채플린 |

Winston Churchill

&

Charles Chaplin

관대하고 친절한 듯한 인상의 저택은 번쩍이는 흰 직육면체 모양으로 산타모니카^{Santa Monica} 해변의 파도를 마주한 채 나란히 자리해 있었다. 흡사 영국 남부의 해수욕장에 있는 고급 호텔과도 같은 저택은 태평양 바다 빛에 물들어 모든 감각을 압도했다. 그 집은 최고재판소보다 기둥이 많다고 찰리 채플린^{Charles Chaplin(1889~1977)}이 말했다. 정말이었다. 이층 높이의 기둥 18개가 해변을 바라보는 넓은 발코니를 떠받치고 있었다. 기둥 앞으로는 계단이 있어 넓은 테라스를 거쳐 약 40미터 길이의 수영장으로 이어졌다. 여기에 오는 손님들은 곧바로 풀장의 덥혀 놓은 물속으로 뛰어들지 아니면 모래사장 너머 대양의 차가운 파도 속으로 뛰어들지 선택할 수 있었다. 물속에서 나와 다음 파도가 올 때까지 기다리는 동안 뒤돌아 저택을 보면 언덕 뒤편에 줄지어 서 있는 야자나무를 셀 수도 있었다.

깊은 인상을 받은 윈스턴 처칠^{Winston Churchill(1874~1965)}이 저택을 '해변의 왕궁'이라 불렀는데 집주인은 소박하게 해변의 집이나 바닷가

12장 — 윈스턴 처칠과 찰리 채플린   283

집이라고 불렀다. 누군가는 100개가 넘는 방과 35개의 침실이 있는 이 건축물을 좀 더 정확하게 '할리우드의 베르사유'라고 불렀다. 그날 저녁에도 음악은 울려 퍼졌으며 잔들은 부딪쳤고 사람들은 웃었다. 두 개의 테니스코트에서 공을 주고받는 소리가 꿈꾸는 사람들과 한담을 나누는 사람들의 귓전에 밀려왔다. 해는 마지막 햇살을 기둥에 비추고 붉게 물들다가 부드러운 푸른빛 속에서 잠들었다. 저택을 지은 사람들의 돈과 권력을 잠시 잊는다면 이곳은 지상의 작은 낙원이었다.

저택의 여주인은 영화배우 마리온 데이비스^{Marion Davies}. 그녀는 손님 한 사람 한 사람을 주의 깊게 살폈다. 불편해하는 손님이 있어서는 안 되었다. 데이비스는 이 저택에 살았지만 집을 산 사람은 그녀의 애인 윌리엄 랜돌프 허스트^{William Randolph Hearst}였다. 그는 미국에서 가장 돈이 많고 힘 있는 남자 중 한 사람이었다. 수많은 거대 신문사와 라디오 방송국, 영화 제작사를 모아 미디어 제국을 건설했다. 오손 웰스^{Orson Welles}가 불과 스물다섯 살에 감독한 〈시민 케인 ^{Citizen Kane}〉(1941)의 실제 주인공으로도 유명한 이 거물은 영화에서 그리 호의적으로 그려지진 않았다.

데이비스가 맞는 손님들은 보통 사람들의 눈에는 선택받은 사람들로 보인다. 그들은 모두 행복해야만 한다. 적어도 지금 여기에서는. 여기 때로 모인 연극인, 작가, 기업인, 정치인, 댄디, 신인 여배우 등은 어쩌면 누군가가 꿈꾸는 자리에 이미 도달해 있는 사람들이다. 손님들은 마치 모든 근심과 모든 악을 멀리 쫓아낸 것처럼 보이는 이곳에서 오래도록 즐긴다. 만약 가까이에서 악이 노리고 있다면 바로 이곳이 그 악을 쫓아 버릴 수 있는 마지막 희망의 장소다.

실제로 이 저택에 묵는 일은 단순히 기분 좋은 사교를 위한 것만은 아니었다. 이곳에서는 명성과 권력이 서로를 염탐했다. 여기서 권력은 밝게 빛났다. 허스트의 신문에서처럼 어둡지 않았다. 그의 신문은 거짓 선동 기사를 퍼뜨렸다. 미국의 소수자들을 공격하고 미국과 스페인의 전쟁을 부추겼다. 1929년 가을 무렵이었다. 황금기라 불리는 1920년대가 마지막으로 접어들고 있었다. F. 스콧 피츠제랄드^{F. Scott Fitzgerald}가 소설 《위대한 개츠비》에서 가장 호사스러운 시대의 기념비를 세운 그 시대가 저물어 가는 것이다. 많은 사람이 한가롭게 거닐거나 수영장 주위에 앉아 있었다. 게스트하우스에는 저녁 만찬을 준비하는 사람들과 살롱들 중 한곳에 앉아 아페리티프를 홀짝이는 사람들이 있었다. 처칠과 채플린은 1929년 9월 21일 이곳에 왔다.

처칠은 마치 한 마리 개처럼 괴로워하고 있었다. 그는 정치 인생의 끝에 다다른 듯했다. 5월 하원 선거에서 자신이 속한 보수당이 다수당의 지위를 잃으면서 그도 재무 장관직에서 내려와야 했다. 모든 장관직을 두루 거친 처칠은 이제 쉰다섯의 단순한 의원일 뿐이었다. 미래를 알 수 없는 게 다행이었다. 점점 더 밀려나게 되어 훗날 스스로 '황무지 시대'라 부르게 될 10년의 긴 시간이 처칠을 기다리고 있었기 때문이다.

처칠을 정치적으로 옹호하는 사람들 사이에서도 그가 비도덕적이라는 평판이 나오는데, 이는 수상한 명성을 지닌 인물들과 교류했던 탓이다. 허스트 같은 인물이 그 예인데 처칠은 그의 손님으로 며칠 전부터 여기에 와 있었다. 처칠은 선거 패배 후 아들 랜돌프Randolph와 조카 조니Johnny를 대동하고 북아메리카 여행에 나섰다. 캐나다와 미국을 둘러보며 세계 상황에 대해 그곳 지도자들의 의견을 듣겠다는 명분이었으나 그의 심정은 한 친구에게 편지에 쓴 대로였다. "나는 연마할 정치적 과제도 도끼도 없네." 그리고 허스트에게는 이렇게 말했다. "우리는 세계의 미래에 대해 토론해야 합니다. 비록 우리가 그것을 결정하게 되지는 못하더라도 말이죠." 허스트는 그를 할리우드의 스튜디오로 데리고 다녔다. 어느 날 허스트는 처칠에게 미국의 유명 인사 중 누구를 특히 만나고 싶은지 적어 놓으라고 했다. 모두 만나게 해 준다는 것이었다. 적어 놓은 사람은 다 허스트와 그의 애인 데이비스가 있는 저택에 나타날 거라고 약속했다. 처칠은 리스트를 만들었다.

처칠은 미국 산 시메온San Simeon에 있는 허스트의 저택에서 며칠간 머물기로 했다. 그리고 저택을 방문한 날 저녁 실제로 처칠의 리스트 속 인물들이 다들 나타났다. 그중에는 영화배우 월레스 비어리Wallace Beery, 폴라 네그리Pola Negri, 해럴드 로이드Harold Lloyd가 있었다. 그레타 가르보Greta Garbo만 오지 않았다. 하지만 채플린이 왔다. 채플린과 친했던 데이비스의 간절한 부탁 덕분이었다. 채플린은 수년 전부터 스스로 창조한 영화 속 떠돌이 노동자로 알려진 세계적인 유명 인사였다. 콧수염을 달고 중산모와 꽉 끼는 양복 차림에 터무

니없이 큰 구두를 신고 지팡이를 흔드는, 왜소하지만 따뜻한 마음
과 유머를 지닌 떠돌이를 누구나 좋아할 수밖에 없었다. 처칠도 채
플린의 팬이었다.

처칠은 이탈리아 대리석으로 된 따뜻한 풀에서 목욕을 마치고
저녁 만찬을 위해 옷을 갖춰 입었다. 처칠이 만찬에 나갔을 때 채플
린은 일부 손님들과 잡담을 나누며 이리저리 자리를 옮겨 다니고
있었다. 채플린은 그 떠들썩한 무리의 한구석에 서서 나폴레옹처럼
조끼 주머니에 손을 찔러 넣고 쌍쌍이 춤을 추는 것을 바라보는 처
칠을 보고 있었다. 마침 영국에서 온 이 손님이 혼자 외롭게 구석에
서 있는 것을 본 허스트는 채플린을 손짓으로 불러 처칠에게 갔다.
대화가 쉽게 이뤄지지 않자 채플린은 처칠에게 의도적으로 말을 걸
었다.

"제가 이해할 수 없는 것은 영국에 사회주의 정부가 들어섰는데
도 왕이나 여왕의 지위가 변하지 않는다는 겁니다."

"당연히 그런 짓은 안 하죠." 처칠이 으르렁거렸다.

"제 생각인데 사회주의자들은 왕정을 반대하지 않나요?" 채플
린은 되물었다.

"당신이 영국에 있다면" 처칠이 대답했다. "그런 말만으로도 교
수형을 당했을 겁니다."

그리고 처칠은 웃었다. 얼음벽이 깨지는 순간이었다.

밤이 깊어지자 데이비스와 채플린은 유명 인사들을 패러디하면
서 손님들을 즐겁게 했다. 특히 처칠은 채플린의 나폴레옹 흉내에

감탄했다. 서로에게 깊은 인상을 받은 두 남자는 새벽 3시까지 함께 있었다. 처칠은 아내에게 보내는 편지에 이렇게 썼다. "그를 좋아하지 않고는 못 배길 거요." 채플린도 처칠에게서 '뭐든 철저히 하려는 욕망'을 봤고 대화 중에 재치 있는 문장을 쉼 없이 술술 말하는 능력에 감탄했다.

떠도는 사람들

처칠이 사회를 보는 시각이 채플린과 다른 것은 당연한 일이다. 처칠은 귀족 명문가 출신이다. 처칠은 왕궁은 아니지만 영국에서 가장 큰 궁[22]에서 태어났다. 아버지는 재무 장관이었고 직계 선조는 유명한 말버러Marlborough 공작 존 처칠John Churchill이었다. 그에 반해 채플린은 런던 보드빌에 출연하며 매일매일의 빵을 벌기 위해 분투한 연극인 부부의 아들이었다. 그가 태어난 직후 부모는 이혼했고, 아버지는 술을 마시다 사망했다. 어린 채플린과 형은 어머니와 같이 살았다. 그녀는 우울증에 걸려 더 이상 연기를 할 수 없었다. 가족은 늘 빈민가에서 살았다.

처칠이 로스앤젤레스Los Angeles에 머무는 동안 두 남자는 몇 번

---

22 — 블레넘 궁전Blenheim Palace. 1704년 블레넘 전투에서 승리를 거둔 존 처칠의 공로를 기리기 위해 지어져 '블레넘 궁전'이라고 불린다.

더 만났다. 채플린이 처칠 일행을 9
월 24일 자신의 스튜디오로 초대하기
도 했다. 함께 식사를 했고 영사실에
서 군대를 풍자한 채플린의 영화 〈어
깨 총!Shoulder Arms〉과 작업 중이던 〈시티
라이트City Lights〉의 편집본을 봤다. 이날
의 몇몇 순간을 기록한 영상 속에서 처
칠은 당혹해하면서 동행들과 어색하
게 서서 카메라에 지시를 내리는 채플
린을 지켜보고 있다. 여기서 인상적인
것은 우리 기억 속에 육중한 거인으로
남아 있는 처칠이 가냘픈 채플린보다

채플린의(왼쪽) 스튜디오를 방문한 처칠.

그리 크지 않다는 사실이다. 두 사람은
이날 새롭게 등장한 유성영화에 대해 이야기를 나눴다. 채플린은
무성영화에서 영화의 정수를 본다고 말했고, 처칠은 동의하면서 자
신이 본 〈시티 라이트〉가 그것을 증명한다고 했다. 후에 처칠은 무
성영화와 유성영화에 대한 긴 에세이를 쓰는데, 거기서 다름 아닌
채플린을 예로 들어 무성영화의 우월함을 열렬히 주장한다.

　유성영화만이 이 시기의 유일한 변화는 아니었다. 그것보다 더
드라마틱한 사건이 이 만남이 있은 지 정확히 한 달 후 일어났다.
1929년 10월 24일 이른바 검은 목요일에 월스트리트의 주가가 바
닥으로 곤두박질친 것이다. 그 후 경제 대공황이 전 세계를 덮쳤다.

유럽에서는 이 불안한 시기를 틈타 파시즘이 점점 더 사람들을 사로잡았다. 특히 독일에서 많은 이들이 구세주라 여기던 한 남자가 주목을 받았다. 아돌프 히틀러^{Adolf Hitler}, 그는 나치당의 대표였다. 나치들은 히틀러가 만든 최악의 파시즘에 찬성하는 사람들이었다. 태도를 놓고 보자면 히틀러는 오페라 배우 같던 베니토 무솔리니^{Benito Mussolini}를 흉내 내는 듯했다. 무솔리니는 1923년부터 파시스트 국가 이탈리아를 통치했다.

악은 여러 형태로 등장하고 그것을 서술하기는 매우 어렵다. 사회는 자신들의 규범을 만들고 여기에서 벗어나는 사람이 있으면 그 존재를 용인하거나 말살한다. 히틀러는 말살하고자 했다. 그는 자신의 세계관에 맞지 않는 모든 인간과 생각을 지구상에서 없애 버리려고 했다. 히틀러의 집권으로 그와 그의 하수인들이 얼마나 집요하게 그리고 어떤 변태적인 철저함으로 악을 실행에 옮기게 될지 아무도 예견할 수 없었다. 그들이 독일만으로는 만족하지 못할 것이라는 사실도 말이다.

히틀러는 이때까지도 권력을 쟁취하기 위해 싸우고 있었다. 연설로 점점 대중을 사로잡았다. 히틀러는 연설에 철저히 연습한 제스처를 동원했다. 가만히 서 있다가는 마구 손짓을 했고, 조용히 몇 문장을 말하다가도 소리를 질러댔다. 히틀러는 이런 행동의 반복을 통해 교묘하고도 극적으로 분위기를 고조시켜 대중의 감정과 저열한 본능을 이끌어 냈다. 미국과 영국에서도 사람들은 그를 불길하게 여기기보다는 오히려 인상적으로 받아들였다. 처칠은 곧 히틀러에 대해 경고하기 시작했지만 그의 말을 듣는 사람은 없었다.

처칠과 채플린이 1931년 2월 영국에서 재회했을 때 히틀러는 그들의 이야깃거리가 아니었다. 히틀러는 그저 이상한 괴짜였을 뿐이었다. 채플린은 〈시티 라이트〉를 홍보하기 위해 유럽에 왔다. 처칠은 채플린을 런던 남쪽에 있는 그의 영지 차트웰Chartwell로 초대했다. 그곳에서 처칠은, 훗날 그의 표현을 빌리자면 채플린을 제대로 알게 됐다. 켄트Kent에 위치한 차트웰은 붉은 벽돌로 지어진 저택으로 공원 비슷한 정원 언덕에 깊숙이 자리하고 있었다. 이 집을 구입한 후 처칠은 개조하는 데 직접 팔을 걷어붙이고 적극 동참했다. 채플린은 소박하지만 우아한 집의 꾸밈새와 가족적인 분위기 그리고 집 안 곳곳에 있는 수많은 책에 깊은 인상을 받았다. 작가이기도 한 이 집의 주인은 그사이 정치적인 영향력을 잃어 가고 있었기에 오히려 더 집필 활동을 활발히 했다. 역사물이나 전기를 써서 나오는 작가 수입으로 가족의 생활비를 대부분 충당할 수 있었다.

차트웰에서 채플린과 처칠은 나폴레옹에 관한 영화 프로젝트에 대해 이야기를 나눴다. 처칠은 이 계획에 열광해서 반드시 영화로 만들어야 하며, 자신이 대본을 쓰겠노라고 제안했다.

"이건 꼭 해야 합니다." 처칠은 다그쳤다. "그 희극성을 한번 생각해 보세요. 욕조에 누워 있는 나폴레옹, 허영심 많은 동생과 말다툼을 하는 나폴레옹 말입니다. 동생은 금실은실로 수놓은 장교복을 입고 그 상황을 즐기고 있죠. 이런 불리한 입장에 처한 나폴레옹을 한번 상상해 보라고요. 화가 난 나폴레옹은 일부러 동생 유니폼에

침을 뱉는 거죠. 동생은 비굴하게 물러나고. 이것만 해도 탁월한 심리묘사이자 행동이고 재미죠."

차트웰을 방문한 직후 채플린은 런던을 떠나 의기양양하게 전 유럽을 일주한다. 그는 독일에도 갔다. 그곳에서 그를 맞이한 것은 히틀러 당원들의 증오였다. 제복을 입은 길거리 깡패인 나치당 돌격대SA(Sturmabteilung)가 채플린의 공연을 방해했다.

같은 해 9월 중순 채플린은 다시 한번 차트웰을 방문한다. 그는 주말 내내 머물렀는데 이번엔 처칠이 그린 수많은 유화에 감탄했다. 집에서 손일로 시간을 보내고 있던 집주인은 채플린에게 어떻게 벽을 쌓는지 가르쳤다. 이번에는 처칠의 가족들뿐만 아니라 그들의 친구들도 함께 있었다. 집주인은 혼잣말하는 버릇이 있었는데 가족들은 그걸 묵인하는 듯했다. 채플린은 그 혼잣말에서 의견 차이를 얼마든지 받아들이는 처칠의 태도를 확인했다. 식사 중에 처칠은 그의 유명한 촌철살인을 선보였다. 채플린에게 다음 역할은 무엇인지 묻자 채플린이 "예수"라고 답했다. 그러자 처칠은 건조하게 되물었다. "저작권 문제는 해결했나요?"

이런 훈훈한 주말이 지나고 채플린과 처칠의 길은 갈린다. 편지 왕래는 있었지만 여러 해가 지나서야 만나게 되고, 그것이 마지막이 된다.

황무지 시대

1932년은 앞으로 있을 극적인 변화를 예고하는 해였다. 처칠의 아들 랜돌프는 독일로 가서 히틀러의 선거 홍보를 따라 다녔다. 전 유럽에서 히틀러는 명성을 얻었다. 세계는 매혹과 혐오를 동시에 느끼며 히틀러의 성공을 지켜보았다. 여전히 많은 사람에게 히틀러의 군복과 군사적인 분위기, 포효와 호전성은 낯설고 당혹스러웠다. 반면 그의 권위적인 모습에 호감을 갖고 그런 모습에서 세상을 바로잡을 무언가를 기대하는 사람들도 있었다. 누군가에게 히틀러는 또 다른 전체주의적 위협, 즉 공산주의에 대한 환영할 만한 균형추였다. 파시즘과 공산주의가 아무리 서로 다른 것 같아도 자신들의 이데올로기를 관철시키는 수단과 메커니즘은 아주 흡사하다. 이 사실은 사회를 획일화하려는 철저한 노력에서 드러난다. 모든 공적인 영역을 감시하고 획일화하며 자신들과 다른 생각과 행동을 하는 사람들을 추방하고 말살하기까지 하는 노력 말이다. 파시즘은 이미 무솔리니의 이탈리아에서 그리고 공산주의는 이오시프 스탈린^{Josef Stalin}의 소련에서 이런 짓을 했다. 제1차 세계대전 이후 지치고 나아갈 방향을 잡지 못하던 민주주의 국가들에서 무솔리니, 히틀러 그리고 스탈린은 이상한 매력을 발산했다. 그들은 말만 늘어놓는 여타의 정치인과 달리 행동하는 실천가로 보였다. 사람들은 '악은 단순한 해결책을 내건다'는 사실을 깨닫지 못했다.

그 사이 영국에서는 처칠이 당과 더욱 멀어지는 일이 발생했다.

그는 점점 고립되었다. 처칠의 수사적 힘과 위트는 단순한 시빗거리로 전락했다. 그는 관세에 반대했고 마하트마 간디$^{Mahatma\ Gandhi}$의 인도 독립운동에 반대했으며 권력을 얻기 시작하는 히틀러를 보는 순진한 시각에 반대했다. 처음에 처칠은 히틀러의 성공에 어느 정도 공감을 표시하기도 했다. 한 잡지에 보낸 기고문에서 그는 "비록 내가 다른 편에 서 있을지라도 점령당한 조국을 위해 헌신하는 남자들에 감탄한다"라고 말하며 히틀러는 "애국적인 독일인일 권리가 있다"고 했다. 그러나 히틀러가 권력을 잡기 전인 1932년에는 독일에 재무장을 허용하는 것은 위험한 일이라며 경고했다. 그러자 이 문제에 대해서는 토론을 해야 한다고 주장하는 의원들이 생겨났다. 처칠은 곧바로 이들에게 되물었다. "전쟁을 원합니까?"

1932년 가을에 처칠은 히틀러와 만날 뻔했다. 처칠은 자료 조사차 유럽 대륙을 여행하고 있었다. 그의 선조 말버러 공작에 관한 책을 쓰던 중이었고 그가 싸웠던 전쟁터를 돌아다녔다. 그중에는 가장 큰 승리를 거둔 울름 근처 회히슈테트^{Höchstädt}도 있었다. 그 후 처칠은 뮌헨으로 갔다. 거기서 아들 랜돌프와 히틀러의 측근인 에른스트 한프슈탱글$^{Ernst\ Hanfstaengl}$이 히틀러와의 면담을 주선하기로 했다. 처칠은 한프슈탱글을 호텔 로비에서 만났다. 지극히 평온했던 한담을 마치면서 처칠은 몇 가지 질문을 했다. "당신의 지도자는 왜 그렇게 유대인들에 반대합니까? 사람을 그 출생만 가지고 공격하는 게 무슨 의미가 있죠? 그렇게 태어난 걸 어쩌란 말이죠?" 히틀러와의 만남은 성사되지 못했다.

영국으로 돌아온 처칠은 계속 히틀러와 나치에 대해 경고했다. 그는 이렇게 외쳤다. "영국의 수백 년 역사는 유럽을 지배하려는 세력에 맞서 싸워야 한다는 것을 우리에게 보여 준다. 그것이 스페인, 프랑스, 혹은 독일이건 지금은 그 적이 누구인지 추호의 의심도 없다." 의원들은 처칠이 연설을 시작하려고 하면 자리를 떴다.

처칠은 채플린과 비록 간접적이긴 하지만 연락을 끊지 않고 있었다. 그의 아들 랜돌프는 1935년 채플린을 방문했다. 함께 차를 마시던 채플린은 배우 파울레트 고다드Paulette Goddard와의 결혼 소식을 랜돌프에게 전했다. 이 소식은 그의 입을 통해 신문 기사로 전 세계에 알려졌다. 히틀러가 권력을 잡은 지 2년이 되었고 그사이 독일은 철저하고 잔인한 독재국가로 바뀌어 있었다. 정치적 반대자들은 박해를 받았고 유대인들은 사회생활에서 모든 지분과 권리를 박탈당했다. 채플린은 회고록에 다음과 같이 썼다. "'미친놈!'이라고 생각했다. 그러나 아인슈타인과 토마스 만Thomas Mann이 독일을 떠나야만 했을 때 히틀러는 더 이상 우스운 인물이 아니라 두려운 인물이었다." 1936년 스페인 내전이 발발하자 히틀러와 무솔리니는 쿠데타 주역 프랑코Franco 장군에게 군사와 무기를 아낌없이 지원했다.

1937년에 영화 제작자 알렉산더 코르더Alexander Korda가 채플린에게 제안을 했다. 채플린이 떠돌이 노동자와 히틀러로 1인 2역을 해 보자는 것이었다. 두 인물 다 조그맣고 뾰족한 콧수염을 기르고 있기에 쉽게 연상이 됐다. 채플린은 얘기를 듣자마자 열광했다. 채플린은 히틀러는 마구 손짓을 하며 입에 거품을 무는 연설가로, 반면 떠돌이 노동자는 계속 말이 없는 그러나 웃음을 자아내는 모습으로 등장하는 장면들을 상상해 보았다. 이런 장면들은 그의 머릿속을 떠나지 않았고 그해 히틀러가 체코를 위협했을 때 슬픈 시의성을 얻게 되었다. 여타 유럽의 강대국은 그저 방관하고 용인했을 뿐만 아니라 체코 영토 일부분을 나치 독일의 것으로 인정해 주기까지 했다. 런던이나 파리의 이렇다 할 저항 없이 나치 독일 군대는 체코의 나머지 영토를 점령했다. 처칠은 히틀러의 독일에 대항해 행동할 것을 역설했다. 누군가는 악을 인지하지 못했고 또 다른 누군가는 그 악의 매력에 빠졌다. 1939년 미국의 나치들이 매디슨 스퀘어 가든^{Madison Square Garden}에서 행진을 했다.

채플린과 히틀러의 쉰 살 생일을 맞아 영국 잡지 《스펙테이터 ^{Spectator}》에 1939년 4월 21일 한 기사가 실렸다. 기사는 역사의 아이러니를 거론하면서 히틀러는 채플린처럼 유명한 콧수염을 가진 사람일 뿐 아니라 세계적으로 유명한 이 희극배우와 생일마저도 거의 같다고 썼다. 채플린이 히틀러보다 4일 먼저 태어났다. 그 기사를 쓴 익명의 필자는 다음과 같이 말했다. "의심할 여지없이 둘 다 천재다. 둘은 같은 현실을 반영한다. 현대 사회에서 왜소하고 작은 한 남자의 곤궁함. 둘 다 일그러진 상이나 하나는 선한 상이고, 또 다른 하나는 말할 수 없이 악한 상이다."

채플린은 노동자와 독재자에 관한 각본 작업에 오랜 시간 매달렸다. 그의 영화 인생 중 처음으로 완성된 원고를 준비했다. 그 최종

매디슨 스퀘어 가든을 행진하는 미국 나치들 — 히틀러가 권력을 장악한 1933년부터 미국 내에서도 나치를 동경하는 사람들이 그 조직력을 키워 가기 시작했다. 이들은 나치 제복을 입고 깃발을 휘날리며 주요 도시를 행진하는 시위를 벌였다.

본이 9월 3일 나왔는데 히틀러의 군대가 폴란드를 침공한 이틀 후였다. 그 플롯은 이랬다. 조국을 위해 용감하게 싸웠던 한 작은 유대인 이발사가 게토Ghetto에 감금되어 고생한다. 그를 그곳에 수용한 것은 힌켈 휘하에 있던 나치 돌격대였다. 그런데 이발사는 힌켈과 너무 닮았다. 힌켈은 친구 벤치노 나폴레오니와 함께 다른 나라를 공격하려고 한다. 세계를 지배하려는 힌켈의 계획이 시작되었다. 그러나 힌켈과 게토의 이발사가 너무 닮아서 사람들은 둘을 혼동하게 된다. 독재자가 감옥에 갇혀 있는 동안 힌켈 역할을 하게 된 이발사는 인류애를 외치는 연설을 한다.

9월 9일에 촬영이 시작되었다. 채플린이 감독, 제작, 각본, 주연을 맡았다. 특히 독재자 역할을 위해 그는 철저히 준비했다. 〈보헨샤우Wochenschau〉와 같은 수없이 많은 나치 선전 영화를 보며 독재자의 모습과 행동을 연구했다. 그는 확신했다. "이 남자는 내가 본 사람 중 최고의 배우다." 동료들과 채플린 자신도 곧 이상한 점을 느끼게 되었다. 세트장에서 채플린이 힌켈의 유니폼을 입고 나타나면 그는 범접할 수 없는 사람이었고 점점 더 통명하고 잔인한 사람이 되었다.

영화가 반쯤 완성 되었을 때 헤이Hay 사무국에서 연락이 왔다. 미국 검열 당국이었다. 영화를 통과시키지 않을 것이며, 영국에서도 영화는 상영될 수 없을 것이라고 했다. 히틀러는 그 시절 미국에 널리 퍼져 있던 반공산주의와 함께 큰 호응을 얻고 있었다. 여론조사에 따르면 90퍼센트가 넘는 미국인들이 참전에 반대하고 있었다. 그럼에도 채플린은 자기 돈까지 투자하면서 영화에 매달렸다. 그는 히틀러와 그 지지자들의 세계관을 단순히 반박하는 데서 그치지 않았다. 그는 이렇게 말했다. "순수한 혈통이라는 그들의 헛소리를 무조건 비웃어 주고자 했다. 도대체 오스트레일리아 원주민들에게나 있을 법한 이런 일이 어떻게 벌어진단 말인가!"

영화를 찍는 동안 채플린은 나치들이 살 권리를 말살한 유대인, 동성애자, 장애인 등 수백만 명이 조직적으로 학살되고 있다는 사실을 몰랐다. 아우슈비츠Auschwitz는 아직 없던 시기였다. 후에 채플린은 말했다. "수용소에서 실제로 일어나고 있는 끔찍한 일을 알았다면 나는 〈위대한 독재자The Great Dictator〉를 만들 수 없었을 것이다. 나는 나치의 살인적인 광기를 조소할 수 없었을 것이다."

악에 맞서는 방법

영국에서 오랫동안 주목받지 못했던 처칠은 65세가 되자 다시 세상이 찾는 사람이 되었다. 전쟁이 발발하자 네빌 체임벌린Neville Chamberlain 수상은 처칠이 사반세기 전인 제1차 세계대전 때 맡았던 해군 장관으로 그를 재입각시켰다. 전투함대의 배들에는 '윈스턴이 돌아왔다!'는 플래카드가 걸렸다. 오랫동안 비웃음을 받던 그가 전에 내각에서, 특히 해군과 국방 장관직을 수행하면서 했던 일들이 독일 군사력에 대항하는 데 결정적인 역할을 했다. 일찍이 처칠은 새로운 탱크 개발을 지원했고 해군의 현대화에 앞장섰다. 공군 무기 제조에 힘을 실었으며 레이더를 통한 항공 감시 체제를 도입했고, 해외 정보국을 개설하기도 했다.

유럽에서 전쟁이 한창 벌어지고 있었다. 히틀러의 군대가 난공불락의 기세로 진군해 1940년 4월 덴마크와 노르웨이를 침공했고 얼마 후인 5월에는 체임벌린이 수상직을 사임했다. 국왕은 후임자로 처칠을 임명했다. 몇 달 전만 해도 그와는 전혀 상관없을 것 같던 자리였다. 영국 저널리스트 헨리 스티드Henry Wickham Steed가 1937년에

1940년 자신의 이름을 딴 탱크를 시찰하고 있는 처칠 — 20세기 전쟁 영웅으로도 꼽히는 처칠은 해군 장관으로 재직하던 제1차 세계대전 당시 참호에서 달릴 수 있는 전차, 즉 탱크의 필요성을 인식하고 적극 탱크를 개발했다.

한 예언은 곧 현실이 되었다. "그 자신조차도 상상할 수 없는 어떤 극한의 상황이 온다고 할 때 처칠은 우리 수상 중 최고의 수상이 될 것이다." 처칠은 자신의 '황무지 시대'에 경고했던 그 악의 등장으로 수상이 되었다. 독일군이 이제 막 프랑스를 공격하기 시작했다.

〈위대한 독재자〉는 1940년 10월 15일 뉴욕에서 초연되었다. 채플린의 작가 중 한 사람은 지금은 유명해진 영화 속 마지막 연설 장면에서 스탈린Stalin을 직접 거명하는 공격은 하지 말자고 그를 설득해야만 했다. 채플린은 스탈린도 악의 화신이자 모든 인간성을 이데올로기를 위해 희생시키는 독재자로 보았다. 그는 무엇보다 폴란

영화 〈위대한 독재자〉 — 전쟁과 파시즘에 반대하며 평화의 메시지를 던지고 있는 영화의 마지막 연설 장면은 영화사에 길이 남을 명장면이 되었으며, 제2차 세계대전의 비극을 예언한 영화로도 회자된다.

드를 두 강국이 나눠 지배하겠다는 '독일과 소련의 비밀협정'에 대해 경악했다. 문제의 연설 장면에서 채플린은 다음과 같이 외친다. "압제를 끝내고, 탐욕과 증오와 배척을 버리도록 투쟁합시다!" "휴머니즘과 인류애가 없다면 인생은 비참해지고 결국 모든 것을 잃게될 것입니다." 앞으로의 처칠의 말을 예견하는 듯한 말도 한다. "목숨을 바치는 한 자유는 결코 사라지지 않을 것입니다."

실제로 5월 10일 처칠이 취임하고 며칠 안 돼서 독일 탱크가 프랑스를 짓밟기 시작하자 그는 영국인들에게 '피와 땀과 노고와 눈물' 이상을 약속하지 않았다. 그리고 짧게 덧붙였다. "우리는 결코 항복하지 않을 것이다." 1940년 크리스마스 바로 전 유럽 강대국 중 유일하게 영국만이 나치 독일의 공격에 대항했다. 영국 주위에서 공중전은 불을 뿜었다. 히틀러는 영국 침략 계획을 포기했다. 하지만 괴링Göring의 공군은 끝없이 영국의 도시들을 폭격했다. 프랑스처럼 영국도 항복을 강요받았다.

1940년 12월 14일 처칠은 한 의원이 전쟁 동안 사용하라고 제공한 디첼리Ditchley의 넓은 저택으로 물러나 있었다. 그 저택은 그의 은신처 차트웰보다 훨씬 안성맞춤이었다. 차트웰은 독일에서 영국으로 오는 폭격기들의 동선에 놓여 있었고, 날이 맑으면 공중에서 너무 잘 보였기 때문이다. 이날 저녁 처칠은 가족, 참모들과 함께 디첼리에서 〈위대한 독재자〉를 보았다. 영화는 영국에서도 곧 상영될 예정이었다. 처칠은 즐거워했다. 무엇보다 힌켈과 나폴레오니가 서로 음식 접시를 던지는 장면에서 그는 포복절도했다.

무기로 악과 싸운 처칠과 달리 채플린은 유머로 싸웠다. 그건 효과가 있었다. 악은 유머와 자기모순을 똑같이 증오하기 때문이었다. 웃음은 거리를 두게 하고 불안을 다독인다. 모순에는 의심이 담겨 있다. 캐리커처와 풍자는 항상 악의 철전지원수였다. 악은 이 둘을 어떻게든 막으려 애를 썼다. 그런 의미에서 유머와 풍자에 대한 검열은 권력이 악으로 변했다는 증거인 셈이다. 채플린은 유머를 통해 전체주의의 연출된 제스처를 폭로했다. 그는 억압의 예식과 이미지에 대항해 웃음의 힘을 내세웠다. 그는 일부러 작고 보잘것없는 유대인 이발사를 독재자의 상대역으로 세웠다. 이미 수년 전부터 나치는 채플린을 유대인이라고 선전해 왔다. 채플린은 훗날 말했다. "나는 부정하려고 한 일이 없다. 그러나 나는 유대인이 아니다. 모든 천재는 유대인의 피를 가지고 있다. 아니, 나는 유대인이 아니다. 그렇지만 내 핏속에는 유대인의 피 한 방울이 섞여 있을 것이라 믿으며 적어도 나는 그러기를 바란다."

결국 처칠의 무기와 채플린의 유머는 악을 물리치기 위한 단순한 도구일 뿐이었다. 두 사람이 벌인 투쟁의 근본적인 전제는 무엇을 위해 싸우는가였다. 그들은 휴머니즘을 위해, 모든 사람에게는 자신만의 삶의 권리가 있고 자신을 자유롭게 계발할 수 있다는 입장을 위해 그리고 다른 사람의 권리와 존재를 해치지 않는 한에서 모든 이의 의견은 널리 공표될 수 있다는 생각을 위해 싸웠다. 처칠이 아무리 전투적이고 논쟁적이며 때로는 다른 사람들에게 상처를 입히는 말을 했다 해도 그는 인간을 존중했다. 그에게 증오는 낯선 것이었다. 처칠은 "나는 히틀러 말고 증오하는 사람은 없습니다"라고 말했다. "그리고 거기에는 특별한 이유가 있죠." 채플린과 정치적 견해가 다른 것도 처칠에게는 문제가 되지 않았다. "두 사람이 같은 생각을 한다면 그중 하나는 불필요하다"고 생각했던 그는 뼛속까지 군주제 지지자였지만 동시에 철저한 민주주의 옹호자였다. "말할 자유는 바보 같은 끔찍하고 사악한 말들도 허용해야 한다는 단점이 있긴 합니다. 하지만 결국엔 그걸 없애기보다는 허용해야 한다는 의견입니다."

서로 다른 정치적 입장에도 처칠과 채플린은 인간의 다양성을 좋아한다는 점에서 닮았다. 그 둘은 다른 사람에게 항상 감탄할 준비가 되어 있었다. 물론 처칠은 유명 인사에 끌리는 편이었지만 비판적 거리는 유지했다. 그에 반해 채플린은 늘 힘없는 사람들의 싸움에 흥분했다. 처칠과 채플린은 지나친 자기애에도 불구하고 자신을 물러서서 바라볼 수 있는 능력이 있다는 점도 닮았다. 채플린의 유머가 자기모순과 연결된 것처럼 처칠도 자신의 문제에 관해서 '다 그런 거 아냐?'라며 눈을 껌벅거리는 것을 멈출 수 없었다. 굼뜬 바다표범처럼 보드를 타고 수영장으로 첨벙 뛰어드는 사진 속 처칠의 모습은 철저한 자기 연출가였던 히틀러에게서는 절대 상상할 수조차 없는 일이었다.

미국에서 〈위대한 독재자〉는 실패했다. 특히 평소 히틀러에 대한 호감을 숨기지 않았던 허스트의 신문이 영화를 공격해댔다. 반대로 영국에서는 흥행에 성공했다. 결국 독일이 패배한 후 히틀러의 측근이었던 건축가 알베르트 슈페어Albert Speer는 그 영화를 두고 '제3 제국에 관한 한 최고의 다큐멘터리'라고 했다. 채플린의 '황무지 시대'는 따져 보면 처칠의 '황무지 시대'가 끝난 직후 전쟁 중에 시작되었다. 미국에서 〈위대한 독재자〉에 대한 거부는 그에게 깊은 상처를 주었다. 고다드와의 결혼 생활은 얼마 지나지 않아 끝났다. 〈위대한 독재자〉 이후 첫 대작 〈살인광 시대Monsieur Verdoux〉가 1947년에 발표되었다. 언론은 적대적이었다. 채플린의 사생활과 정치적 입장이 공격받았다. 좌파 지식인들에 대한 비등하는 사상 검증의 소용돌이 속에서 채플린의 자유주의는 반미 행위자 색출을 위한 위원회의 그물망에 걸렸다. 히스테리컬한 불안과 생각이 다른 사람들에 대한 비방으로 미국 사회와 정치를 오염시켰던 위원회였다. 여기에서도 악에 대한 불안이 자신을 악화시킬 수 있다는 사실이 드러난다.

채플린은 1952년 런던으로 가는 배를 타고 정치적 망명자로 유럽으로 돌아온다. 채플린이 〈라임라이트Limelight〉의 영국 세계 최초 개봉을 축하하러 런던에 간 사이 미 당국이 그를 추방한 것이다. 어쨌건 그는 이 어려운 시기에 가족에서 결국 행복을 찾았다. 채플린은 1943년 극작가 유진 오닐Eugene O'Neill의 딸 오나 오닐Oona O'Neill과 그녀의 열여덟 번째 생일날 결혼한다. 채플린은 오닐과 여덟 명의 자녀를 두고 여생을 함께했다.

처칠과 채플린은 1956년 사보이 호텔 사보이 그릴Savoy Grill에서 마지막으로 재회했다. 그사이 여든두 살이 된 처칠은 국회에서 마지막 연설을 끝으로 은퇴했다. '악'에 승리한 처칠은 종전 후 재선되었고 1951년 선거에서 다시 승리해 한 번 더 4년 동안 수상직을 맡았다. 미국에서 추방당한 채플린은 이후 스위스 브베Vevey에 정착했다. 마지막으로 만났을 때 채플린은 〈라임라이트〉 개봉을 축하하는 처칠의 2년 전 편지에 답장하지 못한 데 대해 사과했다. 처칠의 그 멋진 편지에는 답장이 필요 없을 것으로 생각했다고 채플린이 말하자 처칠은 웃으면서 말했다. "나는 여전히 당신의 영화를 좋아합니다!"

13장

아서 밀러와
마릴린 먼로

나는 완벽해야 하는가?

"내 일은 질문을 하는 것이다. 늘 그랬다.
그것도 내가 할 수 있는 한 가장 철저하게 하는 것이다.
그리고 얼마간 겸손하게 정확한 대답은 없다는 사실을 견디는 것이다."

| 아서 밀러 |

"나는 단지 멋지고 싶을 뿐이다."

| 마릴린 먼로 |

Arthur Miller

&

Marilyn Monroe

네바다Nevada 황무지에 네 사람이 서 있다. 세 남자와 한 여자. 외로운 기계공 구이도, 나이든 카우보이 게이, 유랑하는 로데오 선수 펄스는 야생마를 잡으려 한다. 이는 그들에게 시간 때우기이자 얼마간의 돈벌이기도 하다. 어쩌면 그들은 아름다운 젊은 여자에게 잘 보이려고 그렇게 한 것인지도 모른다. 그녀의 이름은 로슬린. 인생에 실패한 세 남자 모두 그 여자를 원하고 있다. 그러나 로슬린은 그때그때 일어나는 격정 속에서 어찌할 바를 모르며 비틀댄다. 마치 깜박이는 불빛처럼 그녀는 슬픈 영혼을 하고 메마른 남자들 주위를 비추듯 맴돌며 기댈 곳과 안정을 갈망한다. 하필 그녀의 아름다움이 이에 방해가 된다.

길 잃은 네 사람의 무거운 이야기가 영화 〈어울리지 않는 사람들The Misfits〉의 줄거리다. 'misfits'는 사회 부적격자, '아웃사이더'나 '괴짜'들을 부르는 말이다. 아서 밀러Arthur Miller(1915~2005)가 대본을 썼는데 그에게는 커다란 목표가 있었다. 바로 아내 마릴린 먼로Marilyn

Monroe(1926~1962)의 영혼을 치유해 주는 일이다. 그녀가 로슬린이기 때문이다. 밀러의 플롯은 그것을 염두에 두었다. 그리고 그것이 바로 그의 실수였다.

1960년 〈어울리지 않는 사람들〉을 촬영하던 당시 먼로는 세계적인 스타이자 세상에서 가장 아름다운 여자였다. 수백만의 남자들이 그녀를 꿈꿨다. 어쩌면 밀러와 같은 것을 보고 있었는지도 모르겠다. 아름다운 몸매의 그녀가 해변을 따라 몸을 흔들며 어슬렁거리며 걷는 모습, 그러면서 모래밭에는 일직선으로 발자국을 남긴다. 먼로는 그 매혹적인 얼굴로 탐스러운 금발을 한 젊은 여자 역을 하고 있었다. 놀랍게도 교만과 질투, 심술은 그녀와 거리가 먼 단어였으며 어떤 남자에게나 웃으며 상냥한 말을 건네는 여자였다. 그녀는 어떤 악의도 없는 순진무구한 인상을 주었다.

스타와 배우로서 대중에게 알려진 이미지를 완벽하게 소화하려 했던 먼로의 완벽주의는 스스로에게 재앙이 되었다. 거기에 자신을 위한 자리는 없었다. 어떤 때는 아이가 되었다가 어떤 때는 여인이 되는 그녀의 영혼은 외로운 인간의 불안과 슬픔이라는 지옥에서 흔들리고 있었다. 긴장을 풀 수도 없었고 어떤 것에도 만족할 수 없었다. 먼로는 항상 자신을 보호해 줄 남자를 찾았으며 인간적인 안식처를 갈구했다. 영혼이 방향을 잃은 상태에서 그녀는 남자들의 욕망과 감탄을 쉽게 사랑으로 착각했다. 먼로의 이런 불안감은 오히려 사람들을 매료시켰고 스타로서 성공하는 데 한몫했다. 할리우드는 남자들의 보호 본능을 자극하는 그녀에게 주로 '백치'나 가엾은 역할을 맡겼다. 어느 날 먼로와 사적인 대화를 몇 마디 주고받은 한 기자는 그녀가 얼마나 지적인지 알고는 놀랐다. 그는 그녀에게 해야 할 말을 일일이 가르쳐 줘야 할 것으로 생각했다고 보도국에서 말했다.

먼로의 남편 밀러는 수년 전부터 희곡작가로 성공 가도를 달렸다. 그는 성공에 익숙했고 자신감에 차 있었다. 큰 키에 날씬한 근육질 체형의 그는 몸을 쓰는 일, 특히 목수 일을 좋아했다. 약간 어두운 듯한 피부색에 잘생긴 외모, 검은 뿔테안경을 쓴 밀러의 지적인 매력은 여성들, 특히 먼로의 이상형이었다. 밀러와 먼로는 결혼할 때 서로의 차이점이 보완될 것이라고 생각했다. 그러나 비상한 성공을 거두던 그들의 세계와 서로 다른 영혼의 풍경은 둘의 사랑을 갈라놓았다.

5년 전 두 사람의 열애 소식에 전 세계 언론이 매달려 있을 때부터 기자들은 밀러에게 먼로를 위한 작품을 쓸 생각은 없는지 물었다. 그는 자신도 그러길 바라지만 특정 배우만을 위한 작품은 쓸 수 없다고 대답했다. 그런데 그들의 사랑이 시들어 가자 바로 그 일, 아내만을 위한 역할을 구상했다. 작가가 텍스트를 통해 그녀의 문제들을 해결할 수 있을지 몰랐으나, 만약 가능하다면 그 일을 해낼 수 있는 사람은 자신이라고 밀러는 확신하고 있었다. 그는 언어를 통해 미국적 영혼을 그리고 아메리칸드림의 실패를 깊게 파헤치는 작업을 해 왔다. 밀러는 한 사회의 성공 기준을 좇는 사람들에게 감정이입을 할 수 있었다. 그 사회는 무엇보다 성공과 부와 자기실현이라는 기반 위에 이루어진 것이었다. 만족을 모르는 사회, 완벽을 원하고 항상 더 많은 것을 원하는 사회, 이런 사회는 좀 더 잘해 보려는 근본적으로 선한 인간의 본성을 극한으로 몰아가 결국에는 휘어지고 부러지게 한다.

영혼의 풍경

밀러는 완벽함에 다다르지 못하고 아무리 애를 써도 삶이 엇나가기만 하는 사람이 무엇을 느끼는지 묘사할 수 있었다. 그 자신이 누구보다 그것을 잘 알고 있었다. 청소년 시절 직접 경험했기 때문이다. 읽고 쓸 수 없었지만 400명이 넘는 직원을 둔 의류 공장의 자랑스러운 사장이었던 아버지는 주식에 투자했고 1929년 증시 붕괴로 그때까지 가족의 풍족한 삶을 보장하던 재산을 전부 잃었다. 밀러 가족은 집과 차, 운전기사를 포기하고 채권자들을 피해 브루클린Brooklyn의 작은 아파트로 이사해야만 했다. 밀러는 곤궁한 가계를 돕기 위해 신문 배달을 해야 했다. 그 후에도 미시간Michigan 대학에서 공부하기 위한 학자금을 버느라 힘겹게 일을 해야 했다. 밀러는 처음에 경제학과 역사학을 공부했으나 영문학으로 전공을 바꿔 문학과 희곡에 빠졌다. 그는 쓰기 시작했다. 1940년 스물다섯 살에 완성한 첫 희곡은 실패했으나 그다음 희곡으로 밀러는 얼마간의 성공을 거둔다. 그리고 1947년에 발표한 〈모두가 나의 아들All My Sons〉

이 엘리아 카잔Elia Kazan의 연출로 브로드웨이에서 대성공을 한다. 극의 주제는 완벽함을 추구하는 세상에서 파멸로 치닫는 한 인물의 이야기다. 주인공 조 켈러는 자신이 다니는 회사가 제작한 비행기 엔진의 구조적 결함으로 많은 비행사들이 목숨을 잃지만 진실을 덮는다. '다 내 아들 같은 사람들이라는 것'을 그는 안다. 그러나 직장에서의 성공과 가족의 부양을 위해 켈러는 책임을 사업 파트너에게 떠넘긴다.

〈모두가 나의 아들〉이 나온 지 2년 후인 1949년 밀러는 〈세일즈맨의 죽음Death of a Salesman〉으로 퓰리처상을 받는다. 그는 코네티컷Connecticut의 록스베리Roxbury에 있는 자신이 직접 지은 작은 오두막에서 창작 열정에 사로잡혀 이 작품을 썼다. 1막은 단 하루 만에 썼다. 핵심 모티브는 아메리칸드림과 노력하면 성공한다는 신념은 이제 끝났다는 통렬한 확인이다. 나이든 영업 사원 윌리 로만은 모든 힘을 쏟아부었지만 자신도 그리고 그의 아들들도 꿈꾸었던 것을 이루지 못한다는 절망에 무너진다. 점점 광기를 띠는 윌리의 독백은 끊임없이 자신의 노동력과 능력, 과거의 성공을 주술처럼 불러 본다. 하지만 그가 하등의 영향도 미칠 수 없는 외부 상황으로 인해 이미 오래전부터 실패와 파멸이 결정되어 있다는 것을 깨닫지 못한다.

1951년 4월 카잔과 뉴욕에서 로스앤젤레스로 가는 기차에 함께 올라탔을 때 밀러의 삶도 막다른 길에 놓여 있었다. 〈세일즈맨의 죽음〉은 성공했으나 동료이자 아내인 메리 그레이스 슬레터리Mary Grace Slattery와의 결혼 생활은 위기에 처했다. 두 사람 사이에는 자녀

둘이 있었다. 할리우드에서 기획 중인 영화 〈더 훅The Hook〉에 참여할 기회는 그래서 밀러에게 반가운 것이었다. 아직 카잔이 〈욕망이라는 이름의 전차A Streetcar Named Desire〉, 〈워터프론트On The Waterfront〉, 〈에덴의 동쪽East Of Eden〉 등의 감독으로 큰 성공을 거두기 전이었다.

4월 23일 밀러는 카잔과 함께 폭스Fox의 영화 스튜디오에서 촬영 중인 〈애즈 영 애즈 유 필As Young As You Feel〉의 현장을 방문했다. 그곳에서 밀러는 당시 무명 배우였던 먼로와 처음 만난다. 이제껏 단역을 전전하던 그녀는 이 영화에서도 단역을 맡았다. 먼로는 나이트클럽 장면을 위해 속이 다 비치는 검은 망사 옷을 입고 있었다. 휴식 시간에 그녀는 밀러에게 몇 발짝 떨어져서 카잔과 얘기하고 있었다. 그녀의 오랜 보호자이자 에이전트였던 조니 하이드Johnny Hyde가 막 세상을 떠난 때였다. 그녀는 울었다. 이 아름다운 젊은 여자는 곧바로 밀러를 사로잡았다. 밀러는 훗날 이렇게 썼다. "그 몸매는 건축적으로도 완벽해 아무리 찾으려고 해 봐도 어떤 흠결도 찾을 수 없었다. 그녀의 완벽성은 다른 사람과 비슷하게 보이는 어쩔 수 없는 약점이 하나라도 있냐고 도전적으로 묻는 것 같았다." 그와 카잔과 먼로는 로스앤젤레스에서 며칠을 함께 보냈다. 그들은 파티에 갔고 해변을 산책했다. 밀러와 카잔이 회의에 먼로를 데려가 농담 삼아 비서라고 소개하자 그녀는 그 자리에서 신이 나서 그 역할을 했다. 그리고 밀러는 다음과 같은 말을 남기고 갑자기 로스앤젤레스를 떠났다. "나는 정말 간절히 이 여자를 원하기 때문에 가능하다면 오늘 저녁 떠나기로 했다. 그렇지 않으면 미쳐 버릴 것 같아서!"

둘은 연락을 끊지 않았다. 편지를 주고받았으며 전화도 했다. 그리고 먼로는 밀러의 작품들을 읽기 시작했다. 그는 먼로에게 깊은 인상을 남겼고 꿈에 그리던 남자처럼 보였다. 그녀의 역량을 넓혀 주는, 그녀를 보호해 주는, 그녀가 기댈 수 있게 믿음을 주는 키가 크고 잘생긴 지적인 남자. 먼로는 그에게 보내는 한 편지에서 이렇게 썼다. "나는 내가 감탄할 수 있는 남자가 필요해요."

먼로는 인생을 사는 데 꼭 필요한 조건 없는 사랑을 경험해 본 적이 없었다. 출생을 둘러싼 이야기는 차가운 세상에 던져진 그녀에 관해 들려준다. 이기적이고 냉정한 그녀의 모친 글래디스^{Gladys}는 1926년 딸이 태어나자 노마 진 모텐슨^{Norma Jeane Mortenson}이란 이름을 붙여 주었다. 나중에 세례 증명서에는 딸의 이름을 베이커^{Baker}로 바꿨다. 베이커는 당시 글래디스의 남편 이름이었다. 먼로의 진짜 아버지가 누구인지는 아무도 모른다. 글래디스는 어린 먼로에게 가정과 안식처를 제공하지 못했다. 그녀 자신도 그런 것을 경험해 보지 못했다. 그녀에게 딸은 딱히 뭐라고 말할 수 없는 계획에 방해물이었다. 어린 노마 진은 보호소를 전전했다. 때로는 보호소에서 때로는 양부모 집에서 살았다. 글래디스는 툭하면 정신적인 문제로 병원에 입원했다. 그러다 괜찮아지면 그녀는 딸을 데리고 살아 보려고 노력했다. 하지만 아이는 늘 다른 양육 가정에 맡겨질 뿐이었다.

노마 진은 자라면서 자기가 남자들의 눈길을 사로잡는다는 사실을 일찍부터 느꼈다. 그리고 그것이 자신의 피어나는 아름다움 때문임을 알아차리고 그들의 시선을 즐겼다. 그녀는 자신에게 쏟아지는 관심을 그때까지 받지 못했던 애정으로 여겼다. 글래디스의 친구 그레이스 맥키Grace McKee가 노마 진의 양어머니가 되면서 그녀의 인생은 반전을 맞는다. 맥키는 사춘기 소녀 노마 진의 꿈, 즉 스타가 되겠다는 꿈을 전적으로 지원했다. 글래디스 역시 그레이스와 마찬가지로 눈부신 할리우드를 꿈꿨다. 그들은 어린 먼로에게 영화 배우로 스타가 될 거라고 주입시켰다. 그레이스는 노마 진뿐만 아니라 나중에는 글래디스의 후견인까지 되었다. 그런데 그레이스가 결혼하자 남편은 노마 진을 내보내길 원했다. 결국 노마 진은 열여섯 살의 나이로 이웃집 청년과 결혼하게 되었고, 덕분에 다시 보호소에 들어가는 것은 면했다. 이 모든 것이 엄마 그래디스의 계획이었다.

노마 진은 스타가 되려는 꿈을 계속 키웠다. 열여덟 살에 모델로 일하기 시작했다. 사진사들과 에이전트들은 그녀의 이미지를 금세 포착했다. 스무 살 때 20세기 폭스와 배우로서 계약을 맺었다. 노마 진은 이혼했고 마릴린 먼로로 개명했으며 갈색 머리를 금발로 염색했다. 먼로는 B급 영화에서 유혹하는 눈길을 보내는 매혹적인 역할을 맡았지만 대사 없는 단역이었다. 1950년 먼로는 〈아스팔트 정글The Asphalt Jungle〉과 〈이브의 모든 것All About Eve〉 등으로 배우로서 깊은 인상을 남겼으나, 늘 시작부터 해내지 못할 것이라는 불안에 시달렸다. 1952년 그녀는 〈돈 보더 투 낙Don't Bother to Knock〉에서 처음으로 주연을 맡았는데 촬영 내내 등장할 때마다 토했다.

먼로는 1953년 스릴러 〈나이아가라Niagara〉에서 팜므파탈 여주인공 역으로 스타가 되었다. 전 세계가 그녀의 연기를 칭찬했지만 여성으로서의 매력을 발산하며 몸에 딱 붙는 옷을 입고 거리를 걷는 너무 긴 장면은 배우로서의 모든 성과를 덮어 버렸다. 사람들은 거기에서 여자만 보았지 배우를 본 게 아니였다. 그 직후 먼로는 은퇴한 야구 스타 조 디마지오Joe DiMaggio와 결혼한다. 그녀는 자신보다 열두 살 많은 디마지오에게서 아버지의 이미지를 발견했다. 먼로는 일주일에 수천 통의 팬레터를 받았다. 그녀의 사진은 한국에 주둔하던 미군 병사들의 사물함에까지 붙어 있었다. 먼로가 군부대를 방문해 추위에도 불구하고 얇은 옷을 입고 등장하자 수천 장병들이 환호를 보냈다. 먼로의 정신과 상담의 랠프 그린슨Ralph Greenson이 나중에 한 말에 따르면 그 순간이 그녀의 인생에서 가장 행복한 순간이었다. 장병들은 먼로를 삼킬 듯이 바라보았다.

　　유명해질수록 먼로의 불안도 커졌다. 무대 공포증은 참을 수 없는 지경에 이르렀다. 그녀는 스스로 만든 이미지에 부합하지 못한다는 생각과 자신이 아름답지 않다는 생각에 불안해했다. 디마지오는 집에서 아내의 그림자에 불과한 자신을 받아들일 수 없었다. 그는 그녀의 명성과 스캔들에 괴로워했다. 그들은 다퉜고, 디마지오는 그녀를 때렸다. 1954년 가을 결혼한 지 9개월이 채 지나지 않아 먼로는 이혼 소송을 제기했고 뉴욕으로 떠나며 다음과 같은 말을 남겼다. "할리우드를 떠나 뉴욕으로 가면 내가 더 나 자신이 될 수 있을 거라고 확신해요. 내가 나 자신이 될 수 없다면 다른 사람이 된다

공연 중인 먼로와 부대 장병들 ― 1954년 먼로는 디마지오와 신혼여행으로 일본을 방문한 뒤 한국에 주둔 중인 미군을 위문하기 위해 대구 동촌 비행장을 통해 한국을 방문했다.

한들 무슨 소용이 있겠어요?"

　뉴욕에서 먼로는 직업적으로도 새로운 자유를 탐색했다. 사진작가 밀턴 그린Milton Greene과 함께 영화제작사 마릴린 먼로 프로덕션MMP을 세웠다. 리 스트라스버그Lee Strasberg에게 연기 수업을 받았고 그의 권유에 따라 정신과 상담도 시작했다. 연극을 보러 다니고 책방을 뒤지고 꽁꽁 싸매고 아무도 모르게 뉴욕 거리를 돌아다녔다. 1955년 작가 노먼 로스튼Norman Rosten과 그 부인을 통해 먼로는 밀러를 다시 만난다. 그 세월 내내 밀러의 머릿속에서 먼로는 떠나지 않고 있었다. 밀러의 희곡 〈시련^{The Crucible}〉(1953)과 〈다리 위에서 바라본 풍경 A View from the Bridge〉(1955)에도 먼로에게 끌리는 그의 내적 갈등이 반영 되어 있다. 〈시련〉은 당시 미국에서 있었던 공산주의자에 대한 박 해를, 〈다리 위에서 바라본 풍경〉은 미국에서 어떻게든 살아 보려는 이민자들 문제를 다루고 있지만 두 희곡을 관통하는 모티브는 유부 남이 매력적인 젊은 여자에게 느끼는 사랑이다. 밀러 자신도 "개인 적으로 내가 쓴 것에 빠져들었다"는 것을 깨달았다.

완벽의 이면

뉴욕에서 밀러와 먼로는 사랑하는 한 쌍이 되었다. 먼로는 그에 게서 안식처를 찾았다고 느꼈고 그를 통해 다른 사람이 될 수 있다 는 희망을 품었다. 밀러는 결혼 생활을 끝내기로 했다. 그는 당시 상 황을 이렇게 말했다. "나는 도도한 물결에 떠밀렸다. 멈출 수도 설 수도 없었다." 밀러는 아내와 자식을 버리고 이혼을 신속하게 진행 하기 위해 넓은 초원과 황무지의 땅 네바다로 떠났다. 그곳에서 그 는 글을 쓸 수 없었다. 단지 짧은 단편에 대한 아이디어만 떠올랐을 뿐이었다. 밀러는 훗날 〈어울리지 않는 사람들〉에서 이 아이디어를 이용한다.

그 사이 먼로는 연기 수업에 집중했다. 때로는 스트라스버그 집 에서 살기까지 했다. 스트라스버그의 부인 폴라^{Paula}는 그녀의 비서가 되어 모든 불안을 잠재워 주는 그림자처럼 수행했다. 먼로는 〈버스 정류장Bus Stop〉 촬영을 위해 애리조나Arizona로 갔다. 많은 사람들이 그녀의 최고작으로 꼽는 이 영화에 대해 영화평론가 아도 키루Ado Kyrou는 "백치 연기를 하려면 매우 지적이어야 하죠"라고 평했다. 그렇지만 〈버스 정류장〉 촬영 중에도 먼로는 실패하지 않을까 하는 불안에 시달렸다. 그녀는 네바다에 있는 밀러에게 전화를 했는데, 외딴집에 살던 그는 그 전화를 받기 위해 공중전화 박스까지 20분 정도의 거리를 이웃이 차로 데려다 주어야만 했다. 먼로는 전화에 대고 울먹였고 늘 그랬듯이 그를 아빠라고 부르며 자신이 얼마나 이해받지 못하고 거부당하고 있는지 얘기했다.

스스로 택한 은둔 생활을 하고 있던 밀러는 1956년 반미 지식인 색출을 위한 청문회에 소환됐다. 이 반미활동조사위원회는 제2차 세계대전 이후 생겨난 불안, 즉 공산주의자들이 미국 사회를 잠식하지는 않을까 하는 불안의 표현이었다. 점점 더 퍼져 가는 히스테리 속에서 위원회는 그 뒤로 계속 생겨난 다른 위원회와 함께 막강한 위력을 과시하며 수많은 지식인과 영화인들의 인생을 파괴했다. 이 시기는 매카시즘McCarthyism의 시대로 역사책에 기록되는데 선동의 주역이던 상원의원 조셉 매카시Joseph McCarthy의 이름에서 연유한 것이다. 시간이 흐르면서 힘을 잃어 가던 반미활동조사위원회는 여론전에 효과적인 밀러를 청문회에 소환함으로써 반등의 기회를 노렸다. 위원회는 밀러에게 공산주의자들과 관계했다는 사실을 시인하고 그들의 이름을 대라고 요구했다. 밀러는 꿋꿋했다. 그에 앞서 소환된 카잔은 밀러와 반대로 청문회에서 술술 불었다. 이때부터 밀러와 카잔의 관계는 깨졌다.

뉴욕으로 돌아온 밀러는 서튼 플레이스^{Sutton Place}에 있는 먼로의 아파트에서 기거하며 청문회에 나가 자신의 정치적 입장을 변호했다. 그는 "누구나 어떤 방식으로든 그 어떤 주제에 대해서도 시나 희곡을 쓸 권리가 있다"고 청문회에서 밝혔다. 밀러는 그 누구의 이름도 거명하지 않았고 여권을 내달라고 했다. 카메라 앞에서 그는 한 기자에게 먼로와 결혼할 것이고 그녀의 새 작품 〈왕자와 무희^{The Prince And The Showgirl}〉를 찍기 위해 함께 영국으로 갈 것이라고 말했다. TV에서 그의 결혼 선언을 들은 먼로는 이렇게 말했다. "이렇게 자기 계획을 알려 주다니 정말 미치도록 감사하네요."

1956년 6월 29일 그들은 뉴욕의 화이트 플레인스^{White Plains}에서 결혼했다. 밀러는 마흔하나, 먼로는 서른이었다. 결혼식은 4분이 걸렸다. 이틀 후 그들은 또 한 번 유대교식 결혼식을 올렸다. 먼로가 남편 밀러를 따라 유대교로 개종한 것이었다. 결혼반지에는 "지금은 영원하다"라고 새겨져 있었다. 2주가 채 지나지 않아 그들은 촬영하러 런던으로 날아갔다. 이 시기에 먼로는 밀러의 메모 하나를 발견한다. 다음과 같은 내용이었다. "얼마나 그녀에게 실망했는지. 이제야 비로소 그녀가 얼마나 알코올과 약에 중독돼 있는지를 알게 되었다. 그녀와 결혼하면 절대 안 되었다. 그녀는 무슨 짓을 할지 모르는 아이 같은 여자다. 그녀의 고통으로 압박받고 있다. 게다가 작가로서의 힘을 잃을까 무섭다. 정신과 의사도 마릴린을 치료할 수

밀러와 먼로의 결혼식 — 먼로는 지적이고 듬직한 밀러에게 '아버지'를 찾아냈고 그와 결혼해 행복을 꿈꾸기 시작한다.

없을 것이다."

미국으로 돌아온 그들은 어느 여름날 함께 해변으로 갔고 그날 저녁 먼로는 유산했다. 카메라 플래시가 터지는 동안 밀러의 부축을 받으며 먼로는 병원을 떠났다. 미소를 지어 보이긴 했지만 그녀의 깊은 슬픔은 감출 수가 없었다. 다음 해 여름 그녀는 다시 유산했다. 록스베리의 집, 밀러가 첫 부인과 살았던 집이자 그들이 함께 구입한 그 집에서 고통스럽고 지루하게 그들의 사랑은 꺼져 갔다. 먼로는 메모했다. "내 사랑(밀러)이 암시하듯 누군가 혼자 있고 싶어 한다면 상대방은 떨어져 줘야지." 그리고 "내 생각에 용감하게 사랑하는 게 최선이고 받아들여야 해. 견딜 수 있는 한에서."

1958년 〈뜨거운 것이 좋아Some Like It Hot〉의 촬영을 시작했을 때 먼로는 다시 임신을 했다. 각본을 쓰고 연출을 했던 빌리 와일더Billy Wilder는 먼로를 왜 슈가 케인 역에 발탁했는지에 대해 이렇게 말했다. "가장 약한 역이었고, 그래서 가장 강한 사람으로 캐스팅하자고 생각해 낸 거죠." 먼로는 대사를 외우지 못했고, 제대로 된 한 대사를 읊기 위해서 수없이 많은 NG를 냈다. 그녀는 카메라 앞에서 공포를 느끼는 게 아니었다. 사진을 찍는 카메라 앞에서는 더더욱. 먼로는 오히려 카메라를 좋아했다. 카메라 앞에서 그녀는 얼굴로 모든 것을 말할 수도 있었다. 카메라 앞에서 나체가 되는 것도 부끄럽지 않았다. 그러나 카메라 앞에서 말을 해야 했을 때 먼로는 두려움과 창피함에 시달렸다. 그래서 그녀는 대사가 있는 모든 역할을 꺼렸다.

밀러는 와일더가 촬영장에서 얼마나 먼로를 마구 대하는지 알고 경악했다. 와일더는 그녀가 임신한 줄 몰랐고 자기는 감독이지 그 제멋대로인 그녀의 간호사가 아니라고 말했다. 촬영이 끝나고 몇 주 후 먼로는 세 번째 유산을 했다. 그 후 얼마 지나지 않아 그녀는 자살을 시도했고 밀러가 막았다. 처음이 아니었다. 이미 첫 결혼 생활 중에 그리고 후견인 하이드의 죽음 이후에도 있었던 일이었다.

면로는 1960년 1월 정신과 의사 그린슨과 상담을 시작하기 몇 주 전에 이브 몽탕Yves Montand과 〈사랑을 합시다Let's Make Love〉를 촬영하고 있었다. 많은 유명 배우들이 거절한 이후에 밀러가 그를 추천했다. 면로는 마약을 했고 이전보다 더 많이 술을 마셨다. 그녀가 혼자 있다고 느끼자마자 얼굴이 축 늘어지는 것을 그린슨은 지켜보았다.

〈사랑을 합시다〉의 촬영 중에 면로는 밀러와 함께 로스앤젤레스에 있는 비벌리힐스 호텔의 스위트룸으로 옮겼다. 몽탕과 스캔들도 시작되었다. 그녀는 매일 그린슨에게 갔다. 면로는 상습적인 지각으로 악명 높았다. 상담 시간에도 늘 정해진 시간보다 늦게 들어섰다. '그런 태도는 가치개념의 부족'이라는 그린슨의 말에 그녀는 되쏘았다. "당신이 나를 기다린다는 것은 나를 사랑한다는 의미예요. 누군가를 기다리는 사람은 늘 사랑하는 사람이죠." 그러나 그 이후 그녀는 상담 시간에 늦는 일이 없었다.

〈사랑을 합시다〉의 오랜 촬영이 끝난 지 몇 주 후인 7월 네바다의 북쪽에는 〈어울리지 않는 사람들〉을 위한 카메라가 설치되었다. 그곳에서는 낮에 온도가 42도까지 치솟았다. 밀러가 문장과 낱말과 시선까지 고려한 대본은 면로를 위한 것이었다. 그것으로 면로가 자신을 깨닫고 치유의 길을 발견하기를 기대했다. 그러나 밀러의 바람과 달리 정반대의 결과가 일어났다. 〈어울리지 않는 사람들〉 촬영 막바지에 그들의 결혼은 깨졌다. 인간 면로도 흑백 필름의 강한 콘트라스트 속으로 사라졌다. 그녀는 무엇보다 영화의 비극적 절정이 자신의 내면을 파괴했다고 당시를 회상했다. 영화에서 로슬린은

영화 〈어울리지 않는 사람들〉의 촬영장 — (왼쪽에서부터) 영화에서 펄스 역을 맡은 몽고메리 클리프트 Montgomery Clift와 먼로 그리고 밀러의 모습이다. 이 영화는 먼로의 마지막 작품이 된다.

구이도, 게이 그리고 펄스와 함께 네바다 황무지로 나갔다. 세 남자는 야생마를 사로잡으려고 했다. 로슬린은 말들이 개의 사료로 쓰일 거라는 사실을 알고 경악했다. 연기가 아니었다. 실제였다. 영화에서 먼로는 혼자 외롭게 달아나 자신과 카메라 그리고 인간의 냉혹함에 거리를 둔다. 그리고 넓은 황무지의 한복판에서 세 남자와 카메라 그리고 결국은 관객들을 향해 외친다.

"살인자들!"

그린슨에게 그녀는 말했다. 〈어울리지 않는 사람들〉에서 그녀는 먼로를 연기했다고. 그리고 덧붙였다. "아서 밀러와 결혼했을 때 나는 마릴린 먼로가 아닐 수 있겠다는 꿈을 꾸었죠. 그런데 이제 같은 일을 또 해야 하는 나를 지켜봐야만 하는 거예요. 나는 여기서 나가고 싶어요!" 그녀가 상담의에게 한 말은 녹음으로 남아 있다. 밝지만 심연에서 들려오는 듯한 목소리다. 거기에서는 아이 같기도 성숙한 여인 같기도 한 목소리가 들린다. 그녀는 깊이 생각해서 노래하듯 능숙하게 말해 어떤 젊음의 신선함이 번져 나왔다. 아무리 먼로의 말이 분명하고 확고했다 해도, 아무리 친절하고 부드러웠다 해도 심연에서 줄타기하고 있던 그 운명을 우리는 그저 짐작밖에 할 수 없다. "누군가가 될 수 있는 내 유일한 기회는 다른 누군가가 된다는 것에 있죠." 그녀는 그린슨에게 말했다. "그래서 나는 배우가 되려고 했어요." "그리고 속으로는 늘 내가 위조품 같은 사람 아니면 그 비슷한 것이라고 느꼈죠." 결국에는 이런 말을 한다. "나는 필름 속 정력제가 되어 팔리고 싶지 않아요." 얼마 동안은 괜찮았지만 이제는 끝내야 할 때라는 것이었다.

어울리지 않는 사람의 최후

〈어울리지 않는 사람들〉 작업 이후 밀러와 먼로는 1961년 1월에 합의 이혼했다. 그 후 몇 주 지나지 않아 뉴욕에서 신경안정제를 잔뜩 먹은 먼로가 병원에 입원했다. 당시 그녀는 자신이 입원 서류에 직접 서명한 사실도 모를 정도였다. 곧 다른 병원으로 옮겨져 회복한 먼로는 그린슨에게 장문의 편지를 쓴다. "내가 절대로 행복해질 수 없다는 걸 알아요. 그래도 난 즐거울 수는 있어요.……우리는 변할 수 있지만 그렇게 하지 않을 뿐이죠. 이게 〈어울리지 않는 사람들〉의 원래 모티브였어요. 아무도 눈치채지 못했죠. 어쩌면 각본이 고쳐졌고 연출에 얼마간 문제가 있던 탓이기도 하겠지만……" 그렇게 그녀는 문장을 중단한다. 그리고 같은 편지에서 이렇게 쓴다. "대체 왜 밤이 있는지 가끔 궁금해요. 나에겐 실제로 밤이 없어요. 마치 길고 끔찍한 낮만 있는 것 같아요."

먼로는 로스앤젤레스 브렌트우드Brentwood 집에서 밤새도록 전화기를 붙들고 있었다. 그녀는 1962년 초부터 그곳에서 혼자 지냈다. 그리고 그 집에서 먼로는 1962년 8월 5일 새벽에 사망한다. 사인에 대해서는 추측이 분분하다. 특히 밤이면 찾아오는 우울증으로 약물과 알코올을 과다 복용한 게 사고의 원인이 아닐까. 먼로 인생의 마지막에는 친구가 된 디마지오가 장례를 주관했다. 밀러는 동부 해안에서 타자기 앞에 앉아 새 희곡 〈전락轉落 후에After the Fall〉를 쓰던 중 먼로의 사망 소식을 들었다. 그는 〈전락 후에〉에서 먼로와 관계를 숨김없이 다뤘다. 훗날 그는 먼로처럼 활기찬 사람이 어떻게 죽을 수 있는지 몇 주가 지나도 이해할 수 없었다고 말했다. 장례식에 갈 것인지 전화로 묻는 한 기자에게 밀러는 대답했다. "그녀는 거기 없을 겁니다." 그는 뉴욕에 머물렀다.

밀러의 〈전락 후에〉는 스캔들이 되었다. 여론은 사생활 노출증에 걸린 작가의 천박한 작품이라고 했다. 그러나 그는 그렇게 쓸 수밖에 없었다. 누구나 자신의 개인적 경험을 문학작품으로 써야 한

다고 어니스트 헤밍웨이Ernest Hemingway는 말했다. 밀러는 그렇게 했
다. 비평가들은 그의 모든 작품에서 면로와의 관계에 대한 암시를
찾으려고 했을 것이다. 밀러는 작품에 관한 모든 사실을 공개했다.
그래서 더 완벽한 것인지도 모른다.

밀러는 곧 다시 결혼했다. 상대는 〈어울리지 않는 사람들〉의 촬
영장에서 만난 사진작가 잉게 모라스Inge Morath. 둘의 결혼 생활은 그
녀가 2002년 사망할 때까지 40년간 지속되었다. 그들은 자녀 셋을
두었고 그중 아들 하나가 다운증후군을 앓았다. 밀러는 대중에게
이 사실을 알리지 않았다. 밀러는 2005년 록스베리 집에서 사망한
다. 그는 그 집에서 인생의 대부분을 보냈다. 거기엔 면로와의 시간
도 있었다. 그는 마지막 희곡 〈그림 완성Finishing The Picture〉에서 다시 한
번 그때의 비극을 다뤘다. 작품에서 그리 호의적으로 묘사되지 않
는 젊은 작가는 정신적으로 무너지는 여배우를 감당할 수가 없다.
작품에는 다음과 같은 문장이 나온다. "그녀는 걸음마를 배우기 전
에 깨진 유리 조각 위를 달렸다."

밀러와 면로는 완벽하고자 했다. 각자 자기 영역에서 아무도 자
신을 넘볼 수 없었다. 칭송받고 사랑받기까지 했던 그들은 자신들
의 영역에서 완벽을 추구했다. 완벽을 추구하다 보면 이뤄 놓은 것
을 잃어버리지는 않을까 하는 두려움이 따른다. 둘 다 인간적인 것
은 완벽할 수 없음을 알고 있었다. 그것은 시간의 흐름에, 소멸에,
불완전함에 지배를 받는다. 완벽한 여인 면로는 얼굴에 새 주름이
생기지는 않았는지 의심하며 거울을 들여다봤다. 그녀는 마릴린 면

로이고 싶지 않았지만 오직 면로의 역할 속에서만 자신이 완벽하다는 것을 알고 있었다. "어떤 것에도 그 누구에게도 속하지 않는다면 나를 욕망하는 저 모든 사람에게 속하려고 하는 게 당연한 것 아닌가요?" 그렇게 면로는 대중이 가지고 있던 그리고 그들이 기대하던 자신의 이미지와 싸웠다. 더 이상 할 수 없을 때까지. 그녀가 추구하는 완벽은 이루어질 수 없는 것이었다.

밀러가 추구하는 완벽은 면로와 전혀 다른 전제 위에 놓여 있었고 방향도 달랐다. 그는 자신의 능력을 때로는 너무나 확신했다. 가끔 자신의 성공에 당혹해하긴 했지만 자신의 성공을 즐겼다. 밀러는 노력의 열매를 수확하려는 자신의 욕심이 면로에 대한 욕구도 키웠다고 훗날 인정했다. 그는 자신이 욕망하는 것을 모두 얻을 수 있다고 믿었다. 그럼에도 그는 그녀를 사랑했다. 이는 그 커플을 아는 많은 친구와 지인들이 확인해 준다.

밀러의 작품은 그 주제와 스토리, 등장인물들의 다양한 변주를 통해 인간은 자신의 행복과 운명의 주인이 될 수 없음을 증명한다. 노력이 반드시 성공을 약속하는 것은 아니다. 이런 밀러의 통찰은 시대를 초월하는 핵심을 찔렀다. 우리에게는 〈세일즈맨의 죽음〉에서 절망적으로 싸우는 주인공 윌리 로먼의 한 단면이 숨어 있다. 그것이 모든 노력과 싸움은 당연한 것이며 그래서 성공하게 될 것이라고 스스로 다짐하는 끊임없는 시도라면 말이다. 철저히 시장화된 세계에서 거의 모든 사람들은 세일즈맨이 되었다. 밀러는 긴 인생의 여정 끝에 〈세일즈맨의 죽음〉을 썼던 그 오두막 근처에 묻혔다.

어쩌면 인간이 추구할 수 있는 가장 최선의 완벽함은 불완전한 것, 굽은 것, 매끄럽지 못한 것, 모순적인 것을 인정하는 일일지도 모른다. 그때야 비로소 인간은 그 모든 약점에도 불구하고 자신이 되고자 하는 사람일 수 있다. 아마 대부분의 사람들이 이런 주장에 동의할 것이다. 그러나 항상 목표를 더 높게, 더 빠르게, 더 멀리 잡아야 성공이 확실해 보이는 삶의 현실에서 이는 곧 잊히고 만다.

먼로의 위대한 영화 〈뜨거운 것이 좋아〉의 마지막 대사는 우리가 좀 더 여유로운 태도를 취하게 한다. 하지만 밀러도 먼로도 그리고 누구나 이 말을 항상 잊고 산다. "완벽한 사람은 없다."

14장

존 레논과
오노 요코

내가 세계를 구할 수 있을까?

"상상해 봐, 모든 사람이 평화롭게 사는 것을."

| 존 레논 |

"혼자 꾸는 꿈은 단지 꿈일 뿐이지만
함께 꾸는 꿈은 현실이 된다."

| 오노 요코 |

그들은 11월 초 어느 가을날 인디카^{Indica} 화랑에서 처음 만났다. 길거리로 큰 창이 나 있는 이 작은 화랑은 런던 시내의 한 뒤뜰에 있었다. 다음날 있을 전시회 준비로 분주한 이곳에 기사가 운전하는 미니를 타고 존 레논^{John Lennon(1940~1980)}이 들이닥쳤다. 일본의 젊은 행위예술가 오노 요코^{Ono Yoko(1933~)}는 자신의 작품 전시를 위한 마지막 점검을 하고 있었다. 갈색으로 그을린 피부에 정장을 차려 입고 마음껏 떠들고 웃으면서 모든 사람의 주의를 끄는 이 남자를 요코는 금세 알아보지 못했다. 그는 댄디처럼 보였지만 부두 노동자처럼 말했다. 그녀는 화가 났지만 이 훼방꾼을 그냥 무시하기로 했다. 그러나 화랑 주인 존 던바^{John Dunbar}가 그 남자에게 인사를 하라고 부탁했다. 중요한 인물이란 것이다. 마지못해 요코는 레논에게 다가 갔다.

요코는 당시 레논이 깔끔하게 보였다고 말했지만, 레논은 자신이 3일 동안 거의 잠도 못자고 수염도 못 깎은 상태였다고 회상했다. 얼마 전부터 그는 닥치는 대로 마약을 하고 있었다. 무슨 약인지도 모를 온갖 마약과 엘에스디^{LSD}. 오늘이 언제인지도 몰랐다. 이 가을날도 레논은 마약을 했고, 무슨 마약을 했는지도 몰랐다. 다만 어떻게 살아야 할지 모른다는 것만 알 뿐이었다.

레논처럼 대중의 관심을 받은 사람은 없었다. 그가 비틀스^{The} ^{Beatles} 멤버이며 밴드를 주도하는 두 명 중 한 사람이라는 사실을 전 세계 사람들이 알고 있었다. 비틀스를 세계에서 가장 유명한 밴드라고 말한다면 그들을 과소평가하는 것이다. 리버풀^{Liverpool} 출신의 네 젊은이는 1963년 폭발적인 등장 이후부터 그들의 음악, 패션, 헤어스타일, 영화, 유머로 전 세계를 열광시켰다. 비틀스의 문화적인 영향력은 비할 바가 없었다. 만약 비틀스에게 영향받지 않았다고 믿는 사람이 누군가를 롤모델로 댄다고 하자. 그런데 그 롤모델에게 영감을 주는 근원 역시 비틀스라는 식이었다. 1966년 비틀스의 말과 행동은 여전히 세계의 새로운 이념이 되고 있었다. 그러나 멤버들에게 자신들의 명성은 점점 짐이 되었다. 특히 레논은 내적으로 외로웠고 방향을 잃은 사람이었다. 대중에게는 숨겨져 있었지만 비틀스 초기 레논은 어린 시절 연인 신시아^{Cynthia}와 결혼했고 아이까지 낳았다. 그러나 두 사람의 관계는 이미 틀어져 있었고, 레논은 아들 줄리안^{Julian}을 거의 돌보지 않았다.

지난 몇 개월간 비틀스에게는 많은 것이 끝나 있었다. 그들은 더 이상 콘서트를 열지 않겠다고 결정했다. 그들은 너무 지쳐 있었다. 그렇지만 그들은 음악에서 새로운 길을 추구했고 프로듀서 조지 마틴^{George Martin}의 '교향곡을 생각해'라는 충고를 따랐다. 이미 비틀스의 음악은 복잡해져서 무대에서 효과적으로 공연할 수 없을 정도였다. 그럼에도 비틀스는 아방가르드한 곡들과 클래식 악기의 사용으로 대중들을 열광시키는 어려운 일을 해냈다. 그들은 이제껏 없던 음을 찾아 실험했고 스튜디오에서만 작업하려고 했다. 1966년 8월 말 샌프란시스코 캔들스틱 파크^{Candlestick Park}에서의 공연을 마지막으로 비틀스 멤버들은 사방으로 흩어졌다. 수년간의 노력과 성공 이후 이제는 각자 관심 있는 일을 하며 얼마간 쉬고 싶었을 수도, 자신을 위한 새로운 생각과 목표를 찾고 싶었을 수도 있다. 이 여행이 어디로 가는 것인지 아무도 몰랐다. 어떤 이들은 그들의 결별을 예상했다.

레논은 리차드 레스터^{Richard Lester} 감독의 반전 영화 〈하우 아이 원 더 워^{How I won the War}〉에서 역할을 맡아 하노버의 한 군부대와 스페인을 촬영 차 다녀왔다. 그가 인디카 화랑에서 요코를 만났을 때는 돌아온 지 겨우 이틀째 되는 날이었다. 촬영을 위해 레논은 머리를 짧게 잘랐다. 비틀스의 그 유명한 버섯 모양의 더벅머리는 과거 얘기였다. 지독한 근시였던 레논이 영화를 찍으면서부터 쓰기 시작한 니켈 안경은 그의 상징이 된다.

요코는 런던에 머문 지 이제 겨우 석 달밖에 안 됐다. 언제나 무표정한 얼굴에 한없이 긴 검은 머리를 한 이 작고 섬세한 여자를 사람들은 알지 못했지만, 그녀는 절제되고 의미심장한 개념예술로 이 분야에서 주목받기 시작한 예술가였다. 요코의 작품은 놀라운 표현

형식으로 포장된 메시지다. 그러다 보니 우리의 감탄을 자아내는 장인적 기법보다 사상이나 메시지를 더 중요시하는 것처럼 보여 혹자는 당혹해한다. 바로 이런 이유로 그녀의 작품을 좋아하는 사람들도 있었는데, 특히 누구도 무관심한 방관자로 내버려 두질 않는다는 데에 열광했다. 가수 마리안느 페이스풀Marianne Faithfull의 남편이자 예술가인 화랑 주인 던바도 요코에 매료되었다. 던바는 친구 베리 마일스Barry Miles와 함께 인디카 화랑을 열었다. 피터 아셔Peter Asher가 이 두 사람을 재정적으로 지원했고 폴 매카트니Paul McCartney도 개관을 도왔다. 아셔는 유명 배우이자 매카트니의 애인이었던 제인 아셔Jane Asher의 오빠다. 던바는 요코가 런던에 있다는 말을 듣자마자 그녀에게 자신의 화랑에서 전시회를 열자고 제안했다. 기발한 아이디어가 넘쳐나는 이 젊은 여성에게 친구 레논이 관심을 보이리라고 확신했기 때문에 그는 레논에게 초대장을 보냈다. 그리고 아니나 다를까 레논이 나타났다. 훗날 한 인터뷰에서 레논은 화랑에 간 이유를 밝혔는데, 뉴욕에서 온 젊은 일본 여성이 행위예술로 자루 속에 기어 들어간다는 것을 초대장에서 읽고 그건 섹스를 암시하는 듯했다고 말했다.

요코도 레논처럼 인생에 닥친 문제들을 해결해야 했던 때였다. 영화제작자 토니 콕스Tony Cox와의 결혼 생활은 심각한 위기에 빠져 있었다. 그와의 사이에서 딸 쿄코를 낳았지만 엄마 역할은 힘에 부쳤다. 그에 반해 예술은 당연하다는 듯 그녀 안에 살아 있어서 세상 밖으로 나가려고 했다. 요코라는 이름은 바다의 아이라는 뜻이다.

그녀는 마치 어두운 강처럼 검고 긴 머리를 늘어뜨리고 다녔다. 치렁한 긴 머리가 크고 길쭉한 검은 두 눈과 섬세한 입매를 가진 그녀의 얼굴을 둘러싸고 흐르며 몸을 휘감았다. 1960년대 스윙 시대 세상 사람들이 형형색색의 패션에 매달릴 때 요코는 검은 천으로 가녀린 몸매를 둘러싸고 다녔다. 그날도 요코는 마치 검은 요정처럼 그리고 무당처럼 레논 앞에 나타났다. 그는 자루로 하는 행위예술은 어떻게 되는 거냐고 그녀에게 물었다. 그녀는 조용한 목소리로 그건 오늘 하지 않는다고 대답했다. 대신 그녀는 카드 한 장을 내밀면서 이것이 오늘 있을 행위라고 말했다. 카드에는 "숨 쉬어"라고 적혀 있었다. 레논은 낄낄거렸다. 그는 몸을 앞으로 굽혔고 아주 큰 소리를 내면서 숨을 내쉬었다. 그녀는 퍼뜩 그가 자신에게 호감을 보인다는 느낌을 받았다.

그날의 사과, 못, 사다리

레논과 요코는 서로 다른 환경에서 자랐다. 레논은 1940년 삭막한 리버풀에서 태어났다. 요코는 그보다 7년 반 전 리버풀에서 수천 킬로미터 떨어진 부산한 도쿄에서 태어났다. 레논은 상선 선원이었던 아버지가 어느 날 가족을 떠난 후로 아버지를 거의 본 적이 없었다. 음악적 재능이 있던 어머니 줄리아Julia는 아이가 없던 여동생 부부에게 당시 다섯 살이던 레논을 맡겼다. 클래식 피아니스트였다가 은행원이 된 요코의 아버지는 옛 사무라이 집안 출신이었다. 요코의 어머니는 은행과 보험회사들을 거느린 야스다 그룹 창립자의 손녀였다. 레논은 반항심 많은 불량 학생이었다. 그는 하모니카와 기타를 연주하다가 첫 밴드를 결성했고 리버풀 예술대학에서 공부를 시작했다. 요코는 피아노 교습을 받았고 일본과 미국에서 음악학교에 다녔으며 작곡 공부를 했다. 스물세 살에 한 일본 작곡가와 첫 결혼을 했다. 레논이 스물한 살에 연인 신시아와 결혼했을 당시 그는 이미 비틀스 멤버로 유명했다. 결혼할 때 그녀는 줄리안을 임신 중이었다. 요코는 뉴욕에서 행위예술가로 작업을 시작했고, 고향으로 돌아와 앤서니 콕스와 결혼하고 쿄코를 낳았다. 그러나 결국 다시 뉴욕으로 돌아와 독특한 행위예술로 서서히 이름을 알리기 시작했다.

인디카 화랑에서 요코의 예술을 처음 접한 레논의 느낌은 여느 사람들과 다르지 않았다. 왠지 놀림당하는 느낌이었다. 연단 위에 사과가 놓여 있다. 그 옆 팻말에는 "사과"라고 제목이 쓰여 있다. 레논은 사과를 집어서 한 입 베어 문다. 요코가 그걸 보고 화를 내자 그는 사과를 제자리에 돌려놓는다. 그리고 다른 작품 하나가 그의 눈길을 끈다. 제목은 "못을 박아라." 못은 옆에 준비되어 있다. 레논은 그대로 하려고 했다. 하지만 요코가 허락하지 않는다. 아직 전시가 시작되기 전이었다. 던바는 제발 예외로 해 달라고 그녀에게 부탁한다. 그녀는 수락하고 레논에게 말한다. "좋아요. 못 하나 박는데 5실링이에요." 그러자 레논은 대답한다. "가상의 5실링을 드리죠. 대신 가상의 못을 하나 박죠."

두 사람의 첫 만남에는 항상 요코가 세워 놓은 하얀색 사다리에 대한 얘기가 빠지지 않는다. 이 설치 작품은 사다리를 타고 올라가 돋보기로 천장에 쓰여 있는 아주 작은 글씨를 보는 것이다. 그 한 단어는 "네Yes." 나중에 레논은 그날 사다리에 올라가 본 글자는 "아니No"였다고 말하기도 한다. 사과, 못, 사다리. 두 사람과 거기 있던 사람들의 얘기에 따르면 대략 이런 상황이었을 것이다. 그러나 무엇이 어떻게 그리고 언제 일어났는지에 대해서는 의견이 갈린다. 거기 있던 사람들이 마약에 취해 있었던 탓이기도 하다.

첫 만남 후 다사다난했던 두 해가 지나고 레논과 요코는 세상을 구하고자 결심한다. 그 기초는 이미 놓여 있었다. 그 둘이 어떻게 가까워졌는지에 대한 몇 개월간의 이야기는 상충하는 전설로 가득하다. 한 가지 확실한 것은 요코가 레논에게 자신의 책《자몽Grapefruit》을 보낸 것이다. 그리고 우편엽서가 뒤따랐는데 그중 한 엽서에는 "춤춰라", 그리고 다른 엽서에는 "새벽이 올 때까지 불빛을 봐라"라고 쓰여 있었다.

1967년 초 레논이 비틀스 앨범《서전트 페퍼스 론리 하츠 클럽 밴드Sgt. Pepper's Lonely Hearts Club Band》(이하《페퍼 상사》)의 작업에 몰두할 때 서리Surrey에 있는 그의 저택으로 요코가 보낸 엽서가 날아들어 쌓였다. 신시아에 따르면 레논과 그녀는 그걸 비웃었으며, 그는 항상 '이 엉뚱한 예술가'에 대해 고개를 설레설레 저었다고 한다. 요코가 레논의 집 앞에 서 있던 팬들 사이에 숨어 몇 시간 동안 집 쪽을 보고 있었다는 일부 사람들의 목격담도 있지만 그녀는 지어낸 얘기로 치부한다. 마찬가지로 레논이 없는 동안 전화 좀 쓰겠다고 집에 들어와서는 나중에 찾아오려고 일부러 반지 하나를 놓고 왔다는 얘기도 엉터리라고 한다. 그중 무엇이 맞는 말인지 모르겠지만 여하튼 그녀는 레논에게 집요하게 달라붙었다.

비틀스는 1968년 2월 부부 동반으로 명상 지도자 마하리시 마헤시 요기Maharishi Mahesh Yogi를 찾아 인도행 비행기를 탔다. 요코에 대한 생각이 레논의 머릿속을 떠나지 않았다. 그는 매니저를 통해 몰래 그녀의 엽서를 받아 보았다. 돌아오는 길에 레논은 신시아에게 그동안 자신의 애정행각을 고백했다. 요코에 대한 자신의 감정에 대해서는 아무 말도 하지 않았다. 신시아는 그의 고백에 충격을 받았고 심하게 자존심이 상했지만 그의 진실한 태도에 새로운 시작을 기대했다. 그렇지만 그것은 둘의 결혼 생활을 마감하게 하는 일련의 잔인한 사건의 시작일 뿐이었다.

그해 가을 레논은 아내에게 친구들과 휴가를 떠나라고 설득한다. 집에 혼자 있고 싶다는 이유에서였다. 그러고는 친구 피트 쇼턴Pete Shotton과 온종일 마약을 했다. 그리고 신시아가 돌아오기 바로 전날 저녁 요코를 초대하겠다고 말해 쇼턴을 놀라게 했다. 요코는 택시를 타고 왔다. 언제나처럼 온통 검은 옷을 입고 있었다. 얼마 동안 그들은 대화를 나누며 거실에 앉아 있었다. 서로 어색해했지만 동시에 전율을 느꼈다. 레논은 비틀스 멤버이기 때문에 느끼는 중압감에 대해 말했고 요코는 예술가로서의 불안을 얘기했다. 그는 중요 작품들을 작곡했던 다락에 있는 작은 스튜디오로 그녀를 이끌었고 그들은 함께 실험하기 시작했다. 레논은 자신이 모아 놓은 노래 조각들을 양탄자처럼 짜 맞췄고 요코는 노래로 반주했다. 둘은 그들 안에서 끓어오르고 있던 것을 토해 냈다. 그러고는 둘은 처음 하나가 되었다.

다음 날 아침 레논은 당황해하는 쇼턴에게 자신의 모든 것을 바칠 사람을 찾았다고 털어놓았다. 그는 이혼할 것이고 새집을 마련해서 이후부터 자신의 삶을 모두 요코에게 맞출 것이라고 했다. 비틀스가 망하건 말건 자기와는 아무런 상관이 없다는 말도 덧붙였다. 집에 도착한 신시아는 레논이 어떤 작은 사람과 정원에 앉아 있는 모습을 보았다. 그 사람은 자신의 모닝 가운을 두르고 있었다. 신시아는 길고 검은 머리의 요코를 금세 알아보고는 어색하게 "안녕"이라고 인사했다. 대답은 침묵이었다. 그러고 나서 레논을 바라보자 그는 "응, 그래"라고 대답했다.

이날 이후 6개월 동안 레논의 이혼이 진행되었다. 9개월 후에 요코의 이혼도 성사되었다. 이미 전부터 그들은 늘 대중 앞에 함께 출현했고, 옷 색깔도 항상 맞춰 입었다. 그들은 흰색 아니면 검은색 옷만 입었다. 요코처럼 레논도 머리를 기르고 가운데 가르마를 탔다. 그들은 서로 구별되지 않는 것처럼 보였다.

1968년 5월 말 레논은 이혼하고 얼마 지나지 않아 요코와 함께 스튜디오에 나타났다. '화이트 앨범'으로 팝 역사에 기록될 두 장짜리 엘피^{LP}판을 처음 녹음하려던 때였다. 요코는 그저 방문하려고 온 게 아니었다. 그녀는 스튜디오에 남아 자리를 지켰다. 레논이 가는 곳이면 어디든 그녀는 함께했다. 사랑의 해로 역사에 남은 1967년의 여름을 위해 비틀스는 《페퍼 상사》의 사운드트랙을 제공했다면, 1968년의 앨범은 달랐다. 5월 30일부터 화이트 앨범을 위해 녹음한 첫 노래는 〈레볼루션 원Revolution 1〉이었다. 가사에는 당대 역사적 사건들이 반영되어 있었다. 1968년은 여전히 낡은 가치에 묶여 있었고 세계 곳곳에서 혁명의 기운이 꿈틀대고 있었다. 평화로운 시위와 행동은 전 세계적으로 폭력에 밀려났다. 베트남 전쟁은 1월 초 베트콩의 테트(구정) 공세로 새로운 차원에 이르렀다. 이 전쟁에 대한 반대 시위는 런던에서만 심각한 폭력 사태에 이른 것이 아니었다. 그러는 동안 체코에서는 '인간의 얼굴을 한 사회주의'를 내걸고 사람들이 일어났다. 4월 멤피스Memphis에서는 인권운동가이자 목사인 마틴 루터 킹Martin Luther King이 살해당했다. 이 사건 이후 큰 폭동이 번져 나갔다. 5월 파리에서는 대학생들의 대규모 시위가 있었다. 1966년 마오쩌둥毛澤東이 주창한 문화혁명으로 인한 불길한 소식들이 중국으로부터 서유럽에 전해지고 있었다. 이런 시대 상황 속에서 레논은 비틀스의 인도 여행을 결정했다. 이 여행에서 시대를 반영하는 노래를 만들기로 했다.

세상을 바꾸자면서 혁명적인 전복은 부정하는 느리고 우울한 노래 〈레볼루션 원〉은 정치적 행동주의자로서의 레논의 시작을 알렸다. 비틀스의 노래는 대부분 레논과 매카트니가 주축이 되어 만들어졌다. 〈레볼루션 원〉도 그렇게 만들어진 곡으로 알려졌지만, 실제로는 순전히 레논의 작품이다. 이 사실은 그사이 이 밴드에 작용

비틀스 — (아래 왼쪽부터) 폴 매카트니(베이스), 조지 해리슨(기타), 존 레논(기타) 그리고 (위) 링고 스타(드럼). 비틀스 멤버들은 모두 뛰어났다. 자신들이 만든 자작곡을 부르고 연주한 첫 로큰롤 밴드였다. 그리고 멤버 전원이 노래를 불렀는데, 이는 당시 그 누구도 필적하지 못한 비틀스만의 강점이었다.

하고 있던 해체 분위기를 보여 준다. 비틀스 네 명의 강력한 결합력, 전 세계 수많은 젊은이로 하여금 그들을 따라 밴드를 결성하게 한 그 결합력은 하루하루 와해되고 있었다. 그들의 매니저이자 아버지 같은 친구 브라이언 엡스타인Brian Epstein이 《페퍼 상사》의 출시 직후 돌연사하자 비틀스는 다른 사업에도 직접 손을 댔다. 명성이 그들 각자에게 자신감을 주었던 것이다. 지난 앨범들이 웅변해 주듯 그들은 팝 음악의 경계를 넓히거나 넘어서면 설수록 자신들이 성공하리라는 것을 알았다. 네 명 모두는 비틀스라는 우주에서 실현하려고 했던 아이디어로 가득 차 있었다. 그들은 음악, 패션, 영화 등 모든 예술 행위를 할 수 있는 애플 레이블Apple Crops Ltd.을 설립했다. 그렇지만 비틀스의 멤버여야 한다는 중압감이 일상과 함께 그들을 짓눌렀다.

레논과 매카트니가 함께 지배했던 밴드의 틀은 깨졌다. 항상 가족적으로 생각하던 매카트니는 밴드를 유지하려고 노력했지만 자신도 모르게 독재자 역할을 하게 되었다. 자기 자신에게 골몰하던 레논, 이제껏 늘 결정권을 갖고 있던 레논은 매카트니에게 결정권을 넘겼다. 조지 해리슨George Harrison은 싱어송라이터로 앨범에 더 참여하고 싶었지만 레논과 매카트니는 그를 어린 동생 취급하며 소외시켰다. 듬직한 성격의 링고 스타Ringo Starr는 흔히 중재자 역할을 했지만 이 난리 통에서 자기 자리를 찾을 수 없었다. 그는 말 수가 부쩍 줄었으며 고립되었다.

이 모든 것이 화이트 앨범 작업에 반영되었다. 갈등은 손에 잡힐 듯 눈앞에 분명히 보였다. 이미 첫 세션에서부터 이 낯선 여자가 레논 곁에 떡하니 앉아 버티고 있었다. 매카트니, 해리슨, 스타는 부인이나 여자 친구를 스튜디오에 데리고 오지 않는다는 암묵적인 약속을 깬 데 대해 침묵하면서 묵인한 반면 미디어와 팬들은 적대적으로 반응했다. 새로운 사랑 때문에 변한 사람이 레논 한 사람뿐이었던 건 아니다. 또 갑자기 변한 태도 때문에 옛 친구들을 어색하게 만든 사람이 레논 한 사람뿐이었던 것도 아니다. 하지만 레논은 엄연히 비틀스의 한 멤버였다. 미디어와 팬들 사이에는 이런 물음이 가득했다. '그는 왜 대중이 보는 그의 이미지를 고려하지 않는가?' 그는 자신과 자신의 이미지가 자신의 것이 아니라는 사실에 대해 전혀 신경 쓰지 않는 것 같았다. 그렇게 하도록 내버려 둘 수 없다는 게 암묵적으로 일치된 의견이었다.

요코라는 인물 자체도 도발이었다. 거의 말을 하지 않고 미소 짓지 않는 가면 같은 얼굴의 이 일본인은 많은 이들에게 레논을 마법으로 홀린 기분 나쁜 여자였다. 그녀가 아시아인이라는 것도 많은 사람을 불편하게 했다. 1960년대 말 런던은 이민족에 관대한 도시가 아니었다. 런던에서 세계의 온갖 다양한 민족들의 혼합은 반세기 후에나 가능한 일이었다. 비유럽인은 아직 이방인이었던 것이다.

평화를 위한 광대

레논의 마약 소비는 그사이 우려할 만한 수준이 되었다. 1968년 중반 무렵부터 그는 마리화나, 엘에스디와 온갖 알약뿐만 아니라 헤로인까지 손을 댔다. 그리고 요코도 같이 중독되었다. 훗날 요코는 그다음 해에 그들이 약을 끊을 수 있었던 것은 오직 딜러가 유아용 가루약을 섞은 물건으로 사기를 쳤던 덕분이라고 썼다. 또 하나, 그들은 주사기를 사용하지 않았다. 주사를 끔찍하게 무서워했기 때문이었다.

1968년 10월 18일 레논과 요코는 마리화나 소지로 체포되었다. 언론은 대서특필하며 레논과 요코에 대한 공격에 나섰다. 무엇보다 요코는 끊임없는 모욕을 당해야 했다. 1968년 11월 29일 두 사람은 듀엣으로 앨범《언피니시드 뮤직 넘버원 – 투 버진스Unfinished Music No.1-Two Virgins》를 발표했다. 둘의 누드 사진을 실은 앨범의 재킷 커버로 요코는 자신을 공격하는 수많은 기사를 읽어야 했다. 이 앨범에는 레논의 집에서 그들이 함께 보낸 첫날밤에 녹음한 곡도 포함되어 있었다.

연말이 지나고 비틀스는 후에 〈렛 잇 비Let It Be〉라는 타이틀로 출시된 앨범을 위한 세션 작업에 골몰했다. 그들은 어느덧 스물다섯에서 스물여덟 살이었고 오랜 삶을 산 다른 어떤 이들보다 더 많은 것을 경험했다. 매카트니는 밴드를 봉합하려고 최후의 노력을 했고 레논은 마약에 취해 건성으로 참여했다. 해리슨은 더 이상 간섭받지 않으려고 했고 스타는 말없이 아파하고 있었다.

1969년 3월 20일 요코의 이혼이 법적 효력을 얻은 지 몇 주 지나지 않아 레논과 요코는 지브롤터Gibraltar에서 결혼했다. 그들에게는 어디서 어떻게 결혼식을 할지, 가령 프랑스로 가는 페리호에서나 파리에서 등과 같은 온갖 계획이 있었다. 그러나 관청 문제로 모든 것이 좌절되자 비틀스의 매니저 피터 브라운Peter Brown은 영국령 지브롤터로 가면 어떻겠냐는 아이디어를 냈다. 레논과 요코는 둘 다 완전히 흰색 일색의 차림으로 시청에서 10분 정도 걸리는 의식을 치르며 결혼서약을 했다. 그들은 유명한 지브롤터 바위 앞에서 결혼 증명서를 들고 자세를 취했다. 거의 느낄 수 없을 만큼 가벼운 바람이 레논의 긴 머리와 촘촘한 수염 그리고 요코의 물결치는 검은 머릿결을 스쳐 갔다. 곧이어 폭풍이 불어닥쳤다. 그들은 지브롤터에서 단 70분만 머물다 파리로 돌아갔다. 온 세계가 그들을 주시하고 있다는 것을 그들은 알고 있었다.

그들 중 누가 먼저 신혼여행을 일종의 평화를 위한 캠페인 형식으로 하자는 생각을 냈는지 확실히 알 수 없다. 틀림없는 사실은 둘 다 놀라울 정도의 한마음으로 이를 밀고 나갔다는 것이다. 사회운동가들은 비틀스 멤버로서의 레논의 지명도가 가진 파급력에 대한 기대를 이미 수차례 그에게 주지시킨 바 있었다. 아직도 '사랑의 여름'의 여운이 가시지 않고 있었다. '모든 것이 가능해'와 '그냥 하면 돼'라는 정신은 여전히 많은 이념 속에 살아 있었다. 그런 출발을 위해 레논은 나설 준비가 된 사람이었다.

1969년 3월 29일 레논과 요코는 암스테르담Amsterdam에서 그들의 첫 잠자리 평화 시위 '베드 – 인Bed-In'을 시작했다. 이 신혼부부는 힐튼Hilton 호텔 스위트룸에서 침대를 제외한 모든 가구를 들어낸 채 한 주를 머물렀다. 기자들과 친구들 그리고 예술가들이 흰색 나이트가운을 입고 흰 이불 속에 앉아 있는 둘 주위에 모여들었다.

"우리는 모두 그리스도다. 그리고 우리는 모두 히틀러다"라고 레논은 말했다. 그리고 물었다. 만일 그리스도가 라디오, TV, 신문, 레코드 같은 지금의 미디어를 이용할 수 있다면 그는 오늘 무엇을 할까? "그러니까 우리는 그것들을 이용해야 해!"라고 그는 소리쳤다. 이것은 기자들에게는 감지덕지한 선물이었다. 그러나 그들은 레논과 요코가 전하는 말의 취지를 그대로 전달하지 않았다. 기자들은 그 둘의 평화를 위한 노력 따위에는 아무런 관심이 없었다. 그들은 자아도취에 빠진 두 유명인의 환각 상태와 같은 잘 팔릴 이야기를 찾고 있었던 것뿐이었다. 세계 평화를 위한 추상적인 외침보다 그편이 훨씬 더 자극적이었다. 그렇게 레논과 요코에 대한 보도는 조롱과 비웃음의 폭포수가 되어 쏟아졌다. 그들을 향한 재치 있는 야유가 그들의 호소보다 더 많은 반응을 얻었다. 둘은 이를 알고 있었고 감수했다. 세상의 주목을 받는 대가로 치러야 할 몫으로 받아들인 것이다.

두 사람은 이러한 반응들에 위트로 대응하면서 빈의 자허Sacher 호텔에서 3월 31일 자루에 들어가는 '백−인Bag-In'(혹은 배기즘Bagism) 운동을 개최했다. 즉 커다란 포대자루 안에 들어앉아서 초청된 기자들과 인터뷰했다. 개인으로서 그들이 보이지 않는 만큼 관심과 주목을 그들이 말하는 내용과 메시지로 돌리려 했던 것이다. 훗날 가수이자 행위예술가로 유명해지는 젊은 기자 앙드레 헬러André Heller는 그들 바로 옆에 있다가 왜 이런 일을 하는지 물었다. 레논이 자루 속에서 말했다. "우리는 이것이 완전한 소통이라고 믿기 때문이다." 이렇듯 '백−인'은 관심을 끌기 위한 연출일 뿐이라는 세간의 공격에 대한 일종의 대답이었다. 그러나 아무도 그런 것에는 관심이 없었다. 그들의 말은 사람들이 보고 싶어 하는 이미지에 적중한 유머일 뿐이었다.

한 개인으로서 어느 정도까지 세계를 구할 수 있는가 그리고 세계를 구하는 데 최소한 얼마나 기여할 수 있는가 하는 질문은 그 자체로 하나의 문제다. 혼자서 할 수 있는 일은 거의 없다. 소수의 몇몇 사람이 뭉친다 해도 대부분 별 효과가 없다. 그러나 좋은 뜻을 가진 사람들이 뭉친다면 무엇인가 움직일 수 있다. 물론 단둘이서 세계를 구하려고 한다면 그것은 무리일 것이다. 레논과 요코도 이를 알고 있었다. 그래서 그들은 함께 하자고 사람들에게 호소했던 것이다.

레논과 요코는 혼자서 만든 플래카드를 배에 걸고 인도에 서서 평화와 관용을 호소하는 여느 이상주의자와 다를 바 없는 행동을 했다. 그의 문제 제기에는 모두 동의한다. 그러나 그의 등장 자체를 사람들은 풍차 앞의 돈키호테처럼 여기기도 한다. 맞서 싸우면 그는 적에게 이길 수 없다. 그가 받는 조소는 흔히 소심하고 겁 많은 사람들에게서 왔다. 어차피 유명인이었던 레논과 요코 같은 이상주의자들은 단지 자신들의 허영심을 채우려는 행동일 뿐이라는 의심을 감수하며 살 수밖에 없다. 실제로 그들은 자신들의 유명세가 본래의 취지를 덮어 버리는 위험을 인지하고 있었다. 그럼에도 그들을 계속 행동하게 했던 것은 이런 위험에도 불구하고 그들이 보통 사람보다는 더 많은 일을 할 수 있으리라는 희망이었다. 더구나 그는 존 레논이 아닌가? 그래서 그는 항상 자신의 유명세를 더 높이는 데는 일말의 관심도 없다고 반복해서 강조했다. 사실 그는 더 이상 유명해질 수도 없었다. 그는 이 캠페인이 자신의 이미지를 오히려 해친다는 것을 알고 있었다. 그러나 상관없었다. "평화의 확산에 이바지한다면 우리는 세상 앞에 광대가 될 준비가 되어 있다"고 그는 천명했고 "제일 좋기로는 모든 사람이 미소를 지으며 우리를 기억하는 것이다"라고 말했다.

어느 때인가 레논은 이 미친 날들의 경험을 바탕으로 곡 하나를 썼다. 그는 매카트니에게 자신과 함께 이 곡을 녹음하자고 즉석 제안을 했다. 노래로 자신과 요코에게 쏟아진 적대감에 대항하려고 한 것이다. 해리슨과 스타는 런던에 없었다. 1969년 4월 14일 레논과 매카트니 둘이서만 〈더 발라드 오브 존 앤드 요코The Ballad of John and Yoko〉를 녹음했고 이 곡은 해체되기 전 영국에서 비틀스의 마지막 1위 곡이 된다. 이 곡에는 이런 가사가 있다. "그리스도여, 당신은 간단치 않다는 것을 압니다. 당신은 그것이 얼마나 힘들지 압니다. 이대로 가면 그들은 나를 십자가에 매달 것입니다." 이게 또 말썽이 되었다.

5월 말 〈더 발라드 오브 존 앤드 요코〉가 발표되고 레논과 요코는 몬트리올의 퀸 엘리자베스Queen Elizabeth 호텔에서 다시 7일간의 베드-인 캠페인을 벌이던 참이었다. 전화로 그들은 많은 인터뷰를 미국으로 보냈다. 레논은 미국 여론에 영향력을 미치기를 기대했다. 그럼 왜 미국에서 직접 베드-인 캠페인을 하지 않느냐는 질문에 레논은 "난 총 맞아 죽기 싫으니까"라고 대답했다. 몬트리올에서 베드-인 캠페인을 하던 중에 그는 〈기브 피스 어 챈스Give Peace a Chance〉

베드-인 캠페인 — 레논과 요코가 캠페인 마지막 날 그 자리에 있던 모든 사람들과 함께 〈기브 피스어 챈스〉를 녹음하는 모습이다.

를 작곡했다. 레논에 따르면 이 곡의 아이디어는 무엇을 이루려고 하는지를 묻는 어느 기자의 질문에 대한 대답에서 나왔다. "우리가 말하는 것은 평화에 기회를 주자는 게 전부다." 그와 요코는 스위트룸으로 녹음기를 들여와 거기 있던 모든 사람과 함께 1969년 6월 1일 〈기브 피스 어 챈스〉를 녹음했다. 모두 노래하고 연주하고 손뼉 쳤다. 캠페인의 마지막 날이었다.

레논과 요코는 수년 후 여러 다양한 목적을 위해 행동에 나서게 될 많은 스타와 유명인들의 선구자가 되었다. 1960년대 말까지만 해도 이런 행동은 결코 흔한 일이 아니었다. 의심의 여지없이 평화 캠페인은 바로 레논 자신에게 개인적으로도 도움을 주었다. 그것은 레논이라는 개인을 비틀스라는 감옥에서 벗어나게 해 주었다. 덕분에 요코에겐 항상 비틀스를 분열시켰다는 비난이 따라다녔다. 그러나 요코가 레논의 삶에 들어왔을 때 이미 밴드의 해체는 시작되고 있었다.

평화 캠페인에서 레논의 관심은 모두 중요하다고 생각하긴 하지만 아무도 실현 가능하다고 여기지 않는 것을 실현하는 데 있었다. 비틀스로서 그는 자신이 노래하고 말하는 것에 대해 사람들이 얼마나 비상한 열의를 가지고 화두로 삼는지 경험했다. 그는 때로 자신의 말 한마디 한마디에 얼마나 많은 해석이 따르는지 또 이 말들이 어떤 굉장한 반응을 불러일으키는지 알고 있었다. 가령 1966년 한 인터뷰에서 그가 비틀스는 이제 예수보다 더 유명하다고 했을 때처럼 말이다. 이 말에 미국 남부의 기독교 광신주의자들은 비틀스의 레코드판을 불살랐다. 이렇듯 그의 발언의 파급력이 크다고 한다면 그는 어떻게 이를 좋은 목적을 위해 사용할 수 있을까를 생각했다.

요코에게도 평화 캠페인은 유명해지기 위한 수단이 아니었다. 레논과 사귀면서 그녀는 이미 유명해질 만큼 유명해져 있었으므로 그것이 동기는 아니었을 것이다. 그녀는 평화 캠페인을 통해 단지 그의 곁에 있는 여성으로서만이 아니라 한 예술가로 받아들여지기를 원했다. 특히 그녀에게는 소통, 소통의 힘 그리고 그 수단으로서의 예술이 중요했다. 여기에 더해 그들의 행동은 시대정신에서 생겨난 것이다. 1960년대 말 적어도 서유럽 사회는 아주 특별한 시대의 시작을 알리는 기운을 호흡하고 있다. 세상을 보는 눈과 경험 그리고 공동생활에서 새로운 인간의 한계를 시험하던 시대였다. 1960년대 초 존 F. 케네디$^{John F. Kennedy}$가 주창한 뉴 프론티어$^{New Frontier}$는 새롭고 정의로운 사회를 향한 희망을 불러일으켰다. 활동가들은 열정적으로 확신에 가득 차서 여성의 해방과 인종주의의 극복을 위해 싸웠다. 히피 운동과 온갖 마약은 타부를 깨뜨리고 기존의 한계를 밀쳐 냈다. 음악은 공명을 일으키고 추진력을 제공했다. 그리고 비틀스의 인기는 바로 그 지점에서 시작되었다. 그들은 영감을 주었고 사람들을 매혹시켰다. 비틀스의 시대적 소명은 사랑이었다. 이 미션은 실패했으나 전적으로 그런 것만은 아니었다. 세상은 사람들의 기대만큼 빠르게 바뀌지는 않았지만 많은 영역에서 더 열리고 더 자유로운 사회가 생겨났다.

가을, 레논과 요코는 전 세계 정치인들과 유명 인사들에게 도토리를 보낸다.

"이 소포에 우리는 당신에게 살아있는 두 개의 조각을 동봉합니다. 도토리입니다. 당신이 이것을 정원에 심어 거기서 세계 평화를 위한 두 그루의 도토리나무가 자라나리라는 희망을 품고서. 사랑을 담아 존과 요코 오노 레논 드림"

몇 주 후에 레논과 요코는 로마, 도쿄, 뉴욕, 로스앤젤레스, 베를린, 토론토에 자비로 거대한 흰 플래카드를 붙이게 했다. 거기에는 커다란 글씨로 다음과 같은 문구가 쓰여 있었다. "전쟁은 끝났다!" 그 밑에 작은 글씨로 "당신이 원한다면"이, 다시 그 아래에는 아주 작은 글씨로 "행복한 크리스마스! 존과 요코가"라는 문구가 붙어 있었다. 이제 그들의 평화 캠페인이 끝났지만 레논과 요코는 그 후에도 그들의 관심사를 충실히 지켜나갔다.

함께 꾸는 꿈

1970년 비틀스는 결별한다. 다음 해 중반쯤 레논은 〈이매진 Imagine〉을 포함한 앨범을 녹음했다. 그 직후 그는 요코와 함께 뉴욕으로 갔다. 타이틀 곡이 가을에 싱글로 발표되자 〈기브 피스 어 챈스〉처럼 금세 평화 운동을 대표하는 노래가 되었고 전 세계에 가장 널리 알려진 노래 중의 하나가 되었다. 누군가는 국경도 없고 종교도 없고 소유물도 없는 세상, 모든 인간이 평화롭게 함께 살아가는 세상을 상상해 보라는 〈이매진〉에서 레논의 이야기를 순진한 몽상가의 말이라고 한다. 또 누군가는 레논은 어차피 자신의 이상을 실현하기 위해 힘든 현실 정치 영역에서 애쓸 필요는 없지 않느냐고 말한다. 하지만 그도 자신이 그저 한 예술가일 뿐임을 잘 알고 있었다. 자신의 상상이 유토피아라는 것도 모르지 않았다. 그러나 그는 영감을 주고 싶었다. 요코가 원했던 것도 같았다. 스타는 훗날 〈이매진〉에 대한 한 인터뷰에서 이런 의견을 밝혔다. "그는 상상해 보라고만 말했을 뿐이잖아요. 상상해 보라고."

12월에는 싱글 《해피 X마스 – 워 이즈 오버Happy Xmas-War is over》를

발표했고, 다음 해에는 운동가요가 들어 있는 매우 정치색이 짙은 앨범《썸 타임 인 뉴욕 씨티Some Time in New York City》를 발표했다. 그리고 1972년 11월 리처드 닉슨Richard Nixon이 미국 대통령으로 재선에 성공하자 레논은 충격을 받았다. 그는 한 선거 파티에서 여자를 데리고 옆방으로 가 그녀와 잤다. 그들은 너무 큰 소리를 내서 그 자리에 있던 손님들이 다 들을 수 있었는데, 요코도 그중 한 명이었다.

해가 바뀐 후 레논은 오직 음악에만 몰두했으며 메시지도 포기하지 않았다. 요코는 그녀대로 솔로 앨범을 준비했다. 레논의 앨범 《마인드 게임즈Mind Games》의 타이틀곡은 오랜만에 혼자 만든 곡인데, 그 노래는 다음과 같은 가사로 끝난다. "사랑을 해, 전쟁하지 말고. 난 알아, 넌 이런 말을 전에 들어 봤지." 그 직후 레논과 요코는 뉴욕의 호사스러운 다코타Dakota 아파트에 입주했다. 그러나 선거 파티에서 했던 그의 돌발행동으로 그들의 관계는 금이 가고 있었다. 요코의 요구로 그들은 가을에 헤어진다. 레논은 로스앤젤레스로 갔다. 그와 동행한 사람은 젊은 비서 메이 팡Mai Pang이었다. 그녀는 요코가 레논에게 애인으로 소개해 준 여자였다. 1년 넘게 레논은 팡과 로스앤젤레스에서 살았다. 그녀는 일상생활을 도왔고 옛 친구들과 아들 줄리안을 만나도록 그에게 용기를 북돋아 주었다. 스타가 방문했고 매카트니까지 찾아왔다. 그러나 레논은 그저 허수아비였을 뿐 마약과 술에 취해 요코의 이름을 큰 소리로 불렀다. 어떻게 하면 그녀를 다시 만날 수 있을까 오직 그 생각뿐이었다.

드디어 레논은 팡과 뉴욕으로 돌아와《월스 앤드 브리지스Walls and

Bridges》 앨범의 녹음 작업을 시작했다. 엘튼 존^{Elton John}과 함께 〈왓에버 겟 유 스루 더 나이트^{Whatever Gets You Thru the Night}〉를 녹음했다. 이 곡으로 레논은 미국 빌보드 차트 1위를 차지한다. 그는 존과 내기를 했는데 자신들의 곡이 1위를 달성하면 함께 무대에 서야 한다는 것이었다. 그래서 레논은 1974년 11월 28일 매디슨 스퀘어 가든에서 열린 존의 콘서트에 등장했다. 그들은 함께 몇 곡을 연주했다. 요코는 청중 속에 있다가 공연이 끝난 후 분장실로 레논을 찾아왔다. 그들은 다시 만났고, 요코는 임신을 했다. 1975년 10월 9일 그들의 아들 션^{Sohn}이 태어난 날 레논은 그토록 갈망하던 미국 영주권 그린카드를 받았다. 그는 평범한 개인으로 돌아가 그 후 몇 년 동안 어린 아들의 교육에만 전념했다. 그는 내적으로 팝스타이기를 그만두었고 이는 이미 돌이킬 수 없었다.

몇 년간의 은둔 후에 1980년 비로소 레논은 새 음반을 녹음하기 위해 스튜디오로 나왔다. 그와 요코는 함께 만들어 놓은 곡들이 많아 공동 앨범을 제작할 계획이었다. 그 곡들 중 〈왓칭 더 월즈 ^{Watching the Wheels}〉는 레논이 밖에서 본 대중음악의 세계를 노래한 것이다. 그는 살고자 했다. 재니스 조플린^{Janis Joplin}, 지미 헨드릭스^{Jimi Hendrix} 혹은 마릴린 먼로와 같이 요절하고 싶지 않았다. 12월 8일 그와 요코는 사진 촬영을 위해 약속 장소로 가려던 길이었다. 다코타 아파트 앞에는 한 젊은이가 서 있었다. 레논이 요코와 함께 집을 나섰을 때 그는 다가와 사인을 부탁했다. 그 젊은이가 뉴욕에 온 이유는 레논을 살해하기 위해서였다. 일단 레논의 친절함 때문에 그는 자신의 계획을 미뤘다. 11시 조금 못 돼 레논과 요코가 집으로 돌아왔을 때 그는 여전히 그 자리에 있었다. 그는 "미스터 레논!"이라고 외치며 총을 몇 발 쏘았다. 레논을 되살릴 수는 없었다. 라디오와 TV로 이 소식이 퍼져 나가자 수많은 사람들이 다코타 아파트 앞에 모여들었다. 그들은 〈이매진〉과 〈기브 피스 어 챈스〉를 불렀다. 이후 요코는 레논의 유산을 관리했고 거부와 적대감의 표적으로 남았다. 그녀는 꾸준한 예술 활동과 평화 운동으로 점점 예술가로서의 위상을 인정받았다. 2015년 개설한 요코의 인터넷 홈페이지에는 〈이매진〉의 한 구절이 걸려 있다. "상상해 봐, 모든 사람이 평화롭게 사는 것을." 그리고 그녀가 쓴 다음의 구절도 있다. "혼자 꾸는 꿈은 단지 꿈일 뿐이지만 함께 꾸는 꿈은 현실이 된다."

15장

넬슨 만델라와
프레데리크 빌렘 데 클레르크

어떻게 폭력을 극복할 수 있을까?

"정적을 끌어안으면서도 그를 꼼짝 못하게 할 수도 있다."

| 넬슨 만델라 |

"내가 만델라를 처음 만났을 때 우리는 별다른 얘기를 나누지 않았다.
우리는 서로를 탐색했다."

| 프레데리크 빌렘 데 클레르크 |

넬슨 만델라^{Nelson Rolihlahla Mandela(1918~2013)}가 1989년 7월 5일 극비리에 남아프리카 공화국 대통령 피터 빌렘 보타^{Pieter Willem Botha}의 관저로 차를 타고 들어갔을 때 이것이 처음부터 일종의 총연습이라는 사실을 아무도 몰랐다. 결정적인 만남은 몇 달 후에 이루어졌다. 새 대통령과의 만남이었고 전 인류에게 하나의 교훈극이 될 역사적 전환을 이끈 만남이었다.

겨울, 남아공의 주목할 만한 서곡이 시작되었다. 네덜란드 건축 양식으로 지은 대통령 관저 투인후이스^{Tuynhuys}[23]의 밝게 빛나는 흰 벽 너머에서는 만델라가 주차장에서 엘리베이터를 타고 특별한 만남을 위해 올라가고 있었다. 그는 30년간 1급 국가범죄자였고 지금도 마찬가지였다. 그렇지만 오늘은 사정이 조금 달랐다. 만델라는

---

23 — 영어로는 'garden house'로 옮길 수 있는데, 남아공 케이프타운에 있는 대통령 관저를 부르는 이름이다.

고집을 부려 새로 맞춘 양복을 입고 있었다. 적과 만날 때는 대등한 수준에서 움직이고 있다는 사실을 주지시켜야 한다는 것이 그의 신조였기 때문이다.

감옥에서 수십 년 동안 만델라가 상대한 사람은 그에 대해 막강한 권력을 갖고 있던 교도관과 같이 모두 백인이었다. 그러니 그는 이제 이 회동에서 백인들이 자신을 대등한 대화 상대로 어떻게 대하는지 음미하듯 지켜보면 되었다. 교도소장이 만델라에게 나비넥타이를 매어 주었고 대통령의 비서실장이 그의 구두끈을 묶어 주기 위해 무릎을 꿇었다. 만델라가 대통령 집무실에 들어가자 대통령은 크게 미소 지으며 다가왔다. 그의 철저함과 광기 어린 발작으로 사람들은 그를 '큰 악어'라고 불렀다. 걸음 수를 계산해 걸어서 만델라와 보타는 정확히 방 한가운데서 만났다. 두 남자는 매우 부드러운 말로 반 시간 동안 한담을 나누며 차를 마셨다. 만델라가 결국 친절하지만 단호하게 자신을 포함해 모든 정치범의 즉각적이고 조건 없는 석방을 요구하자 보타는 거절했다. 그는 그렇게 할 수 없다고 말했다. 그들은 예의를 갖추고 미소를 지으며 작별했다.

이 만남으로 보타는 폭력의 악순환에서 벗어나는 첫발을 내디뎠다. 그러나 단지 작은 한 걸음이었을 뿐, 한 달 후 그는 발작을 일으켰다. 그에게 반대하는 사람들이 대부분인 당에서 이 마음에 들지 않는 의장이자 정부 수반을 자리에서 쫓아낼 기회를 감지했다. 보타는 원한을 품고 퇴임했다. 보타가 만델라를 만났을 때 주저하며 해결책을 모색했던 문제가 이제 다음 대통령의 몫이 된 것이다.

폭력의 악순환

지난 몇 년간 남아공에 대한 세계 여론은 점점 더 거세졌다. 수많은 제재가 남아공 경제에 부담을 주었다. 무엇보다 수십 년 전부터 남아공은 불안과 폭력에 시달렸다. 정치적 분위기는 중독 상태와 다를 바 없었다. 인종차별 때문이었다. 무엇보다 보어인Boer 국수주의자들에 의해 만들어지고 관철된 억압 체제가 다수 흑인에 대한 소수 백인의 지배를 영구화했다.

보어인들은 남아공 백인 주민의 약 60퍼센트를 차지했고, 주로 칼뱅파 네덜란드인과 독일 이주민의 후손이었다. 17세기 중반 케이프타운Cape Town으로 이주한 네덜란드인들은 네덜란드어 방언에서 파생된 아프리칸스어Afrikaans를 사용하는 등 그들만의 언어와 문화를 발전시켰다. 영국 출신의 백인들과 달리 그들은 자신들을 하나의 민족이라고 여겼다.

남아공이 1910년 영국으로부터 유사 독립을 보장받았을 때 이미 백인들, 특히 보수적 보어인들은 확고히 권력을 쥐고 있었다. 백인들은 흑인과 아시아인들에게 선거권을 주지 않음으로써 그들을 정치에서 배제했고 거주·이전의 자유와 같은 여타의 권리도 심하게 제한했다. 백인들은 아파르트헤이트Apartheid[24] 체제를 더욱 강화했

---

24 — 분리·격리를 뜻하는 아프리칸스어로 남아공의 극단적 인종차별 정책과 제도를 말한다.

해변에 세워진 백인 전용을 알리는 표지판 — 아파르트헤이트는 '차별이 아니라 분리에 의한 발전'이라는 미명하에 모든 사람을 인종 등급으로 나누어 거주지 분리, 통혼 금지, 출입 구역 분리를 하는 등 노골적인 백인 지상주의 국가를 지향한 정책이다.

다. 백인이 아니면 토지를 소유할 수 없고 도시에서 밀려났다. 백인과 비非백인의 성적 관계도 금지되었다. 1950년부터 당국은 공원과 해변의 구획을 나눠 비백인의 입장을 금지했다. 공공건물에는 백인과 비백인의 입구가 따로 있었다.

흑인들은 점점 심해지는 차별 정책에 저항했다. 남아공 백인들과 1912년 결성되어 대중 조직으로 커가고 있던 아프리카민족회의ANC(African National Congress)가 이들을 지원했다. 1955년에 합의한 이들의 공동 강령인 〈자유헌장〉에는 다음과 같은 조항이 있다. "아프리카는 백인이건 흑인이건 이곳에 사는 모든 사람의 것이다." 1944년 이 조직에 가입한 큰 키의 젊은 법학도 만델라는 유독 시선을 끌었다. 그는 영향력 있는 호사족Xhosa[25] 출신이다. 그의 이름 롤리랄라Rolihlahla는 글자 그대로 번역하면 '나무의 가지를 잡아당긴다'는 뜻으로 '선동가'라는 의미가 된다. 넬슨이라는 이름은 선교 학교에서 부

---

25 — 아홉 살에 아버지를 잃은 만델라는 템부Thembu족 족장의 아들로 입양된다.

르던 이름이다.

ANC에 가입하던 해에 스물여섯 살이 된 이 청년은 조직 산하에 청년연맹을 창설한다. 만델라는 마하트마 간디Mahatma Gandhi의 영향을 받았다. 간디는 19세기 말 남아공에서 젊은 변호사로 비폭력 저항 운동을 펼쳤다. 만델라도 처음에는 아파르트헤이트 정권에 맞서 전적으로 평화적 시위에만 찬성하는 입장이었다. 그러나 1960년 경찰이 69명의 흑인을 사살하는 샤프빌Sharpeville 대학살 사건이 일어나자 그는 몇몇 동지들과 함께 '국민의 창Umkhonto we Sizwe(움콘토 웨 시즈웨)'을 조직한다. ANC의 무장 조직이었다. 그 목표는 사보타주와 사람을 제외한 시설물에 공격을 수행하는 것이었다. 이미 여러 차례 구금과 석방을 반복한 만델라는 다시 체포되었고, 1964년 법원은 그를 동지들과 함께 종신형에 처했다.

만델라가 동지들과 케이프타운 해안에서 25킬로미터 떨어진 악명 높은 로벤Robben섬의 감옥에 도착했을 때 간수들은 외쳤다. "여긴 섬이다. 너희는 여기서 죽을 거다!"그는 17년 넘게 바람이 몰아치는 이 좁다란 섬에 갇혀 있었다. 감옥의 황량하고 차가운 바닥에서 잠을 잤고 낮에는 돌 깨는 일을 했다. 만델라는 굽히지 않고 전횡에 항거했다. 어떤 상황에서도 품위를 잃지 않으려고 노력했으며 그렇게 그는 감옥에서 지도자로 남았다. 1982년부터는 최고 보안 시설이 갖춰진 폴스무어Pollsmoor 교도소로 이감되어 6년을 더 복역했다. 그 교도소에 대해 만델라는 이렇게 말했다. 그것은 "현대적인 얼굴을 하고 있지만 그 심장은 원시적이다." 거기서는 어쨌건 정원을 가

꾸고 채소도 기를 수 있었다. 1985년 보타 대통령은 그에게 무장투쟁을 포기하는 조건으로 석방을 제안했다. 이와 같은 제안이 처음은 아니었고 만델라는 또 거부했다. 만델라는 자신의 대답을 소웨토Soweto에서 열린 ANC 집회에서 딸 진지Zindzi에게 공개적으로 대독하게 했다. "내가, 너희가, 국민이 자유롭지 못한 한" 그는 자신의 "석방에 찬성하지 않는다. 자유는 나눌 수 있는 게 아니다."

대통령 관저 투인후이스에서 만남이 있기 수년 전에 남아공 정부는 ANC 지도자들과 야당 대표들 그리고 만델라와도 비밀 회담을 시작했다. 그는 감옥에서 자주 정부 대표들의 방문을 받았다. 서로 의견을 교환했고 상대를 좀 더 알게 되면서 얼마간의 신뢰까지 생기기도 했다. 정부는 ANC가 공식적으로 폭력 사용을 포기할 경우에만 본격적인 협상을 시작할 수 있다고 했다. 하지만 만델라에게 '폭력'은 억압받는 사람들이 가진 마지막 수단이었다. 모든 정치범이 석방되고 ANC 금지와 같은 모든 억압 조치가 해제될 때에야비로소 '협상의 담보'인 폭력을 거둘 것이라고 그는 거듭 강조했다. 양보할 준비가 되어 있지만 여전히 흑인들에게 나라를 통치할 권리를 인정하지 않으려는 정부의 입장을 만델라와 ANC는 확인했다. 그렇게 정부 대표자들은 만델라와 종종 대화를 나누며 어떻게든 현재 체제를 유지하기 위해 끊임없이 탐색했다. 그러나 그와 같은 미봉책은 만델라와 ANC가 받아들일 수 없는 것이었다.

세계에서 일어나는 많은 일들이 1989년 아파르트헤이트 정권을 더욱 압박했다. 이 정권은 그동안 유엔과 서방의 경제제재를 그

럭저럭 견딜 수 있었고 서남아프리카(오늘날의 나미비아Namibia) 주둔 비용과 앙골라Angola 전쟁 참전 비용도 감당할 수 있었다. 그러나 1989년 동서 갈등이 끝나고 동시에 금값이 떨어지자 세계 최대의 금 생산국인 이 나라는 심각한 경제문제에 빠져들었다. 게다가 서방은 공산주의에 대한 방어벽으로 남아공이 더 이상 필요 없게 되었다. 수십 년의 냉전 후 억압 없는 자유로운 사회 이념이 승리했다. 이것도 역시 아파르트헤이트 정권에 도덕적 압력을 가중시켰다.

남아공 내에서는 수 세대 동안 피지배자나 지배자 모두 정신적·육체적 폭력에 시달렸으며, 체제 유지를 위해 끊임없이 발효되는 조치들로 고통받고 있었다. 정부는 수년 전부터 흑인들을 소위 홈랜드Homeland라 불리는 외진 흑인 자치 구역으로 이주시켰다. 이런 방식으로 정부는 흑인을 격리하고 이들 내부의 부족들을 분열시키려고 했다. 홈랜드에서는 족장 혹은 왕들에게 권력을 주었지만 영토는 남아공 정부에 종속되어 있었다. 그렇게 일종의 위성국가 체제가 생겨났다. 그리고 바로 이 점이 이후 아파르트헤이트 극복에 큰 문제가 되었다.

프레데리크 빌렘 데 클레르크Frederik Willem de Klerk(1936~)가 남아공의 새 수상으로 선서를 한 날 만델라는 감옥에서 그에게 편지를 보내 만남을 청했다. 그날은 1989년 8월 15일이었고, 만델라는 27년째 수감 중이었다. 그의 수감 생활은 지난 몇 년간 훨씬 안락해졌다. 1988년 12월 이래로 빅토르 페르스테르Victor Verster 교도소에 수감 중이었고, 나무가 늘어서 있는 그곳 내부 별장에서 살았다. 그곳에서는 가족들을 맞이할 수 있었고 간수들은 비밀리에 만델라를 데리고 주변으로 외출을 나가기도 했다. 그는 자신을 석방시키는 준비를 하는 것일지도 모른다고 생각했다.

데 클레르크의 정치 행로를 만델라는 그저 건성으로 추적했다. 감옥에서 그는 데 클레르크가 하나하나 장관직을 섭렵해 나가는 것을 지켜보았다. 그러나 특별히 주목하지는 않았다. 만델라에게 데 클레르크는 특별할 게 없는 일개 당원일 뿐이었다. 그가 몇 개월 전 집권 여당인 국민당 대표가 되어 약해진 보타의 뒤를 이을 후계자로 부상하자 비로소 만델라는 그에게 관심을 기울이기 시작했다.

데 클레르크는 이름이 널리 알려진 보수 집안 출신이다. 그의 아버지는 내무 장관이었고 아파르트헤이트를 구축한 사람이다. 데 클레르크의 고모부 요하네스 헤르하르뒤스 스트레이돔Johannes Gerhardus Strijdom은 남아공 수상으로서 1950년대 인종 분리 정책을 완성했다. 그리고 데 클레르크는 이제 수상이 되었다. 만델라는 곧 데 클레르크에게서 새로운 정치가 시작될 것이라는 인상을 받았다. 데 클레르크는 개혁가도 아니었으며 당 내에서도 개혁 성향을 띤 분파에 속하지 않았다. 그는 그동안 아파르트헤이트의 확고한 지지자로 활동했다. 덕분에 당 내 보수 세력의 지원을 받을 수 있었고 개혁가로 통하던 다른 세 명의 후보를 물리치고 당대표까지 맡을 수 있었다.

만델라는 데 클레르크가 수상으로서 아파르트헤이트를 어떻게 할지 생각해 보았다. 데 클레르크가 취임 연설에서 보낸 첫 신호는 놀라웠고 일말의 희망도 품을 수 있었다. 이 사람과 폭력의 악순환을 끊을 수 있을까? 그리고 어떻게 이 악순환의 고리를 끊을 수 있을까? 옛 격언에 따르면 전쟁은 사랑처럼 시작하기는 쉬워도 끝내기는 정말 어렵다. 남아공에서 인종 간 증오는 수 세대를 거쳐 아버지와 어머니에게서 아들과 딸에게로 전해졌고 온갖 희생과 고통 그리고 범죄 후에도 절대 끝나지 않을 것처럼 보였다. 매번 보복과 복수를 부르짖는 사람들이 이겼기 때문이었다. 만델라와 데 클레르크는 상대와 함께 무기를 내려놓고 협상할 수 있는 상황을 만들 수 있을지 각자 조용히 자문해 보았다.

한 편지에서 만델라는 데 클레르크에게 취임 연설에 깊은 감명을 받았으며 특히 그가 화해에 부여한 강한 무게감이 인상적이었다고 알렸다. 그러나 이제는 행동을 기대한다고 덧붙였다. 만델라는 모든 정치범의 석방과 모든 조직과 인물들의 정치 활동의 자유를 협상 조건으로 내걸었다. 그리고 비상사태도 해제되어야 하며 군대도 타운십Township[26]에서 철수해야 한다고 했다. 대통령이 된 데 클레르크는 1989년 10월 10일 실제로 만델라의 동지들을 일부 석방했다. 이들 중에는 로벤섬에서 오랜 세월 만델라와 함께 수감 생활을 했던 사람들도 있었고 동지 월터 시술루Walter Sisulu도 있었다.

---

26 — 남아공의 흑인 거주 구역.

선동가와 중재자

몇 주 후 만델라와 데 클레르크는 처음 만났다. 만델라는 보타와 극비리에 만났을 때처럼 1989년 12월 13일 호위를 받으며 투인후이스로 갔다. 만델라가 전임자와 차를 마셨던 바로 그 방에서 두 사람은 대면했다. 둘은 앉아서 이야기하기 시작했다. 만델라에게 데 클레르크의 태도가 눈에 띄었다. 데 클레르크는 매우 집중해서 주의 깊은 눈길로 그의 말을 듣고 대답하기 전에는 항상 얼마간 시간을 들였다. 데 클레르크는 둘 다 같은 목표를 가지고 있음을 확신한다고 말하며 아파르트헤이트를 극복하기 위해 정부와 ANC가 협력할 것을 제안했다. 그는 주민의 다수를 이루는 흑인과 소통하기를 기대하고 새로운 길을 걸을 준비가 되어 있다고 했다. 또 흑인이 전적으로 주도권을 갖지는 않을까 하는 백인의 불안을 고려해야 하고 이를 해소해야 한다고 강조했다. 만델라는 데 클레르크의 냉정하고 담담한 태도가 인상 깊었지만 자신의 감정은 숨겼다. 만델라는 전에 보타에게 했던 ANC를 합법화하고 자신과 동지들을 석방하라는 요구를 다시 했다. 데 클레르크는 모두 고려해 보겠지만 약속할 수는 없다고 대답했다. 만델라는 이날 이 나라의 어떤 문제도 해결되지 않았다고 느끼면서 감옥으로 돌아왔다. 그러나 새로운 희망은 싹텄다. 적대 진영의 두 주요 인사가 상대를 신뢰하는 모험을 감행할 수 있다는 느낌을 받은 것이다.

데 클레르크는 본질적으로 전형적인 보어인 정치가 같지는 않았다. 이제껏 보어인 정치 지도자들은 전임자 보타가 극단적인 형태로 보여 주었듯이 독재자들이었다. 반면 데 클레르크는 중재자였다. 젊었을 때 그는 권위적인 태도가 아니라 배려하는 태도로 큰 모임을 주도했다고 한다. 그의 정치적 리더십의 스타일은 "정적을 끌어안으면서도 그를 꼼짝 못하게 할 수도 있다"는 만델라의 말을 거의 자신의 모토로 삼은 것처럼 보였다.

데 클레르크는 만델라와 처음으로 만나고 몇 주 후인 1990년 2월 2일 항상 축제 분위기에서 행해지던 신년 국회 개원 연설에서 아파르트헤이트를 끝내겠다고 선언해 전 세계를 깜짝 놀라게 했다. 첫 조치로 ANC를 포함해 30개가 넘는 조직의 금지를 풀고 부분적으로 비상사태를 해제시켰다. 군대는 여전히 타운십에 주둔해 있었다. 그는 만델라의 석방도 예고했다. 이 모든 조치로 그는 백인 보수주의자들을 경악시켰고 그들의 야유를 받았다. 남아공뿐만 아니라 전 세계가 데 클레르크의 이런 과감한 행보에 놀랐다.

2월 9일 다시 한번 만델라는 투인후이스에 들어갔다. 데 클레르크는 그를 당장 석방하겠다고 했지만 이를 거부하는 만델라의 반응에 놀랐다. 만델라는 준비할 시간, 즉 자신의 석방을 여론에 효과적으로 연출할 시간을 갖겠다고 했다. 만델라는 앞으로의 이미지가 결정적인 역할을 할 것을 알고 있었다. 만델라는 자신의 석방이 정부의 선처처럼 보여서는 안 된다고 생각했다. 하지만 데 클레르크는 이미 결정된 사항이라고 대답했다. 이는 앞으로 있을 수많은 분수령 중의 하나였다. 두 사람은 문제를 해결하는 모양새를 두고 싸왔다. 그들은 항상 상대가 결국 자기편 사람들에게 유리하도록 자신을 속이는 게 아닐까 하는 의심을 품고 있었다. 그러나 그들의 위대한 업적은 폭력의 압박에 굴하지 않고 결국 남아공의 모든 시민을 위한 국가를 세우는 목표에 충실했다는 데 있다. 그 모든 논쟁과 퇴보와 실망에도 불구하고 그리고 상대에 대한 불신에도 불구하고 말이다.

석방 방식에 대해 만델라는 최종적으로 영향력을 행사할 수 있었지만 막상 때가 되자 양보할 수밖에 없었다. 이틀 후 그는 감옥에서 나왔다. 그렇지만 그가 원하던 대로 아내 위니^{Winnie}의 손을 잡고 미디어에 효과 만점으로 감옥 정문을 통과해 걸어 나왔다. 위니는 만델라의 두 번째 부인이었다. 그들은 1958년 결혼했고 두 딸을 두었다. 반아파르트헤이트 운동의 유명한 지도자이기도 한 위니는 만델라의 오랜 수감 생활 동안 그의 대변인 역할을 해 왔다. 위니도 폭력의 저주에 깊이 사로잡혀 있었다. 수년 전 어느 연설에서 그녀는 투쟁의 한 방식으로 ANC의 반대자들에게 악명 높은 처형 방법인 이른바 넥레이싱^{necklacing}을 사용하겠다고 위협했다. 그것은 흑인 구역에 널리 퍼져 있던 린치 방식이었는데 휘발유를 채운 타이어를 희생자의 목이나 팔에 걸고 불을 붙이는 것이었다. 그녀는 법정에서 자신을 변호해야 했다. 그녀가 경호원들에게 배신자라고 낙인 찍힌 14세 소년을 이런 방식으로 살해하도록 지시했다는 것이었다. 1991년 법정은 그녀에게 유죄 판결을 내렸다. 만델라와 위니는 그 다음 해에 별거에 들어갔고 1996년에 이혼했다.

수십 년 동안의 외로운 수감 생활을 끝내고 석방되던 날 만델라는 이제까지의 이미지와 전혀 다른 모습의 한 남자로 환호하는 군중들 앞에 섰다. 군중들이 기억하는 만델라는 흑백사진 속 가느다란 콧수염을 기른 다부진 젊은이였다. 당시 만델라는 늘 그랬듯이 양복을 갖춰 입었고 헤비급 복서로 활동하기도 했다. 그들은 이제 늙어 버린 72세의 키 큰 남자와 마주했다. 그는 하얗게 센 머리에 깔끔하게 면도한 단호하고 빛나는 얼굴을 하고 있었다. 만델라는 정정한 모습으로 군중들에게 주먹을 치켜드는 ANC의 인사를 했다. 그러나 젊은 활동가들은 어쩌면 그가 과거의 그 만델라가 아닐지도 모른다고 의심했다. 지지자들과 동료들 역시 만델라가 변한 게 맞는지, 그렇다면 얼마나 변한 건지 혹시 감옥에서 세뇌를 당한 건 아닌지 추측할 뿐이었다. 백인들은 만델라가 실제로 평화와 화해를 위해 나설 것인지, 그들에게 안전한 미래를 보장할 것인지 확신할 수 없었다. 만델라는 군중의 지지와 환호, 기대 속에 의심과 불안이 섞여 있음을 알고 있었다.

　　실제로 만델라는 무장투쟁을 외치고 게릴라 전술을 훈련받던 이전의 젊은 변호사와는 다른 사람으로 대중 앞에 섰다. 항상 지도자였던 그는 오랜 수감 생활에 단련되어 불같은 성격과 조급함을 다스릴 수 있었다. 감옥에서 그는 자신의 요구를 느긋하게 관망하며 관철시키는 능력을 길렀다.

　　석방된 지 네 시간 후 만델라는 자유의 몸으로 케이프타운의 흥분한 군중들 앞에서 첫 연설을 했다. 무장투쟁을 위한 조건은 아직도 유효하다고 그는 강조했다. "이제 투쟁을 모든 전선에서 강화할 때입니다!" 이 연설이 보내는 신호는 사람들을 헷갈리게 했다. 만델라가 흑인들에게 바리케이드를 세우라고 외치는 것 같았고, ANC를 위해 투쟁을 끝까지 밀고 나가자고 하는 것 같았다. 훗날 밝혀졌지만 ANC의 한 협회가 그에게 연설문을 써 주었다. 만델라가 한 말은 그의 포커 게임에도 영향을 미쳤다. 그는 강력한 발언으로 데 클레르크와의 협상에서 자신의 위치를 강화할 수 있었다. 그리고 ANC 내부에서 의심의 눈초리로 그를 바라보던 사람들에게 오랜 옥중 생활에서도 백인의 꼭두각시가 되지 않았음을 증명해 보였다. 어쨌건 그는 데 클레르크를 짧게 언급하며 그를 '믿을 만한 사람'이라고 했다. 바로 다음 날 케이프타운의 첫 흑인 주교이자 아파르트헤이트 정권에 대한 저항으로 1984년 노벨 평화상을 받은 데즈먼드 투투 Desmond Tutu 주교의 집에서 열린 기자회견에서 만델라는 정반대의 태도를 보이면서 화해의 손길을 내밀었다. 그는 엄청나게 많은 백인들이 연도에 늘어서서 케이프타운으로 가는 자신에게 인사하는 것을 보고 얼마나 감동했는지를 전했다. 그리고 백인과 흑인은 이제 함께 새로운 남아공을 건설해야 할 것이라고 말했다. 이날 현장에 있던 사람들은 이런 광경과 그의 인자한 모습과 포용력에 압도당했다.

평화의 여정

만델라와 데 클레르크는 공중에 걸린 흔들리는 외줄의 양쪽 끝에 올라서서 서로를 향해 다가가고 있었다. 그들은 협상에서 자신의 강점을 보여야 했고 각자 진영의 급진주의자들을 포용하고 또 제어해야 했다. 만델라와 데 클레르크의 공동 목표인 아파르트헤이트를 극복하고 남아공을 모든 인간이 평등한 권리를 누리는 제대로 된 민주국가로 변모시키는 일은 힘겨웠다. 그들이 고려해야 했던 수많은 입장들은 처음부터 서로의 관계에 부담이 되었다. 시련들이 뒤따랐다. 만델라는 지지자들의 복수심을 눌러야 했고 급진주의자들에게 무장투쟁을 포기하라고 설득해야 했다. 데 클레르크에게는 백인들의 불안을 잠재우고 진영 내부의 수구 세력들을 제압해야 하는 과제가 있었다.

또 다른 문제가 있었다. 동부 해안의 나탈^{Natal} 지방에서 ANC 지지자들과 줄루족^{Zulu} 조직원들, 잉카타 자유당^{IFP(Inkatha Freedom Party)} 사이에 폭력 사태가 발생했다. 인종 차이뿐만 아니라 정치적 대립이 문제였다. 오랫동안 쿠바, 리비아, 소련의 지원을 받아 온 ANC는 남아공 공산주의자들과 연합한 정치적으로는 좌파에 속하는 조직이었다. 반면 IFP는 철저한 반공산주의를 표방했다. 나탈의 주민들은 대부분 줄루족이었다. 자치구지만 남아공 정부에 종속된 홈랜드 콰줄루^{KwaZulu}는 누더기처럼 그 지방에 걸쳐 있었다. 이 자치구의 수반은 잉카타 운동의 지도자 망고수투 부텔레지^{Mangosuthu Buthelezi}였다.

잉카타와 ANC의 충돌은 그 후 약 7천 명의 목숨을 앗아 갔다. 양측 모두 폭력 사태의 책임을 상대에게 떠넘겼다. 그리고 만델라는 백인 요원들이 잉카타와 공모했다고 규탄했다. 그는 어떤 조치든 취하라고 데 클레르크를 압박했다. 공모 관계를 사전에 알고 있었을 뿐만 아니라 심지어 연루된 게 아니냐고 추궁했다. 만약 아니더라도 데 클레르크는 직무를 제대로 수행하지 못한 것이라고 압박했다. 데 클레르크가 맞받아쳤다. 자신을 평화의 화신처럼 치장하는 만델라의 이미지는 ANC가 자행한 것으로 관측되는 폭력과 어울리지 않으며 그가 사기를 치고 있다고 데 클레르크는 언론을 통해 비난했다.

데 클레르크는 훗날 실제로 많은 백인 경찰들과 요원들이 몰래 긴장과 폭력을 부추겼다는 사실을 알게 되었다. 그러나 여전히 상대편 ANC가 점증하는 폭력 사태에 대한 자신들의 책임을 부인하고 있다고 확신했다. 그러는 동안 ANC 내부 급진 세력들, 예컨대 공산주의 분파는 주도권을 잡으려 노력했다. 그들은 대놓고 자유 시장을 부정하고 주요 산업의 국유화를 위해 싸웠다.

1990년 '국민의 창'은 활동을 중단한다. ANC와 연합한 남아공 공산당의 대표인 백인 조 슬로보Joe Slovo는 무장투쟁을 끝내자는 제안서를 ANC에 제출해 만델라가 온건주의 노선을 관철할 수 있게 도움을 주었다. 그 후 양측 모두 약속을 지키지 않으면서 협상을 질질 끌었다. 만델라와 데 클레르크는 의심과 신뢰 사이에서 동요했다. 둘 다 상대가 솔직하지 않다고 생각했다.

1991년 골드스톤Goldstone 위원회는 업무를 시작했다. 곳곳에서 벌어지는 ANC와 잉카타 사이의 폭력의 배후를 밝히고 갈등을 종식하기 위해 데 클레르크가 소집한 위원회였다. 앙숙인 양측을 중재하려는 노력은 실패했다. 리처드 골드스톤Richard Goldstone 판사의 위원회는 백인 경호원들이 사건에 관여한 사실을 밝혀냈다. 그들은 폭력을 선동하고 지원했다. 그러나 위원회는 ANC에게도 책임이 있다는 것을 발견했다. ANC와 잉카타 양측의 살인자들이 끔찍한 범죄에 책임이 있다는 사실이 드러난 것이다. 결국 골드스톤 위원회는 백인 급진주의자들과 흑인 급진주의자들이 아파르트헤이트와 폭력을 극복하기 위한 협상을 사보타주하고 테러를 통해 국내 분위기를 의도적으로 조성했다고 보고했다.

1991년 말 민주남아공회의CODESA I (Convention for a Democratic South Africa)가 업무를 시작했다. 거의 모든 정치 단체와 인종의 대표자들이 참여한 이 위원회는 상호 대화를 통해 새로운 남아공을 건설한다는 과제를 맡았는데, 백인 급진 우파(보수주의 정당)와 흑인 야당 급진 좌파[범아프리카회의PAC(Pan Africanist Congress)]는 이 위원회에 참여하지 않았다.

데 클레르크의 국민당이 1992년 몇 번의 작은 선거에서 우파 보수당에 패배하자 그는 백인들만 참여하는 국민투표를 했다. 백인 유권자들은 아파르트헤이트의 종식을 위한 노력에 대해 지지 여부를 결정해야 했다. 약 69퍼센트에 이르는 다수의 사람들이 '찬성'표를 던진 놀라운 결과가 나왔다. 데 클레르크는 '새로운 국가 남아공의 탄생일'이라고 말했다.

그러나 국내 급진 진영의 폭력은 평화 과정을 계속 위협했다. 1992년 5월부터 시작된 두 번째 민주남아공회의CODESA II 는 곧 보이파통Boipatong 학살 사건으로 큰 어려움을 겪었다. 잉카타 지지자들이 보이파통 타운십에서 ANC 지지자들을 대량 학살한 사건이다. 54명이 사망했고 많은 부상자가 나왔다. 1993년 흑인 공산당 지도자인 ANC 정치인 크리스 하니Chris Hani가 살해당하자 만델라는 평화와 하나 된 나라를 위해 계속 함께 노력하자고 공개적으로 호소했다.

투표하는 만델라 ─ 1994년 민주 헌법에 따른 남아공 첫 자유선거에서 만델라는 대통령으로 당선된다.

그 암살의 배후는 보수당 전직 국회의원이었다.

　1994년 모든 난관에도 불구하고 첫 자유선거가 실시되었다. 남아공의 모든 성인은 투표할 수 있었다. '1인 1표'의 모토에 따라 모든 표는 동일한 가치를 지녔다. 거의 3분의 2를 득표한 만델라와 ANC는 엄청난 승리 후에 국가를 통합하는 통일 정부를 구성하기로 했다. 만델라는 남아공 대통령이 되었고 데 클레르크는 부통령직을 맡았다. 잉카타의 부텔레지도 참여해 내무 장관이 되었다. 이때부터 폭력이 줄어들었다. 1995년 새로운 헌법이 가결되었다. 만델라는 같은 해에 남아공에서 열린 럭비 세계선수권대회에 국가대표팀 유니폼을 입고 등장하는 파격 행보를 보였다. 럭비는 전통적인 백인 스포츠였기 때문이다. 그의 등장은 그 자체만으로도 상징하는 바가 컸다.

폭력 극복을 위한 여정은 계속되었다. 1996년 초 투투 주교의 지휘 아래 진실화해위원회가 업무를 시작했다. 위원회는 아파르트헤이트 정권 동안 있었던 모든 관련자의 범죄행위를 밝히려고 노력했다. 진술하는 사람은 누구나 처벌 면제를 약속받았다. 물론 다수의 국민들은 범인들의 처벌 면제를 반대했지만, 위원회의 이와 같은 작업은 과거 청산의 시작이 되었다. 청문회는 백인 경찰 밑에서 신음했던 희생자(대부분 흑인) 가족들에게 극도로 고통스러운 일이었다. 이런 과정은 힘들지만 서로를 포용하는 데 중요한 의미를 갖는다. 그것은 상대를 이해하고 인정하려는 노력과 함께 평화와 화해를 위해 보복을 중단하자는 제안과 연결되어 있다. 간디의 비폭력 저항 운동인 사티아그라하Satyagraha도 이 평화의 정신과 다름없다. 사티아그라하는 간디가 일찍이 남아공의 아파르트헤이트에 대한 투쟁에서 발전시킨 것으로 상대의 이성과 양심에 호소한다.

1999년 여름 만델라는 은퇴한다. 그는 81세의 나이로 정치 활동을 마감한 것이다. 그가 마지막으로 대중 앞에 선 것은 2010년 요하네스버그Johannesburg에서 열린 월드컵 폐막식에서였다. 그는 남아공의 월드컵 유치를 위해 헌신했다. 아프리카에서 개최되는 첫 월드컵이었다. 만델라는 2013년 말 95세의 나이로 요하네스버그에서 사망한다. 조문 행렬이 줄을 이었다. 만델라보다 2년 먼저 은퇴한 데 클레르크는 "우리 사이에 긴장의 요소도 있었다"고 말했다. 그러나 만델라의 재임 때부터 가까워진 두 사람은 데 클레르크의 정계 은퇴 후 더욱 돈독해졌다. 그는 남아공의 민주주의를 위해 만델라와 함께 일했던 것은 '영광'이라고 했다. "그는 위대한 통합자"였고 "화해의 삶을 살았으며 결코 원한을 품지 않았다. 타타^{Tata(아버지)}, 당신이 그립습니다"라고 데 클레르크는 덧붙였다.

노벨 평화상을 공동 수상했음에도 데 클레르크의 업적은 만델라의 큰 그림자에 가려 있다. 두 사람이 함께 시작해 끝까지 싸워 낸 평화의 여정이었다. 2015년 케이프타운 시원로들이 거리 이름을 데 클레르크 거리로 개명하자 소동이 일어났다. 압제자의 편에 섰던 사람을 기린다고 반대한 것이다. 반면 결과가 어찌 되든 바른 일을 하는, 낡은 관습과 편견을 극복하는 용기를 가졌던 데 클레르크를 기리는 일은 그와 같은 길을 걷고자 하는 이들에게 격려가 될 것이라 생각하는 사람들도 있었다.

데 클레르크 자신도 "나는 남아공의 파국을 막았다"고 확신했지만 관련 논쟁이 이어지는 데에는 그에게 일정 부분 책임이 있었다. 아파르트헤이트의 핵심은 '분리 발전'이라는 훌륭한 제도, 즉 흑인들에게 아프리카의 다른 흑인보다 훨씬 커다란 기회를 제공하는 제도에 있다고 오랫동안 옹호해 오다가 나중에야 비로소 이런 입장에 거리를 둔 것이다. 데 클레르크는 자신의 입장 변화를 이렇게 말했다. "나는 과거에 존재했던 그리고 아파르트헤이트와 '분리 발전'의 시기에 남아공에 사는 주민 다수에게 행해졌던 해악을 어떤 식으로든 정당화하지 않는다."

만델라와 데 클레르크는 죄와 벌을 상쇄하지 않고 반대자들의 엄청난 압박에도 화해 의지를 굽히지 않음으로써 폭력을 어떻게 극복할 수 있는지를 보여 주었다. 그러나 그것은 멀고도 험한 길이었다. 폭력의 극복은 이러한 성공적인 해답에도 불구하고 계속 인류에게 커다란 질문으로 남을 것이다. 다만 끝이 있기를 희망해 본다.

옮긴이의 말

《두 사람의 역사》^{원제: *Mit Platon und Marilyn im Zug*, 2016}의 저자 헬게 헤세 ^{Helge Hesse}는 독일의 역사·경제 분야 전문 작가로 이미 그의 저서 여러 권이 국내에 소개되어 독자들의 사랑을 받은 바 있다. 특히 독일의 역사 잡지 《다말스^{*Damals*}》가 '올해의 역사책'으로 선정한 《천마디를 이긴 한마디》^(북스코프, 2007)는 국내에서도 베스트셀러가 되기도 했다.

"플라톤에서 만델라까지 만남은 어떻게 역사가 되었는가"라는 부제가 말해 주듯이, 이 책은 고대부터 현대에 이르기까지 역사를 바꾼 두 동시대 인물들의 만남의 현장으로 독자들을 초대한다. 플라톤과 아리스토텔레스, 피에르 아벨라르와 엘로이즈, 니콜로 마키아벨리와 레오나르도 다 빈치, 데이비드 흄과 애덤 스미스 등 총 15장에 걸쳐 방대한 분야에서 이루어진 인물들의 만남을 조명하고 있다. 저자는 각 분야에서 세계사에 큰 발자취를 남긴 인물들의 만남을 통해 역사의 흐름과 삶의 핵심을 연결한다. 이 과정에서 인물들의 상호작용과 역사 현장에서 인물들이 겪는 좌절과 희망이 구체적이면서도 설득력 있게 서술된다.

비스마르크와 라살의 만남은 독일 제국의 통일을 실현한 철혈 재상과 노동운동 지도자의 '결투'였다. 두 사람 사이의 실제 결투를 기록한 문건이 발견되어 그동안 알려지지 않았던 비스마르크의 치부도 적나라하게 드러난다. 라살이 비스마르크에게 이용당할지도 모른다고 경고하는 동료들에게 비스마르크가 자신에게 "꼼짝 못해!"라고 자신 있게 말한 것도 이 문건으로 그 배경이 밝혀진다. 또 두 사람의 정치 노선은 달랐지만 둘 다 엘리트주의 국가를 지향했고 권위주의적이었다는 점에서 당대인들이 지니고 있었던 시대적 한계를 엿볼 수 있다. 존 레논과 오노 요코의 만남에서는 비틀스 해체에 대한 오해를 불식시키고 두 사람이 벌인 평화 캠페인에 주목하며 삶과 예술의 동반자로서 두 사람의 관계를 입체적으로 복원하고 있다.

저자는 인물들의 만남을 그리면서 시대정신의 핵심을 관통하는 질문을 던져 우리에게 울림을 준다. 이 질문들은 오늘날에도 여전히 유효한 것들이다. 이 책은 모든 질문에 답을 제시하지는 않지만 해당 인물들이 씨름한 문제들을 새롭게 조명하면서 긴장감 넘치는 사유의 길로 독자를 이끈다. 어쩌면 우리는 이 질문들에 대해 아서 밀러의 말처럼 "내 일은 질문을 하는 것이다. 늘 그랬다. 그것도 내가 할 수 있는 한 가장 철저하게 하는 것이다"라고 생각할 수도 있을 것이다. 그리고 오노 요코의 다음과 같은 말은 답을 찾는 우리에게 위안을 줄 수도 있을 것이다. "혼자 꾸는 꿈은 단지 꿈일 뿐이지만 함께 꾸는 꿈은 현실이 된다."

— 마성일·육혜원

참고문헌

│ 1장 │ **플라톤과 아리스토텔레스**

Jonathan Barnes: *Aristoteles, Ditzingen 1992.*

Diogenes Laertios: *Leben und Lehre der Philosophen, Stuttgart 2004.*

Johannes Hirschberger: *Geschichte der Philosophie, 2 Bände, Frechen 1980.*

Bertrand Russell: *Denker des Abendlandes, München 1992.*

Hans Joachim Störig: *Kleine Weltgeschichte der Philosophie, Frankfurt 1987.*

Jean-Pierre Vernant (Hrsg.): *Der Mensch der griechischen Antike, Frankfurt 1996.*

Wilhelm Weischedel: *Die philosophische Hintertreppe, München 2002.*

│ 2장 │ **피에르 아벨라르와 엘로이즈**

Abaelard: *Der Briefwechsel mit Heloisa, Stuttgart 1989.*

Adriaan H. Bredero: *Christenheit und Christentum im Mittelalter Stuttgart 1998.*

Michael T. Clanchy: *Abaelard. Ein mittelalterliches Leben, Darmstadt 2000.*

Jacques Le Goff : *Die Intellektuellen im Mittelalter, Stuttgart. 1986.*

Ursula Niggli (Hrsg.): *Peter Abaelard. Leben–Werk–Wirkung; Freiburg u. a. 2003.*

Regine Pernoud: *Heloise und Abaelard. Ein Frauenschicksal im Mittelalter,* München
   2000.

Werner Robl: www.abaelard.de, abgerufen bis November 2015.

│ 3장 │ **니콜로 마키아벨리와 레오나르도 다 빈치**

Martin Kemp: *Leonardo, München 2008.*

Ross King: *Machiavelli. Philosoph der Macht,* München 2013.

Roger D. Masters: *Machiavelli, Leonardo, and the Science of Power,* Notre Dame 1996.

Charles Nicholl: *Leonardo Da Vinci: The Flights of the Mind* London 2005.

Volker Reinhardt: *Machiavelli oder Die Kunst der Macht,* München 2012.

Wolfgang Kersting: *Niccolo Machiavelli,* München 2006.

Niccolo Machiavelli: *Der Fürst,* übersetzt von Friedrich Blaschke, hrsg. von Werner Bahner, Wiesbaden 1980.

Giorgio Vasari: *Lebensläufe der berühmtesten Maler, Bildhauer, Architekten,* München 2000.

| 4장 | 요하네스 케플러와 알브레히트 폰 발렌슈타인

Volker Bialas: *Johannes Kepler,* München 2004.

Max Caspar: *Johannes Kepler,* Diepholz 1995.

Geiger, Angelika: *Wallensteins Astrologie. Eine kritische Überprüfung nach dem gegenwärtigen Quellenbestand,* Graz 1983.

Walther Gerlach, Martha List: *Johannes Kepler,* München 1980.

Jürgen Hübner: *Die Theologie des Johannes Kepler zwischen Orthodoxie und Naturwissenschaft,* Tübingen 1975.

Mechthild Lemcke: *Johannes Kepler,* Reinbek 2002.

Harry Nussbaumer: *Revolution am Himmel: Wie die kopernikanische Wende die Astronomie veränderte,* Zürich 2010.

Thomas de Padova: *Das Weltgeheimnis. Kepler, Galilei und die Vermessung des Himmels,* München 2013.

Günter Rüdiger: "Keplers letzte Reise", in: *Märkische Allgemeine Zeitung,* 21. November 2009.

| 5장 | 데이비드 흄과 애덤 스미스

Pierre-Christian Fink: "Auf der Suche nach Adam Smith", in: *Die Zeit,* Nr. 34, 14. August 2013, S. 24–25.

James A. Harris: *David Hume. An Intellectual Biography,* Cambridge 2015.

Helge Hesse: *Personenlexikon der Wirtschaftsgeschichte,* Stuttgart 2009.

Horst Claus Recktenwald: *Über A. Smiths "Theory of Moral Sentiments",* Darmstadt, Düsseldorf 1986.

Gerhard Streminger: *Hume,* Reinbek 2003.

Gerhard Streminger: *David Hume. Der Philosoph und sein Zeitalter,* München 2011.

Adam Smith: *Reichtum der Nationen,* übers. v. Max Stirner, Paderborn.

Adam Smith: *Wohlstand der Nationen,* übers. v. Horst Claus Recktenwald, München 2003.

Adam Smith: *Theorie der ethischen Gefühle,* Hamburg 2010.

| 6장 | 요한 볼프강 폰 괴테와 알렉산더 폰 훔볼트

Hans–Joachim Becker (Hrsg.): *Goethes Biologie. Die wissenschaftlichen und die autobiographischen Texte,* Würzburg 1999.

Johann Peter Eckermann: *Gespräche mit Goethe in den letzten Jahren seines Lebens,* München 1984.

Manfred Geier: *Die Brüder Humboldt,* Reinbek 2010.

Johann Wolfgang von Goethe: *Goethe erzahlt sein Leben,* Frankfurt/Main, Hamburg 1956.

Bettina Hey'l: *Das Ganze der Natur und die Differenzierung des Wissens. Alexander von Humboldt als Schriftsteller,* Berlin, New York, 2007.

Alexander von Humboldt: *Es ist ein Treiben in mir. Entdeckungen und Einsichten.* Frank Holl (Hrsg.), München 2009.

Otto Kratz: *Alexander von Humboldt. Wissenschaftler–Weltbürger–Revolutionär,* München 1997.

| 7장 | 율리시스 S. 그랜트와 윌리엄 T. 셔먼

Ambrose Bierce: *Shadows of Blue & Gray: The Civil War Writings of Ambrose Bierce,* Brian M. Thomsen (Hrsg.), New York 2002.

Michael Fellman: *Citizen Sherman: A Life of William Tecumseh Sherman,* New York 1995.

Michael Fellman (Hrsg.): *Memoirs of General W. T. Sherman,* New York 2000.

Axel Bjorn Kleppien: *Der Krieg in der amerikanischen Literatur,* Frankfurt 2010. William S.
   McFeely: *Grant. A Biography,* New York 1981.
James M. McPherson: *Für die Freiheit sterben. Die Geschichte des Amerikanischen
   Burgerkrieges,* München, Leipzig 1996.
Richard Wheeler: Voices of the Civil War, New York 1976.

| 8장 | **오토 폰 비스마르크와 페르디난트 라살**

August Bebel: *Aus meinem Leben,* Stuttgart 1910, 1911, 1914.
Otto von Bismarck: *Gedanken und Erinnerungen,* München 2004.
Ferdinand Lassalle: *Nachgelassene Briefe und Schriften,* 6 Bände, Stuttgart 1921–5.
Lothar Gall: *Bismarck. Der weiße Revolutionär,* Berlin 1997.
Manfred Gortemaker: "〈Durch Eisen und Blut〉– Die deutsche Einigung", in: *Brockhaus.
   Die Bibliothek. Die Weltgeschichte,* 6 Bände, Leipzig, Mannheim 1997–999, Band 5,
   Seite 100–19.
Konrad Haenisch: *Lassalle. Mensch und Politiker,* Berlin, Leipzig 1923.
Sebastian Haffner: *Von Bismarck zu Hitler,* München 2001.
Johannes Kunisch: *Bismarck und seine Zeit,* Berlin 1992.
Gustav Mayer: *Bismarck und Lassalle – Ihr Briefwechsel und ihre Gespräche,* Berlin 1928.
Wilhelm Mommsen: "Bismarck und Lassalle", in: *Archiv für Sozialgeschichte* Bd. 3, 1963, S.
   81–6.
Shlomo Na'aman: "Lassalles Beziehungen zu Bismarck – ihr Sinn und Zweck.
   Zur Beleuchtung von Gustav Mayers 〈*Bismarck und Lassalle*〉", in: *Archiv für
   Sozialgeschichte,* Bd. 2, 1962, S. 55–85.

| 9장 | **빈센트 반 고흐와 폴 고갱**

Galeries Nationales Du Grand Palais, 10 Janvier–24 Avril 1989.
Gauguin, Ausstellungskatalog, Paris 1989.
Martin Gayford: *The Yellow House: Van Gogh, Gauguin, and Nine Turbulent Weeks in
   Arles,* London 2006.

Steven Naifeh, Henri Perruchot: *Gauguin. Eine Biographie*, Frankfurt 1994.

Gregory White Smith: *Van Gogh. Sein Leben*, Frankfurt/Main 2012.

Georg W. Koltzsch (Hrsg.): *Paul Gauguin. Das verlorene Paradies*, Köln 1998.

Die Briefe van Goghs im Faksimile: www.vangoghletters.org, abgerufen bis November 2015.

Mario Vargas Llosa: "Vincent und Paul allein zu Haus", in: *Die Welt*, 13. August 2001.

Ingo F. Walther, Rainer Metzger: *Vincent van Gogh. Sämtliche Gemälde*, Köln 1989.

| 10장 | 루트비히 비트겐슈타인과 존 메이너드 케인스

Reinhard Blomert: *John Maynard Keynes*, Reinbek 2007.

Kai Buchholz: *Ludwig Wittgenstein*, Frankfurt/Main 2006.

John Coates: *The Claims of Common Sense: Moore, Wittgenstein, Keynes and the Social Sciences*, Cambridge 1996.

Gilles Dostaler: *Keynes and His Battles*, Cheltenham 2007.

Dave J. Edmonds, John A. Eidinow: *Wie Ludwig Wittgenstein Karl Popper mit einem Feuerhaken bedrohte*, Frankfurt/Main 2003.

A.C. Grayling: *Wittgenstein*, Freiburg im Breisgau 2000.

Malek Hosseini: *Wittgenstein* und Weisheit, Stuttgart 2007.

Nicole L. Immler: *Das Familiengedächtnis der Wittgensteins*, Bielefeld 2014.

Brian McGuinness: *Wittgenstein. A Life. Young Ludwig 1889–1921*, Berkeley 1988.

D. E. Moggridge: *Keynes*, London u.a. 1993.

Robert Skidelsky: *John Maynard Keynes. Economist, Philosopher, Statesman*, London 2003.

Reinhard Merkel: "Du wirst am Ende verstanden werden", in: *Zeit Online*, 28. April 1989, http://www.zeit.de/1989/18/du-wirst-amende-verstanden-werden.

Ludwig Wittgenstein: *Tractatus logico-philosophicus. Logisch-philosophische Abhandlung*, Frankfurt 1963.

| 11장 | 알베르트 아인슈타인과 닐스 보어

Niels Bohr: "Diskussionen mit Einstein über erkenntnistheoretische Probleme in der Atomphysik", in: *Albert Einstein als Philosoph* und *Naturforscher* (hrsg. von Paul A. Schilpp), Braunschweig, Wiesbaden 1979.

Ernst Peter Fischer: *Niels Bohr. Die Lektion der Atome*, München 1987.

Klaus Fischer: *Einstein*, Freiburg im Breisgau 2000.

Brian Greene: *Das elegante Universum*, München 2006.

Stephen Hawking: *Die illustrierte kurze Geschichte der Zeit*, Reinbek, 2001.

Werner Heisenberg: *Der Teil und das Ganze. Gespräche im Umkreis der Atomphysik*, München 1969.

Carsten Held: *Die Bohr–Einstein–Debatte. Quantenmechanik und physikalische Wirklichkeit*, Paderborn 1998.

Ruth Moore: *Niels Bohr. Ein Mann und sein Werk verändern die Welt*, München 1970.

Jürgen Neffe: *Einstein. Ein Biographie*, Reinbek 2006.

Ulrich Roseberg: *Niels Bohr. Leben und Werk eines Atomphysikers. 1885–1962*, Berlin u. a. 1992.

| 12장 | 윈스턴 처칠과 찰리 채플린

Charles Chaplin: *Die Geschichte meines Lebens*, Frankfurt/Main 1998.

Randolph S. Churchill: *Twenty–One Years*, London 1965.

Winston Churchill: "Everybody's Language", in: *Colliers*, 26. Oktober 1935.

Anne Edwards: "Marion Davies' Ocean House", in: *Architectural Digest* 51:4, April 1994, S. 171–72.

Martin Gilbert (Hrsg.): *Winston S. Churchill, Companion Volume V Part 2, The Wilderness Years 1929–1935*, London, Boston 1981.

Roy Jenkins: *Churchill*, London 2001.

David Robinson: *Chaplin. Sein Leben. Seine Kunst*, Zürich 1989.

Mary Soames (Hrsg.): *Speaking for Themselves. The Personal Letters of Winston and Clementine Churchill*, London 1999.

Bradley T. Tolpannen: "Great Contemporaries: Churchill and Chaplin", in: *Finest Hour,*

Nr. 142, Fruhjahr 2009, S. 16–21.

| 13장 | **아서 밀러와 마릴린 먼로**

Christopher Bigsby: *Arthur Miller 1915–1962,* London 2008.

Christopher Bigsby, *Arthur Miller 1962–2005,* London 2011.

Christopher Bigsby (Hrsg.): *Remembering Arthur Miller,* London 2005.

Christa Maerker: *Marilyn Monroe. Arthur Miller,* Reinbek 2002.

Marilyn Monroe: *Tapfer lieben. Ihre personlichen Aufzeichnungen, Gedichte und Briefe,* Frankfurt/Main 2010.

Volker Schlondorff : Marilyn Monroe, in: http://www.volkerschloendorff.com/personen/ marilyn–monroe/, abgerufen 12.1.2016.

Making The Misfits, Dokumentation, Regie: Gail Levin, Educational Broadcasting Corporation and Little Bird, 2001.

| 14장 | **존 레논과 오노 요코**

Nicola Bardola: *Yoko Ono. Die Biografie,* München 2012.

The Beatles: *The Beatles Anthology,* München 2000.

Ray Coleman: *John W. Lennon,* München 1985.

Hunter Davies (Hrsg.): *The John Lennon Letters. Erinnerung in Briefen, München,* Zürich 2012.

Andre Heller: "John Lennon & Yoko Ono: Schnursenkel für Schubert", in: *Die Presse,* 14.3.2010.

Cynthia Lennon: *John,* New York 2005.

Mark Lewisohn: *The Complete Beatles Recording Sessions,* London 1989.

Mark Lewisohn: *The Complete Beatles Chronicle,* New York 1992.

Philip Norman: *John Lennon. Die Biographie,* München 2008.

James Woodall: *John Lennon. Yoko Ono,* Reinbek 1998.

| 15장 | 넬슨 만델라와 프레데리크 빌렘 데 클레르크

F. W. de Klerk: *The Last Trek – A New Beginning. The Autobiography,* London u.a. 1998.

Nelson Mandela: *Der lange Weg zur Freiheit,* Frankfurt/Main 1997.

David Ottaway: *Chained Together. Mandela, de Klerk and the Struggle to Remake South Africa,* New York, Toronto, 1993.

Nicola Rossier: "An Interview With F. W. de Klerk, The Last Apartheid President of South Africa", in: http://www.huffingtonpost.com/nicolas-rossier/thc–man–who–freed–mandela_b_822481.html, 21.2.2011, abgerufen 15.1.2016.

두 사람의 역사

플라톤에서 만델라까지 만남은 어떻게 역사가 되었는가

초판 1쇄	펴낸 날 2018년 11월 26일
초판 2쇄	펴낸 날 2019년 6월 23일
지은이	헬게 헤세
옮긴이	마성일·육혜원
발행인	이원석
발행처	북캠퍼스
등 록	2010년 1월 18일(제313-2010-14호)
주 소	서울시 마포구 양화로 58 명지한강빌드웰 1208호
전화	070-8881-0037
팩스	02-322-0204
전자우편	bcampus@naver.com
편집	신상미
디자인	책은우주다
ISBN	979-11-88571-06-2 03900

이 도서의 국립중앙도서관 출판예정도서목록(CIP)은 서지정보유통지원시스템 홈페이지 (http://seoji.nl.go.kr)와
국가자료공동목록시스템(http://www.nl.go.kr/kolisnet)에서 이용하실 수 있습니다.(CIP제어번호: CIP2018035690)